Reescrevendo HistóriaS

Somos associados da **Fundação Abrinq** pelos direitos da criança.
Nossos fornecedores uniram-se a nós e não utilizam mão de obra infantil ou trabalho irregular de adolescentes.

Reescrevendo histórias

Copyright by © Petit Editora e Distribuidora Ltda., 2016
1-11-16-6.000

Direção editorial: **Flávio Machado**
Coordenadora editorial: **Isabel Ferrazoli**
Produtor gráfico: **Vitor Alcalde L. Machado**
Capa: **Júlia Machado**
Imagens da capa: **Sandratsky Dmitriy | Shutterstock**
Creative Travel Projects | Shutterstock
Projeto gráfico e editoração: **Vitor Alcalde L. Machado**
Preparação: **Isabel Ferrazoli**
Revisão: **Maria Aiko Nishijima**
Impressão: **Corprint - Gráfica e Editora Ltda.**

**Ficha catalográfica elaborada por
Lucilene Bernardes Longo – CRB-8/2082**

Daniel (Espírito)
     Reescrevendo histórias : só o amor une almas / pelo Espírito Daniel ;
psicografado pela médium Cristina Censon. – São Paulo : Petit, 2016.
     352 p.

     ISBN 978-85-7253-313-3

     1. Espiritismo   2. Psicografia   3. Romance espírita   I. Censon, Cristina.   II.
Título.   III. Título: Só o amor une almas.

CDD: 133.93

Direitos autorais reservados.
É proibida a reprodução total ou parcial, de qualquer forma
ou por qualquer meio, salvo com autorização da Editora.
(Lei nº 9.610, de 19 de fevereiro de 1998)
Traduções somente com autorização por escrito da Editora.

Prezado(a) leitor(a),

Caso encontre neste livro alguma parte que acredita que vai interessar ou mesmo ajudar
outras pessoas e decida distribuí-la por meio da internet ou outro meio, nunca deixe de
mencionar a fonte, pois assim estará preservando os direitos do autor e, consequentemente, contribuindo para uma ótima divulgação do livro.

Cristina Censon
pelo Espírito Daniel

Reescrevendo HistóriaS
Só o amor une almas

Rua Atuaí, 389 – Vila Esperança/Penha
CEP 03646-000 – São Paulo – SP
Fone: (0xx11) 2684-6000

www.petit.com.br | petit@petit.com.br

Sumário

Prefácio ... 7
1. Um novo caminho ... 11
2. Novos personagens ... 20
3. Seguindo em frente ... 29
4. Em busca de respostas ... 38
5. Apresentações necessárias ... 47
6. Reencontro ... 57
7. Revelações ... 67
8. Partida inesperada ... 77
9. Vida que segue ... 87
10. Uma visita inesperada ... 97
11. Solução possível ... 107
12. O mal à espreita ... 117
13. A verdade revelada ... 127
14. Redescobrindo seu caminho ... 137
15. Libertando-se do passado ... 147
16. Reencontro ... 156
17. Mudança de planos ... 166
18. Caminhos obscuros ... 176
19. Momentos de tensão ... 186
20. O clamor da consciência ... 196
21. Reatando laços ... 207
22. Sonho revelador ... 217
23. Uma nova chance ... 227

24. Corações em conflito	237
25. Tudo a seu tempo	247
26. Cada coisa em seu lugar	257
27. Ações equivocadas	267
28. Um novo inimigo	277
29. Redescobrindo seu caminho	287
30. Novos acontecimentos	297
31. Resoluções necessárias	307
32. Mudança de planos	318
33. A vida segue seu rumo	328
Epílogo	345

Prefácio

Entre encontros, reencontros e desencontros, a vida vai tecendo os fios de diversas histórias que aqui serão narradas. Ela propicia assim infinitas oportunidades de se refazer caminhos, escolhas, favorecendo a todos que nela confiam e deixando aos incrédulos a mensagem de sua soberania. Sábia orientadora de condutas, direciona os caminhos mais acertados a todos os que a ela se entregam confiantes. Nada nos exige, apenas solicita empenho e determinação para que não nos percamos nas trevas da ignorância que ainda conduz a maioria dos habitantes do nosso planeta, um lugar especial que, temos de convir, exerce grande fascínio em todos nós e para onde solicitamos fervorosamente a chance de retornar.

Viver com sabedoria e lucidez é o que desejamos, porém, quando aqui chegamos, somos envolvidos por essa matéria ainda densa, desprovida de ideais nobres, e falhamos em nossos propósitos de bem viver e de semear o bem e o amor indistintamente. Somos ainda imperfeitos, mas trazemos em nosso íntimo o potencial para levar uma existência digna e com grandes possibilidades de acertos. Depende unicamente de nossas escolhas, o que pode ser uma bênção ou não, se ainda nos prendermos às nossas tendências inferiores que insistem em permanecer em nós.

Temos uma filiação divina e um Pai amoroso, compassivo e justo. Podemos refazer nosso caminho tantas vezes quantas forem necessárias, desde que sejamos merecedores dessa nova oportunidade. E o que é necessário para merecer uma nova chance? Quando aprendermos a valorizar a vida e aceitarmos que para toda ação existe uma reação de igual teor. Isso significa que precisamos estar atentos e conscientes de que toda atitude equivocada precisa ser corrigida no tempo certo; que ao retornar a uma existência é preciso convicção de que nada se perde nas poeiras do tempo e que toda ação incorreta, seja contra si ou um semelhante, deverá ser revista e acertada.

Assim, nossas atitudes atingem de forma positiva ou não todos os que conosco convivem, seja pelos laços materiais ou espirituais. Influenciamos e somos influenciados, sofremos e fazemos outros sofrerem, magoamos e ferimos de forma consciente ou não, deixando no outro a marca de nossos atos gravada em sua própria existência.

A história que será contada tem um passado, no qual cada personagem viveu e explorou suas potencialidades e possibilidades de acertos. Alguns conseguiram finalizar sua existência com saldo credor, outros adquiriram mais débitos além dos que já eram portadores, outros sentiram que poderiam ter feito diferente... Sempre temos a sensação de que poderíamos ter feito mais e melhor, por isso solicitamos mais uma chance de retornar à existência corporal, pois somente aqui podemos nos testar e verificar o quanto já aprendemos da arte de bem viver.

Os laços que uniram os personagens talvez não se apresentem da mesma maneira, mas tenhamos a certeza de que todo afeto jamais se perde – é conquista eterna para os espíritos interligados. Os papéis podem se alterar, mediante a proposta de aprendizado a que se propõem. Não podemos generalizar. Cada experiência é única e essencial a cada um que retorna. Evoluir é a meta, e a ela todos devem se render, aproveitando cada oportunidade que a vida oferecer!

Nossos personagens estão em busca do mesmo: encontrar a felicidade. Mas a que preço? O que somos capazes de fazer para conquistá-la?

Só encontraremos a verdadeira felicidade quando nos despojarmos de nossa porção inferior ainda tão presente em nós e dirigindo desvairadamente nossas vidas!

O livro anterior focava uma época sombria da humanidade, quando muitos se perderam por orgulho e prepotência ao se julgar acima do bem e do mal. Mas pagaram o preço de tal ousadia e tiveram de reavaliar suas condutas antes de retornar a uma nova existência corporal. Foram orientados e esclarecidos, para só depois aceitarem uma nova incumbência, dessa vez com vistas a não falhar. Entretanto, quando aqui chegam, sua avaliação é comprometida, e deixam seus instintos falarem mais alto, propiciando novos equívocos.

    O que farão com essa nova oportunidade? Eis aí a grande incógnita. Será necessário que se entreguem à leitura para constatar a misericórdia divina que concede a cada um a chance de refazer seus caminhos e escolhas.

    O período agora focado é a inquisição espanhola. Época não menos tenebrosa que aquela abordada no livro anterior, porém com excelentes possibilidades de aprendizado. Em meio à escuridão, que nossos personagens possam ser a luz que orienta e conduz o viajante perdido nas sombras da própria ignorância.

    Por meio desses encontros e reencontros entenderemos que vale a pena viver e aproveitar cada lição com o intuito de ser uma criatura melhor!

    Novamente a quatro mãos numa nova empreitada contamos, mais uma vez, uma história verdadeira, oferecendo aos personagens a possibilidade de se libertar para continuar sua caminhada evolutiva.

    O passado escraviza somente se assim permitirmos! Que possamos ser livres e conscientes de nosso papel na engrenagem perfeita da vida, agindo de forma positiva e atuante para que tudo possa realmente valer a pena! E assim, quando finalizarmos essa experiência carnal e retornarmos ao plano espiritual, possamos ter a certeza de que fizemos tudo ao nosso alcance e que o prêmio por nossa perseverança será a paz da própria consciência!

    Esperamos que cada personagem viva intensamente e aproveite as lições que a vida lhes oferecer para poderem se redimir das dívidas do passado e encontrar apenas caminhos iluminados ao longo das sucessivas oportunidades!

Daniel
Março/2015

Capítulo 1

Um novo caminho

A tarde estava quente, anunciando chuva. Era verão. À região, conhecida pelas altas temperaturas com chuvas intermitentes ao longo do dia, recomendava-se viajar ao raiar do dia, quando as temperaturas eram amenas. Santiago não previra que a viagem fosse demorar tanto. Fechou os olhos e recordou os últimos acontecimentos: a leitura do testamento do avô materno, Juan Manuel, seu grande amigo e tutor nos últimos vinte e sete anos. Não conheceu o pai, que morreu antes de ele nascer. Quando estava com três anos, sua mãe adoeceu e morreu pouco tempo depois. Lembrava-se da comoção de seus avós, inconformados com a partida precoce da filha. A avó estava sempre a limpar lágrimas furtivas. Seu sorriso só voltou meses depois. O avô ocupou dignamente a função de pai amoroso, presente, e de amigo. Quando estava com vinte anos, sua avó Carmen adoeceu e rapidamente os deixou. Foi um período muito triste. Santiago teve de retornar da capital, onde estudava, para cuidar do avô, que entrou em tristeza profunda quando a esposa partiu. O casal era muito apaixonado e feliz.

O jovem retornou aos estudos e permaneceu na capital até finalizar o curso. Contrariando o avô, decidiu se tornar médico. A família era proprietária de muitas terras de plantio de grãos e vinhedos, e seu avô pretendia que o jovem cuidasse de tudo, porém teve de contar com a presença do neto apenas nos momentos de descanso. Santiago detectou a enfermidade do avô e mobilizou todos os recursos disponíveis para que se curasse. Infelizmente, três meses após o diagnóstico, seu único familiar partia.

Santiago perdera todos seus familiares e agora estava definitivamente órfão. Mas não ficara sozinho. Havia Lupe e Ramiro para guiar seus passos. Lupe era a responsável por cuidar dele, a pedido de Manuela, sua mãe, cujos lindos olhos verdes estavam sempre tristes e distantes, parecendo pouco se importar com a vida. Sua avó e Lupe compensavam essa ausência materna, cobrindo-o de mimos e atenção. Santiago amava as duas, mas Lupe sempre fora mais próxima, a quem confidenciava segredos, e ela, sempre sensata em seus conselhos, dedicava-lhe todo o carinho. Juan Manuel sentia-se tranquilo com relação ao futuro do neto. Sabia que ambos, Lupe e Ramiro, cuidavam de seu mais precioso tesouro.

Quando o avô morreu, Santiago foi surpreendido com uma notícia na leitura do testamento. Soube que os avós e a mãe eram de outra região da Espanha, distante do lugar onde ele vivera toda a sua vida. O testamento atestava que Santiago havia herdado muitas terras. O avô deixou-lhe também uma carta com informações a respeito de sua origem: seu pai era de uma família humilde e morrera muito jovem, daí a tristeza de sua mãe na breve existência. Mas por que lhe esconderam por tanto tempo essa verdade? Sempre que perguntava sobre o pai, o assunto lhe parecia proibido. A cada questionamento, o avô se entristecia e ficava intranquilo, então Santiago acabava deixando a curiosidade de lado. Ele gostaria que lhe contassem quem foi seu pai e como ele morreu. Mas a vida seguia seu curso, com as perdas se avolumando, e agora ele descobrira seu segredo na leitura do testamento. Questionou Lupe e Ramiro sobre a informação recém-descoberta e percebeu uma nuvem pairando em seus olhares. Ambos o aconselharam a vender as terras distantes e permanecer onde vivera toda a sua vida. Mas Santiago tinha outros planos. Disse que talvez vendesse as terras, não sem antes conhecê-las. Decidiu que partiria assim que conseguisse organizar a viagem. Lupe e Ramiro tentaram dissuadi-lo, porém nada mudou sua decisão. Eles decidiram, então, acompanhá-lo na viagem.

E que tórrida e cansativa viagem! Já era fim do dia quando avistaram um grupo no meio de uma clareira, que se assustou com sua chegada. Um deles, que parecia ser o líder, aproximou-se da carruagem.

– De onde vêm, forasteiros? – perguntou.

– Estamos a caminho de Córdoba. Creio que estamos próximos de nosso destino.

– Podemos saber quem são e o que pretendem? – questionou novamente o homem.

Santiago decidiu descer da carruagem e conversar pessoalmente com o grupo.

– Meu avô me deixou algumas terras e pretendo conhecê-las. Qual o motivo de tantos questionamentos?

– São enviados do rei? – perguntou o homem, sem responder-lhe.

– E se fosse? – Santiago já dava mostras de certa irritação perante aquele grupo.

Ramiro também desceu, ostentando a espada ao longo do corpo.

Santiago estava curioso para entender o que aqueles homens pretendiam. Sabia apenas que os ânimos estavam acirrados, um perigo naqueles tempos difíceis.

– Qual o seu nome e de onde vem? – questionou o homem friamente.

– Santiago de Luca, e o seu? – questionou no mesmo tom.

– Adolfo Garcia, e sou desta região. E você?

– Venho do norte. Sou médico e herdeiro de terras nesta região. Ele é Ramiro e sua esposa Lupe. Viemos em paz e não somos enviados de ninguém. Satisfeito?

Adolfo olhava com restrição o pequeno grupo, em especial Santiago. Eles tinham se reunido após escolher um lugar seguro, que agora parecia não ter sido uma decisão apropriada. Sentiu sinceridade no jovem e decidiu que poderia confiar nele.

– Desculpe-nos a abordagem. Parece que o rei tem espiões em todo lugar e não podemos correr riscos. Qualquer palavra inadequada é fonte de muitas complicações, meu jovem.

Adolfo era um homem maduro, aparentando mais de quarenta anos. Tinha os cabelos castanhos e olhos enigmáticos, de tom azulado, que lhe davam um ar misterioso. Era alto e forte. Encarando-o firmemente, Santiago admitiu para si que simpatizara com ele.

– Qual o problema que os acomete? Posso ajudá-los?

– Agradeço sua atenção, porém não há nada que possa fazer. Se precisar de seus serviços médicos onde posso encontrá-lo? – perguntou Adolfo mais calmamente.

– Bem, ainda não sei onde vou ficar, mas me diga, o que o rei tem que ver com isso? Problemas de religião?

Santiago sabia que o problema religioso era sério e preferia não manifestar sua opinião. A inflexibilidade e a intolerância religiosa eram conhecidas em toda a Espanha e não concordava com as ações praticadas pela Igreja. Sua formação era católica por herança, e seus avós sempre lhe pediram que não polemizasse ou discordasse dos atos praticados pela Igreja contra aqueles que não se submetiam às regras.

Adolfo e amigos estavam reunidos em local distante por precaução, evitando que os espiões do rei pudessem saber sobre seus encontros secretos. Discutiam sobre ações a adotar, pessoas a auxiliar e como preservar suas convicções em segredo. Cada um tinha uma reputação a zelar e muito a cuidar para que os danos fossem cada vez menores e vidas fossem preservadas. Eles eram provenientes de Córdoba e desejavam que a paz reinasse naquele local. A qualquer preço! Para isso, contavam com uma rede de informantes que conhecia as diretrizes e orientações impostas. Podiam acautelar-se antes que ações cruéis ocorressem. Todos eram cidadãos locais, comerciantes, fazendeiros e artesãos, que formavam um grupo de apoio aos perseguidos pelos tribunais da Inquisição. Conheciam os delatores e se precaviam contra possíveis ações. Eram unidos pelos laços do ideal maior, que significava a liberdade de expressão e de conduta, não admitindo os desmandos que a Igreja e a Coroa impunham sobre aqueles que os contrariassem. Os delatores eram cidadãos que vigiavam seus alvos atentamente e tudo faziam para que pudessem ser presos, assim receberiam vultosa recompensa. Eram tempos difíceis! Respirava-se temor...

Adolfo era comerciante. Herdara de seus pais um pequeno negócio e o fizera prosperar. Vivia na cidade com sua família e tinha uma pequena faixa de terra onde sua mulher e filhas cuidavam de plantar hortaliças e grãos. A vida se encarregara de lhe dar três filhas e um filho, que o auxiliava em seu comércio. A esposa e filhas cuidavam da fazenda. Tinham alguns camponeses que as ajudavam na plantação, e seu negócio prosperava a cada dia. Era uma vida plena de trabalho, dedicação e, principalmente, muito amor. Porém, a cada dia, a insegurança parecia dominar. Muitos amigos eram punidos injustamente, cujas vidas eram bisbilhotadas, a lealdade questionada e suas palavras nem sequer levadas em conta. Vários deles tiveram de sair do país, caso contrário correriam perigo de vida. E, em muitos casos, perderam tudo o que construíram ao longo de uma vida. Adolfo não aceitava esse critério de avaliação e decidira cuidar para que nenhuma injustiça fosse cometida e que seus ideais fossem preservados. Sua avó era judia e acabou se convertendo ao catolicismo, para alegria do esposo. Mas não poderia vacilar, pois tudo era motivo de investigação. Famílias, mesmo católicas, se tivessem antepassados de outras religiões, eram observadas pelos tais informantes. O motivo do encontro era para cuidar dos interesses de um fiel amigo, cujo passado estava sob investigação. Adolfo desejava falar com ele e alertá-lo. O amigo perseguido estava atrasado, o que o deixara de sobreaviso que algo pudesse ter ocorrido. Após esse relato, Santiago percebeu a preocupação no semblante de Adolfo:

– O que pode ter acontecido com seu amigo?

– Talvez esteja apenas atrasado. Marcamos este encontro, e ele garantiu presença. Vamos aguardar. Você veio para ficar?

Santiago ficou pensativo. Ainda não sabia o que fazer da vida. Tinha um passado a conhecer: o direito de saber sua origem paterna. Se ele era da região, talvez tivesse algum parente vivo. Não sabia por onde começar. Tinha apenas um nome e todo o tempo a seu favor. Talvez ficasse para desvendar seu passado, mesmo contrariando Lupe e Ramiro. Olhou Adolfo firmemente e disse:

– Não sei o que vou fazer ainda. Preciso me informar sobre o local das terras e creio que possa me ajudar. Quem devo procurar na cidade?

– Conheço a pessoa certa para isso. Se aguardar um pouco, posso acompanhá-lo. Esse senhor que o acompanha é seu protetor? Não saiu de seu lado um instante sequer.

– Ele é como um pai, está ao meu lado desde que nasci.

Ramiro estendeu a mão e apertou a de Adolfo com energia.

O grupo estava preocupado com o atraso do amigo. Após meia hora decidiram que ele não viria. Com o semblante tenso, Adolfo comunicou:

– É melhor retornarmos antes que deem por nossa falta. Jorge não virá, e temos de saber o motivo. Lorenzo, vá até a casa dele e descubra.

Todos se despediram, e Santiago foi com o novo companheiro à cidade. O jovem constatou que o avô havia lhe deixado um vultoso patrimônio. Eram terras produtivas, todas administradas por um fiel amigo, a quem Adolfo conhecia.

– Conheço Alfredo há tempos e sabia que ele cuidava de um grande patrimônio. Este mundo realmente é pequeno, meu jovem. Se quiser o levarei lá manhã. Mas agora precisa de um lugar para ficar esta noite. Há uma estalagem próxima à minha casa.

– Agradeço a hospitalidade – retribuiu Santiago.

Adolfo acompanhou-os até o local e apresentou-os ao proprietário, que fez todas as reverências quando soube quem era.

– Nos vemos pela manhã, combinado? – disse Adolfo. – Venho buscá-lo às 8 horas. Descanse e até amanhã!

Os dois apertaram as mãos e se despediram. Ramiro e Lupe já estavam acomodados em seus aposentos. Santiago ficou na ampla sala onde eram servidas as refeições, aproveitando para pensar em tudo o que estava acontecendo em sua vida. Não sabia o que fazer com as terras herdadas. Seu avô sabia que ele seria médico e não administrador. Por que não vendera as terras depois de tanto tempo distante? Essa era apenas uma das perguntas sem respostas. Deu um profundo suspiro e lembrou-se de Alice. No início parecia uma paixão avassaladora, porém o tempo lhe provou que ela não era tão importante quanto pensara. Era uma jovem com muitos predicados, o que incluía uma grande fortuna, e apaixonada por Santiago desde os tempos de adolescência. Decidiram ficar juntos havia pouco mais de um ano. Não podia negar que sentia uma grande atração pela jovem de sedutores olhos verdes. Pensou que seria a eleita que lhe proporcionaria a felicidade tão esperada. No entanto, ela se mostrou uma mulher cheia se caprichos e voluntariosa, o que fez seu interesse diminuir com o passar dos meses. Era também ciumenta e possessiva, sufocando-o o tempo todo.

A viagem foi uma conveniente desculpa, e estava feliz por poder respirar livremente. Disse que voltaria quando tivesse resolvido seus problemas, o que poderia demorar. Se decidisse vender, não seria de um momento para outro. Se decidisse permanecer com as terras, teria de conhecê-las e se inteirar dos problemas existentes. Prometeu escrever-lhe. Alice pensou em acompanhá-lo, porém seus pais não permitiram. Santiago agradeceu. Precisava de um tempo sozinho, e essa era a oportunidade tão desejada.

Definitivamente a vida lhe parecia uma grande incógnita. Teria de tomar decisões e não se julgava preparado para isso. Sentia muita falta de seu avô. Ele sempre tinha uma palavra certa, uma resposta adequada. Por que Deus lhe tirara todas as pessoas importantes de sua vida?

Na manhã seguinte, no horário combinado, Adolfo lá estava para ser o guia de Santiago. Ramiro decidiu acompanhá-los. Foram na carruagem de Santiago e o percurso não levou mais do que quarenta minutos.

O caminho até lá brindou os olhos de Santiago com muita beleza. Passaram por vinhedos, onde muitos colonos já se encontravam na lida, numa grande movimentação. A sede era uma construção antiga, imponente e um tanto austera, e bem conservada. Quando chegaram, foram recebidos por um senhor alto e forte, de cabelos grisalhos.

Adolfo desceu primeiro e foi ao encontro do amigo.

– Alfredo, há quanto tempo! Não convive mais com os antigos amigos?

– Adolfo, por que não me visita mais? Como está Letícia e filhos?

– Todos bem, com a graça de Deus. E você, como tem passado?

– Muito trabalho. A que devo a visita?

Nesse momento, Santiago desceu da carruagem e foi ao encontro do administrador, que, ao fitá-lo ficou pálido. Alfredo pareceu reviver o passado, como se Pablo estivesse à sua frente – algo impossível, pois ele estava morto havia tempo. Ficou encarando Santiago sem proferir palavra alguma, até que o jovem estendeu a mão para cumprimentá-lo, curioso com a reação do homem.

– Sou Santiago, neto de Juan Manuel. É um prazer conhecê-lo.

– Sou Alfredo. É um prazer tê-lo aqui. Veio tomar posse das terras de seu avô?

– Parece-me que ficou surpreso com minha presença – disse o jovem curioso.

O homem ficou impressionado com a semelhança. Não gostava das lembranças que assomavam em sua mente, um tempo sombrio e que deveria permanecer oculto!

Santiago era cópia exata de Pablo, traços físicos, estatura, sorriso franco e acolhedor. Porém, era no olhar que mais se assemelhavam: olhos doces, ternos e profundamente inquietos. Triste lembrança que o passado não apaga!

– Senhor Santiago, temos muito que conversar. Vamos entrar! Adolfo, nos acompanhe.

– Alfredo, sou apenas Santiago. É assim que gosto de ser chamado. Deixe-me apresentar Ramiro. Está conosco há mais de vinte anos.

– Muito prazer – disse, estendendo a mão.

Os dois trocaram apertos de mão e olhares que diziam tudo. Alfredo conhecia Ramiro de longa data, desde quando tudo aconteceu. Quando Juan Manuel partiu, levando a família, Ramiro e Lupe os acompanhou para uma nova vida, distante daquele caos que os acometera e de toda a infelicidade que lá foi palco. E uma promessa foi feita: que Santiago jamais soubesse a verdade. Portanto, o silêncio era a herança daqueles dois homens, por mais que a consciência deles não aprovassem.

Alfredo retomou o equilíbrio e levou-os a conhecer a propriedade. Tudo havia sido cuidado com muito empenho e dedicação, e o resultado era visível.

Santiago ficou admirado com tudo o que vira. O administrador havia feito um excelente trabalho. O jovem sentiu um aperto no coração só de pensar em se desfazer de tudo. E estava ciente de que aquela era apenas parte dos bens. Seu avô era realmente muito rico e ele era seu único herdeiro. No entanto, de que adiantava tudo aquilo se estava sozinho no mundo? Trocaria tudo pela presença do avô ao seu lado!

Estava perto do meio-dia, quando Alfredo convidou o grupo para almoçar.

– Agora já sabe o caminho e poderá voltar amanhã – falou Adolfo. – Deixei meu filho sozinho no trabalho e preciso retornar.

– Santiago, gostou do que viu? – perguntou Adolfo.

– Estou realmente surpreso, não esperava encontrar tudo isso. Fez um excelente trabalho, Alfredo. Eu não gostaria de ver estas terras vendidas. Há acomodações para nós? Devo permanecer algum tempo até me decidir. Amanhã percorrerei a cavalo e gostaria que me acompanhasse.

– Será um prazer.

Despediram-se, confirmando a presença de todos na manhã seguinte. Ramiro e Alfredo entreolharam-se com cautela e preocupação. Não seria uma boa ideia Santiago permanecer naquela região. Talvez Lupe conseguisse convencer o jovem a deixar tudo como estava.

O rapaz olhava tudo com admiração, experimentando uma sensação diferente, um misto de euforia e paz, como se aquele lugar lhe pertencesse desde sempre. Agora sabia que nascera lá e um profundo sentimento de gratidão brotou-lhe no peito, sem entender realmente o que aquilo significava. Estava descobrindo tantas coisas novas em sua vida, tudo era permeado de serenidade. Teria tempo para lidar com todas as informações recebidas. No momento, queria viver a sensação inesperada de contentamento.

Viver um dia de cada vez, assim lhe ensinara seu avô.

Sábia orientação. Principalmente no dia em que descobrira uma vida nova a experimentar.

Capítulo 2

Novos personagens

Na manhã seguinte, Santiago encontrou Lupe e Ramiro discutindo.
— Aconteceu alguma coisa? — perguntou o jovem.
— Eu gostaria de conhecer as condições do lugar antes de nos mudarmos para lá — respondeu Lupe.
— Se as acomodações não forem adequadas, prometo retornar a esta estalagem — disse Santiago, envolvendo-a num terno abraço.
Uma hora depois, já estavam acomodados na nova casa.
— Santiago, gostaria de conhecer a região? — perguntou Alfredo. — Posso lhe garantir que os empregados cuidam com afinco de tudo. Recebem um percentual pelo trabalho, como seu avô sempre fez. Não desejaria colocar estas terras à venda?
— Não sei ainda o que pretendo. Até lá, espero contar com seu apoio.
— Com certeza. Devo muito a seu avô. Dediquei minha vida aqui. Fiz o que pude e espero apenas viver minha velhice em paz.
— Se eu vender as terras, deixarei parte delas para você pelos serviços prestados todos estes anos — finalizou o jovem.
Os olhos de Alfredo ficaram marejados. Santiago era um ho-

mem bom e generoso, merecia conhecer a verdadeira história. Lembrava-se dos detalhes, o que fez surgir a culpa em sua mente. Muitas vidas foram lesadas em decorrência de uma inflexibilidade. Olhou nos olhos do rapaz e viu um olhar sereno, cheio de bondade e simpatia.

– Um dia eu gostaria de conversar sobre esse passado – disse o jovem.

– Seu avô deve ter-lhe contado tudo o que precisava saber. Muitas vezes é conveniente deixar as coisas como estão. O que vai mudar em sua vida?

– Não penso assim! Alguém deve conhecer a minha história...

Talvez a persistência do rapaz o conduzisse a tal descoberta, porém, não seria por ele.

– Espero que encontre, meu rapaz. Vai precisar de mim?

– Não, Alfredo, pode ir para seus afazeres. Pode me disponibilizar um bom cavalo? Pretendo fazer um passeio pela região.

– Deixe alguém acompanhá-lo apenas por precaução.

– Não pretendo ir longe. Vou apenas conhecer a vizinhança. Apenas me diga os limites da propriedade.

Alfredo pegou um mapa e mostrou a extensão das terras. O jovem recebeu um belo cavalo para o passeio e saiu. O homem aproveitou a ausência de Santiago e foi à procura de Ramiro. Encontrou-o em companhia de Lupe.

– Precisamos conversar. O jovem irá esmiuçar até descobrir o que deseja. Ele tem o mesmo ímpeto de Pablo. Tal pai, tal filho.

Os três se entreolharam e havia sombras em cada olhar. A lembrança de Pablo trouxe muitas emoções. O passado não estava enterrado como pretendiam. Lupe foi a primeira a sair do torpor que os invadira:

– Não creio que ele deva conhecer sobre Pablo. Ele teve o avô como referência paterna. Todos se foram e não sobrou ninguém para buscar justiça.

– É o que você pensa – afirmou Alfredo de maneira sombria. – Don Juan pagou a muitos pelo silêncio, porém nem todos foram passíveis de suborno. Você conhece aquele povo, orgulhoso e cheio de brio. Não aceitaram o que aconteceu e decidiram investigar por conta própria. Infelizmente encontraram uma triste surpresa. As artimanhas utilizadas não foram corretas, culpa que carregarei comigo até o inferno, que é aonde irei.

Lupe fez sinal da cruz reprimindo Alfredo. Se ele era responsável, todos também seriam. Entretanto, eles apenas obedeciam às ordens de Juan Manuel.

– Não pense dessa forma, meu amigo – disse Ramiro. – Todos somos responsáveis pela tragédia. Ninguém está isento da culpa, e nada irá modificar o que aconteceu. O que importa é que Santiago foi poupado. E assim deve permanecer.

– Eu não poderia ter me omitido. Deveria ter feito diferente, e não há nada que possa fazer com que me redima. Você não acredita que ele merece conhecer a verdade?

Ramiro baixou os olhos e não respondeu. Ele gostava do jovem como a um filho e fazê-lo sofrer era a última coisa que desejaria no mundo.

Lupe pensava da mesma forma. Seria conveniente tudo permanecer do mesmo jeito. Encontraria uma alternativa para convencê-lo a deixar aquele lugar e retornar à sua antiga vida, e tudo voltaria a ser como antes. Prometera à jovem Manuela que cuidaria dele com sua própria vida. Ela desistira de viver depois de seu amor lhe ter sido tirado. Uma tragédia anunciada, a qual ninguém foi capaz de impedir! Lágrimas afloraram e não pôde contê-las. Eram lembranças dolorosas que o tempo não foi capaz de fazê-la esquecer.

– Você ainda não respondeu, Ramiro.

– Não sei o que responder, Alfredo. A felicidade dele é nossa prioridade. Se conhecer a verdade for causa de sofrimento, iremos poupá-lo.

– Ele parece determinado. Até quando conseguirá esconder-lhe a verdade?

– Contemos com a providência divina que jamais desampara a nenhum de seus filhos. Ela saberá conduzir esta questão com diplomacia e serenidade – disse Ramiro.

– Será que um dia seremos absolvidos? – questionou Alfredo.

– Creio que Deus seja compassivo e justo, e, por pior que tenham sido nossos atos do passado, tentamos nos redimir agora. Isso deve contar.

Alfredo deu de ombros. Achava que Deus reprovara suas ações e o punira durante sua vida, perdendo tudo o que era mais precioso: o filho ainda jovem e a esposa. Não seria o castigo divino atingindo sua atual existência? Acreditava já estar quite com o Todo-Poderoso. Talvez, por esse motivo, queria pautar sua vida na verdade, evitando novos erros. Queria viver em paz. Quem sabe a presença de Santiago não o redimisse de seus pecados?

Saiu, em seguida, para cuidar de seus afazeres, deixando Ramiro e Lupe pensativos. Deus estaria ainda a olhar por eles depois de tudo?

Nesse ínterim, Santiago cavalgava pela região. Era um lugar de muita beleza. O passeio já durara tempo suficiente e decidiu retornar. Percebeu que estava distante da propriedade. Reduziu o trote para tentar se lembrar do caminho de volta, porém quanto mais ele cavalgava, mais diferente lhe parecia o lugar. Constatou que estava perdido. Sentia que algo o impulsionava a seguir determinada rota. Obedeceu aos seus instintos e foi em frente. Subitamente, o cavalo se assustou com algo e saiu em disparada, sem dar tempo a Santiago para se desviar de um galho, que o fez cair ao chão e bater a cabeça numa pedra pontiaguda. O cavalo fugiu, e o jovem, que perdeu os sentidos, ficou sozinho no meio da clareira.

Quando acordou, ele não sabia quanto tempo tinha ficado desacordado naquele lugar, porém lembrava-se de alguns vultos tentando despertá-lo. Sentiu-se carregado por mãos fortes. A primeira coisa que viu ao acordar foi o rosto de uma jovem, que o olhava preocupada. Aparentava ter pouco mais de vinte anos, com profundos e inquisidores olhos azuis. Sorriu quando Santiago abriu os olhos e tentou se levantar.

– Espere um pouco para levantar. Você teve uma pancada forte na cabeça – disse a jovem salvadora.

– Quem é você? Onde estou? A última coisa de que me recordo é me chocar com um tronco – disse Santiago confuso.

– Vou responder às suas perguntas, mas antes me diga quem é você? Nunca o vi por aqui. De onde vem? – questionou a jovem.

– Cheguei há poucos dias. Meu nome é Santiago de Luca. E o seu?

– Sou Nina, e você está num acampamento cigano. Alguns homens do grupo estavam caçando e ouviram um cavalo correr em debandada. Foram ver o que era e o encontraram desmaiado no chão. Você bateu a cabeça numa pedra, mas não é nada sério.

– Você é médica? Como sabe se o ferimento possui ou não gravidade? – ironizou Santiago.

– E você, por acaso é? – Nina também falou em tom irônico.

– Por acaso sou médico. Você tem razão, o ferimento foi superficial, mas minha cabeça está latejando demais.

– Isso vai passar. Já coloquei uma compressa com algumas ervas. Em breve ficará bem.

– Se estou num acampamento cigano, devo supor que seja uma cigana, estou certo?

– Não. Está errado. Estou apenas visitando Consuelo, uma amiga. E vi quando o trouxeram – explicou Nina. – O que faz por aqui? As terras mais próximas são administradas por um amigo de meu pai.

– Alfredo? – questionou Santiago.

– Exatamente.

– Ele administra as terras de meu avô. Ele morreu meses atrás, e eu nem sequer sabia da existência deste local. Eu gostaria de agradecer às pessoas que me ajudaram. Onde estão?

– Descanse um pouco e depois o levo até eles. Enquanto isso conversamos.

Santiago olhou ao redor e viu uma confortável tenda. Era bem decorada, com um toque feminino. Nunca estivera numa tenda cigana antes e admirou-se com o que viu.

Gostara da jovem e da sua simplicidade. Iria descobrir quem era aquela moça curiosa, que queria saber detalhes de sua vida. Santiago estava adorando a conversa.

Alguns minutos depois sentiu-se melhor e se levantou. Um homem jovem e musculoso, de tez morena e cabelos longos, entrou na tenda.

– Meu nome é Ramon e o encontrei caído. Está melhor?

Achamos seu cavalo, que está à sua espera assim que se sentir em condições. Deve ter se assustado com algum animal. Nina, sua mãe vai ficar preocupada, já está anoitecendo. Quer que alguém a acompanhe?

– Não será necessário. Posso ir sozinha. Conheço a região como ninguém.

– Consuelo quer lhe falar antes de sair. Ela está lá fora. Acho que vai gostar da notícia. – sorriu Ramon.

– Era o que eu estava esperando. Com licença, Santiago – disse Nina quase correndo.

– Ela é sempre assim? – brincou Santiago.

– Posso dizer que ela é especial. Você irá descobrir por si mesmo, pois seu olhar diz que irá procurá-la novamente – disse Ramon em tom de seriedade.

Santiago estremeceu, pois Ramon acabara de ler seu pensamento. Era exatamente o que pensara: iria procurar a jovem e conhecê-la melhor. Ouvira falar que ciganos eram criaturas muito sensitivas, além de outras coisas... Alguns diziam que eles conheciam o futuro apenas de olhar as mãos de alguém. Ouvira coisas boas e outras nem tanto. Talvez Ramon pudesse ajudá-lo a conhecer seu passado. Perguntou-lhe:

– Você pode conhecer o futuro de alguém?

– Se for permitido, sim. Por que a pergunta? Por que eu disse que você vai procurar Nina? Não estava utilizando nenhum dom, apenas a observação. Seu olhar estava fixo nela, num misto de curiosidade e interesse – respondeu Ramon com um sorriso cativante.

Santiago insistiu:

– Eu gostaria de saber se é possível conhecer o futuro. Penso que se temos conhecimento de nosso futuro, para que então nos esforçar e trabalhar por algo que sabemos não estar em nosso destino ter a posse? A vida é um grande mistério, e cabe a cada um descobrir. O que nos move é a curiosidade de conhecer o novo, o misterioso! É isso que nos impulsiona a prosseguir, acreditando em nosso poder criador.

– Concordo com você. Então por que a curiosidade sobre

o futuro, se ele será a construção do seu presente? – questionou Ramon.

– Mera curiosidade. Quero mesmo saber se alguém é capaz de conhecer o passado.

– O passado já está escrito e não pode ser modificado.

– Quero conhecer um passado que me foi oculto e ninguém quer falar sobre ele. Alguém é capaz de saber? – disse Santiago.

– Talvez. O que foi oculto teve uma razão. Volte aqui outro dia e conversamos melhor!

Santiago percebeu que Ramon tinha encerrado a conversa.

– Voltarei outra ocasião. Antes preciso saber como chegar até aqui.

– Encontrará facilmente nosso acampamento. Nina o trará de volta. Ela conhece a região como a palma de sua mão. Pedirei que um dos nossos o acompanhe até sua propriedade. Até mais ver!

Os dois homens apertaram as mãos e se despediram.

Encontrou Nina conversando com uma mulher na casa dos trinta anos, muito formosa, com longos e encaracolados cabelos sobre os ombros, Consuelo, que o encarou fixamente e fez um sinal com a cabeça. O que ele não pôde ver foi o vulto de uma senhora que o espreitava de longe, enquanto enxugava as lágrimas.

Assim que ambos partiram, Consuelo foi ao encontro da mulher e a abraçou, a qual se soltou nos braços da jovem, chorando copiosamente.

– Não fique assim, minha mãe. Eu sei o que está sentindo e o que deseja fazer, mas sabe que não pode falar com ele. Não vamos remexer no passado!

– Ele é muito parecido com meu Pablo. É inacreditável! Ele só pode ser meu neto! Tenho certeza! E você me pede para esquecê-lo? Já tiraram meu filho de mim, nos ameaçaram, feriram nossa dignidade! Pensei que estivesse tudo esquecido, mas agora tenho a chance de conhecer meu neto e você quer que eu deixe tudo como está?

Consuelo não sabia o que dizer. Talvez sua mãe tivesse razão, mas aproximar-se dele poderia ser perigoso. O jovem certamente não sabia de nada. Sua mãe nunca aceitou a tragédia que se abateu sobre a família: a morte súbita do pai, cujos motivos nunca foram comprovados, e a do irmão mais velho, que fora incriminado injustamente e acabou morrendo na prisão. Restara ela e Ramon apenas. E toda aquela tragédia tinha um nome: Juan Manuel de Luca.

Inês só foi poupada porque tinha dois filhos ainda pequenos. Juan Manuel se compadeceu da situação por ele criada. Fez tudo de maneira que seu nome jamais fosse cogitado. Porém Inês sabia quem era o responsável. Quando tentou falar com o poderoso, foi lembrada, de forma sutil, que ainda tinha duas vidas a zelar e deveria ser mais cuidadosa com as acusações. Em troca do silêncio, ela pôde permanecer nas terras para criar os filhos. Seguiu sua vida, porém parte dela ficara no passado junto com os que partiram. Apesar de tudo, fora uma boa e zelosa mãe para Consuelo e Ramon, educando-os dentro de padrões éticos e morais, como fizera com os demais. Assim aprendera com seus pais, e assim fizera com seus filhos. E mesmo com o coração corroído pela dor ainda tinha muito que agradecer a Deus, por ter permitido conviver com criaturas tão excepcionais como seus amados filhos. Tinha perdido tanto, no entanto recebera dois tesouros para cuidar e não podia decepcionar aquele Pai amoroso que nela confiara. E agora Ele lhe propiciava a oportunidade de conhecer seu neto. Ela não sabia quando isso iria acontecer, porém sabia intimamente que seu sonho se tornaria realidade.

Inês fez sinal à filha que a conversa se encerrara, sem antes anunciar:

– Consuelo, não tente me dissuadir. Sei que o passado não voltará. Sei também que ele não possui mais ninguém de sua família vivo. Eu o ouvi quando disse que o avô morreu. Ele era o último a ser temido, agora não pode mais causar dano algum. Estão todos no mundo espiritual. Se estiverem em paz ou não, nada posso fazer, pois foram eles que causaram tanta dor à nossa família. Esse assunto é entre eles e Deus! Posso ajudá-los daqui, amenizando um pouco o sofrimento que estarão vivendo, fazendo com que Santiago se reaproxime de sua família de sangue. Se ele for íntegro e digno, será receptivo a nós. Se não, farei o que me pede. Que fique no passado com todos que lá estão! Agora vá chamar Ramon. Temos a nossa reunião a realizar.

Rapidamente Consuelo foi em busca do irmão e dos demais integrantes. O agrupamento não era grande, mas os que lá permaneceram foram sempre leais ao comando da matriarca, que assumira o comando quando o marido morreu.

Eles se reuniam todas as semanas para relembrar suas tradições e conhecimento sobre o mundo espiritual e sobre a utilização de ervas medicinais. Nessas reuniões nunca incluíam a magia e outras crenças malignas que também faziam parte da herança de muitas gerações. Inês, com a concordância de todos os integrantes, jamais deixou que houvesse a interferência desse lado negativo. Quando solicitados para esse tipo de trabalho, rejeitavam-no. A meta era o bem, o bom, o belo, e assim decidiram caminhar nesta encarnação. Viviam do trabalho agrícola, do artesanato e de poções vendidas na cidade, que auxiliavam muitos doentes. Viviam em paz, sem serem importunados pela Igreja, que fazia vista grossa para eles, que se avolumavam na periferia das cidades, muitos expulsos dos países vizinhos. Contribuíam com o que podiam, restando muito pouco para sua subsistência. Era o preço da liberdade que lhes custou a conquistar.

No entanto, mesmo sem oferecer perigo algum à população, eram temidos. Julgavam-nos enviados das sombras ou coisa parecida. Porém muitos os respeitavam pela sua sabedoria e retidão. Era o caso de Nina e de sua família, com quem mantinham excelente relacionamento. Apesar da diferença de idade, Nina e Consuelo se tornaram grandes amigas quando Nina, certa vez, foi ao acampamento para buscar ajuda para sua irmã caçula, Gabriela, que era acometida por desmaios súbitos e falta de ar. Consuelo e Inês prepararam infusões de ervas que surtiram efeito, e Gabriela começou a melhorar. Desde então, Nina passou a visitar o acampamento, nascendo aí uma grande amizade entre elas, que se aprofundava dia a dia.

E assim a vida corria... Entre encontros, desencontros e reencontros...

Capítulo 3

Seguindo em frente

Lupe e Ramiro estavam aflitos com a demora de Santiago e procuraram Alfredo.

– Não se preocupem, não existe perigo algum nesta região.

– Está anoitecendo, não seria conveniente aproveitar a luz do dia? – questionou Ramiro.

– Se assim deseja, o farei – disse Alfredo.

Quando estava prestes a sair, avistou Santiago retornando. O jovem veio vagarosamente e assim que apeou, foi recebido por Lupe.

– Por que demorou tanto? – ao dizer isso, verificou que havia sangue na camisa de Santiago. – Você está ferido? O que aconteceu?

– Acalme-se, Lupe. Caí do cavalo e bati a cabeça numa pedra. Como médico, posso lhe garantir que não foi grave e vou ficar bem.

– Quero ouvir tudo, do início ao fim! Quer que eu lhe prepare algo?

Ela ouvia tudo com o olhar preocupado. Quando ele contou quem o havia salvado, ficou extremamente preocupada. O perigo estava a rondar...

Ramiro e Alfredo escutaram toda a história. Já era tarde para evitar aquele encontro. Ele já havia conhecido o acampamento e talvez pessoas que jamais deveria ter visto.

– Você não disse que existia um acampamento tão próximo daqui.

Eu me perdi e cheguei acidentalmente ao local. Foram muito atenciosos. Conheci Ramon e Nina – disse Santiago, observando a reação do grupo –, que me contou que sua família tem terras vizinhas. Ah, e ela é muito bonita!

– Você conheceu o pai dela. É filha de Adolfo. As terras dele são próximas às suas e às dos ciganos – disse Alfredo.

– Não me diga! Acho que farei uma visita a ele. Gostei dela!

– Adolfo passa apenas os fins de semana lá. Durante a semana ele cuida do comércio que tem na cidade. A esposa, Letícia, é quem cuida das terras com o auxílio das filhas e de alguns colonos. Se quiser visitar, o acompanho.

– Iremos no final de semana, assim converso um pouco com Adolfo e família.

– Eles têm quatro filhos: Nina, Lívia, Miguel e a caçula Gabriela. Essa última é a grande preocupação do casal. Nasceu muito pequena, tem uma saúde frágil e apenas agora vive de forma satisfatória. Você é médico, talvez possa ajudar.

– Um bom pretexto para fazer uma visita.

A semana passou rapidamente. Santiago já estava inteirado da rotina do lugar. A cada momento passava a apreciar mais a região, o clima e as pessoas. Ainda não tinha decidido o que fazer. Talvez a vida que deixara devesse ficar para trás, com tudo o que representava. Uma segurança que não mais existia, pois seu avô não estava mais presente. Dali para a frente teria de contar consigo mesmo. Quando o sábado chegou, Santiago estava ansioso para fazer a tal visita.

Ele e Alfredo partiram bem cedo. Estava quente. Assim que avistaram as terras, Alfredo pediu ao jovem que observasse a região plana e bem cuidada. Tudo parecia tecido por mãos femininas e hábeis, dada a organização e o cuidado que se evidenciava. Uma casa graciosa compunha o visual da região. Ao lado, um grande jardim com flores silvestres e algumas árvores frutíferas ofereciam sombra aos visitantes. Tudo muito harmônico; um visual primoroso!

Quando perceberam a chegada de visitantes, os proprietários saíram da casa. Letícia foi a primeira, era uma mulher já madura, ostentando uma beleza jovial e magnética. Lindos olhos verdes emolduravam seu rosto. Nina se parecia com ela. Adolfo foi o próximo a sair, já acenando.

– Ora, quem vem me visitar! Seja bem-vindo, Santiago. Como tem passado? – disse Adolfo, cumprimentando os visitantes. – Esta é Letícia, minha esposa.

– Tudo bem, Alfredo? Há tempos não nos visita. Você deve ser Santiago, o proprietário das terras ao lado. É um prazer tê-lo em nossa humilde casa – respondeu Letícia.

– Peço desculpas pela falta de educação. Deveria ter aguardado um convite para visitá-los – disse atenciosamente Santiago.

– Aqui não precisamos de convite para rever os amigos – completou a mulher.

– E os filhos? – questionou Alfredo.

– Nina acorda cedo e está na estufa, cuidando de suas plantas. Miguel ainda dorme, assim como Gabriela. Lívia está ajudando a mãe. Vou pedir para chamá-los – afirmou Adolfo.

Assim que ele entrou na casa, uma jovem aparentando pouco mais de vinte anos, de cabelos castanhos cacheados e olhos verdes, saiu e acenou timidamente para os visitantes.

– Lívia, espere um pouco... – O pai ia pedir-lhe que cumprimentasse adequadamente, mas ela já estava longe. – Ela é sempre assim acanhada e de poucas palavras, bem diferente de Nina.

– Eu conheci Nina no acampamento cigano esta semana – disse Santiago. – Realmente, ela é bem falante e espirituosa.

– Ela não me falou nada. – rebateu o pai.

– Você chegou de noite e ainda não tiveram tempo de conversar. Ela irá lhe contar tudo – afirmou a esposa sorrindo.

Nina era a contadora das histórias. Narrava todos os acontecimentos, por mais insignificantes que fossem. Era uma boa garota, com ideias próprias e um tanto voluntariosa. Profunda conhecedora das plantas, em especial as medicinais. Interesse que se iniciou bem cedo e, com a amizade com os ciganos vizinhos, se intensificou. Ela aprendia rápido e anotava tudo no seu caderno secreto, como ela mesma dizia. Sua amiga Consuelo a orientava havia alguns anos, e os pais não se incomodavam com isso. Adolfo conhecia todos no acampamento e sabia que não havia perigo.

Nina era muito parecida com ele e defendia seus amigos

ciganos de todos os que os difamavam. Já enfrentara problemas na cidade, e Adolfo decidira que seria mais conveniente a ela permanecer na fazenda, longe dos problemas. Ela costumava falar o que pensava, agia com retidão de caráter e procurava viver dentro de seus princípios éticos com todos, sem discriminar ninguém. Nina sabia que seu pai articulava secretamente contra os desmandos que ocorriam e já lhe pedira para participar, o que era prontamente negado por ele.

Nina e Lívia entraram na espaçosa varanda.

– Ora, quem está aqui! O doutor cuidou do ferimento direitinho? – brincou Nina.

– Certamente. Como vai você? – cumprimentou Santiago.

– Estava bem, até ser interrompida por minha irmã.

– Nina! – censurou o pai.

– Papai, deixe de cerimônia. Alfredo, tudo bem com você? – disse Nina, dando-lhe um beijo no rosto. – Já conheço Santiago e sinto que somos amigos.

Lívia ficou corada de vergonha, vendo a irmã falar com eles daquela maneira, e entrou na casa para chamar os irmãos.

– Não repare em minha filha, Santiago. Você foi bem educado e deve estar achando que não dei educação alguma a ela. Quando quer, até consegue ser uma verdadeira dama.

Santiago estava achando tudo divertido. Precisaria visitar o amigo mais vezes, assim sua vida ficaria mais interessante.

– Nina, enquanto seus irmãos não chegam, não quer me mostrar sua estufa? Minha avó tinha uma em nossa casa. Ela cultivava flores raras e ninguém podia entrar lá sem sua presença. Eu achava aquilo um excesso de zelo, porém ela dizia que o local precisava de cuidados especiais.

Nina deu um cativante sorriso a Santiago.

– Estou começando a gostar de você. Venha comigo! Papai, continuamos nossa conversa depois – disse a jovem com certa ousadia.

O pai ia responder, mas a esposa o conteve:

– Adolfo, pare com isso. Nina tem apenas um gênio difícil, que não sei de quem ela herdou – disse, dando uma piscadela para o marido, que a envolveu num terno abraço.

– Por isso gosto tanto de vir aqui. Tudo me lembra os bons tempos! – disse Alfredo com certa amargura.

– E por que demora tanto a nos visitar? – implicou Letícia,

dando o braço para que ele a acompanhasse até o jardim. – Venha comigo, quero lhe mostrar uma coisa.

Adolfo os acompanhou até o jardim, enquanto Nina e Santiago visitavam a estufa.

Estava localizada a poucos metros da casa e era um lugar realmente especial. Tudo organizado e habilmente cuidado. Santiago olhava curioso e ia perguntar algo quando ela prontamente explicou:

– É o que está pensando. Tudo é separado conforme a origem e a utilidade de cada planta. Consuelo me auxiliou na classificação e utilização. O que pode curar pode também matar, se não for utilizado de maneira correta. Tudo tem a dose certa e, algumas não podem ser plantadas próximas de outras. Quando estávamos no acampamento, Ramon disse que Consuelo tinha uma surpresa para mim, era esta planta – disse a jovem mostrando um ramo. – Não sei como ela conhece tudo isso, só pode ser...

Nina se calou e Santiago ficou curioso para saber o que ela pretendia dizer.

– Só pode ser o quê?

– Nada! – disse cautelosamente a jovem.

– Sei que pretendia dizer alguma coisa. O que era? – questionou curioso Santiago.

– É um assunto que não devo falar. Esquece!

– Agora fiquei curioso. É um assunto proibido? Daqueles que não devemos falar publicamente para não sermos mal interpretados? Não tenha receio. Tudo o que conversarmos aqui, ficará entre nós.

– Meu pai não gosta que eu fale certas coisas, principalmente a estranhos.

– Não sou um estranho e tampouco represento interesses da Igreja. Meu avô sempre me pediu sensatez em minhas colocações, principalmente perto de alguém do clero para não ser interpretado como contestador da ordem. Não gosto que me imponham uma crença. Eu creio naquilo que serve para mim, que responde a meus questionamentos íntimos. Depois de todo esse discurso, o que ia dizer?

Nina sorriu, gostando mais ainda de Santiago...

– Eu estava falando sobre Consuelo e pensando que tudo o que ela sabe não pode ter aprendido nesta vida. Ela me diz que existem coisas que ela simplesmente sabe e não entende como isso acontece. Sabe porque sabe, ou melhor, porque ela já aprendeu em algum momento. Quem a ensinou? O que podemos deduzir? Será que essa é nossa primeira e única existência? Ou será que já tivemos a chance de ter outra existência e aprender alguma coisa? Penso muito sobre isso e ainda não encontrei uma explicação plausível. E você, o que pensa?

Santiago ficou pensativo, imaginando que talvez tudo fosse muito mais do que realmente é. Pensava em sua vida, nas perdas de pessoas queridas e a questão que sempre o atormentou: por quê? Nada fizera nesta vida que explicasse os motivos de seu sofrimento. Não acreditava que Deus fosse injusto, então, se sofria, deveria haver uma causa justa.

– Deve haver uma explicação e um dia compreenderemos isso. Até lá precisamos confiar que as coisas ocorrem porque têm de ocorrer. Existe um motivo, e ele é justo e certo. Precisamos apenas aceitar...

– É simples assim para você? As coisas são o que são? E você aceita assim, passivamente? – questionou Nina.

– Posso aceitar a vontade de Deus e entender que tudo foi necessário. Ou, simplesmente, me rebelar! É uma escolha...

– Não conheço sua vida, Santiago, mas não quer saber o porquê de algo lhe acontecer?

– A vida é oferecida para vivermos, construirmos algo de bom para nós e para os que caminham conosco. Escolhi viver e seguir em frente. Você não?

– Acredito que a vida seja um grande tesouro e precisamos aproveitar as oportunidades de ser feliz. Mas tem algo mais! Um mistério que eu gostaria de desvendar!

– Nina, contente-se em viver o melhor que puder e pare de questionar tanto, pois pode se perder em dúvidas e deixar de aproveitar a grande viagem que é viver! – disse Santiago sonhador.

– Pensei que fosse médico, racional e objetivo! Fica aí filosofando sobre a vida.

– Viver foi o que me restou depois de perder todos os que amava. E escolhi ser médico pensando em salvar vidas! Isso é o que eu quero fazer. Não vou questionar Deus por que consigo salvar um e outro não. Ele deve saber os motivos.

– Eu ainda acho que você não é tão resignado assim. Você tem algum segredo?

Santiago mudou sua postura. Mudou de assunto e se fechou, deixando a jovem curiosa.

– Bem, sua estufa é muito especial. Você ajuda alguém com todas essas ervas?

– Algumas pessoas me procuram, pois não querem visitar o acampamento cigano. Evite comentar isso com meu pai.

– Ah, quer dizer que quem tem um segredo é você! Acho que está em minhas mãos! – disse Santiago brincalhão.

Nina pegou uma planta e mostrou a ele, dizendo com ar solene:

– Muito cuidado comigo! Não sabe do que sou capaz com esta planta em minha mão! Você pode ser envenenado! Se for um rapaz precavido vai ser discreto, não contar nada a meu pai e, assim, suas chances de permanecer vivo aumentam. O que acha?

– Depois dessa ameaça gravíssima, resta-me sujeitar-me aos seus caprichos.

– Está vendo esta aqui? – apontou Nina. – É muito rara e tem grande poder de atuação no problema de minha irmã; os chás estão amenizando as crises. Ela tem dormido melhor e está cada vez mais confiante. Gabriela vivia de forma péssima e pensávamos que ela nem chegasse à idade adulta. No entanto, nos últimos meses tem sido diferente. Tem mais sorrisos em seu rosto, e a isso devemos a Consuelo, que encontrou esta planta.

– O que ela tem? Talvez eu possa ajudar.

– Gabriela nasceu com problemas e quase morreu. Desde criança tem crises respiratórias. Ficava tão cansada que tinha de deitar por horas até se recuperar. Meu pai já a levou a vários médicos, porém nada foi eficiente e desistimos da medicina convencional. Encontrei Consuelo numa das crises de Gabriela. Ela nos levou ao acampamento, e sua mãe, Inês, ao ver o estado da minha irmã, serviu-lhe um chá. Ela conversou um pouco comigo, falando sobre coisas complexas. Você sabe que os ciganos têm suas próprias crenças e tradições, são místicos. Uma doença física pode ter várias causas, e nem sempre conhecemos o que a propiciou. Eles acreditam que sentimentos confusos, emoções exageradas podem contribuir para que o equilíbrio se afaste de nós. E, assim, nossa saúde pode se deteriorar em razão de abusos cometidos por nós mesmos.

– Você disse que Gabriela nasceu assim debilitada. Ela não se aplica a essa teoria. O que pode ser a causa de tantos problemas já na tenra idade?

– E se considerarmos que tivemos outras existências? O que fizemos no passado não poderia afetar o que somos agora?

– Jamais parei para pensar nessas possibilidades. Devo convir que é um assunto interessante e merece discussões. Quem sabe você não me apresenta sua amiga numa próxima ocasião e discutimos com mais propriedade. Como médico, eu gostaria de ver sua irmã e entender o real motivo dessas crises. Falarei com seu pai.

Os dois saíram da estufa e entraram na casa, onde o resto da família estava reunida. Miguel e Gabriela se juntaram ao grupo. Miguel era jovem, tinha vinte e quatro anos, muito parecido com o pai, alto e forte, com um sorriso cativante nos lábios. Gabriela era uma jovem de dezessete anos, bem franzina e delicada, com uma força indizível no olhar. Sorriu para Santiago e disse:

– Nina me falou sobre você, e é exatamente como ela descreveu. Muito prazer!

Santiago olhou a menina suave e meiga, com profundos e magnéticos olhos azuis, e ela lhe pareceu familiar. Seus olhares se cruzaram e se fixaram por instantes, e ambos sentiram afeto imediato um pelo outro. Era realmente inexplicável o que ambos sentiram! Gabriela tinha certo mistério, que Santiago gostaria de desvendar.

– Espero que tenha feito uma descrição compatível comigo. Ela também falou de você e a descreveu de forma correta.

– Sou a que mais problemas traz a esta família!

– Não fale assim, minha irmã! Você é especial! – disse Nina seriamente.

Letícia, até então calada, resolveu intervir:

– Gabriela, você é apenas motivo de preocupação e sentimos muito não poder ajudá-la como gostaríamos. Aliás, há algumas semanas que as crises amenizaram e veja como está radiante, repleta de vitalidade!

– Pare de falar bobagem e nos acompanhe para um passeio. O dia está convidativo. Santiago, vem conosco? – convidou Adolfo.

O jovem acompanhou os dois. Estava curioso para saber o motivo do passeio.

– Sei que você veio a passeio e eu não gostaria de ser inconveniente. Você é médico e eu gostaria de lhe fazer um pedido. Dê uma olhada em Gabriela e veja se consegue descobrir algo que os outros médicos não conseguiram encontrar.

– Farei com prazer. Se ela permitir, naturalmente.

– Não sei se vale a pena, pois não irá encontrar nada além do que os demais encontraram. Nasci com a saúde frágil, e Deus deve conhecer os motivos de ser assim.

– Não pense dessa forma, Gabriela. O que hoje desconhecemos talvez amanhã possamos ver sob outro ângulo e encontrar a resposta. Tudo se modifica a cada dia. Talvez você não seja curada, mas quem pode garantir que as condições em que vive não podem ser alteradas? Aprendi que o doente necessita desejar a cura, caso contrário fica impossível que ela aconteça por mais esforços que o médico empregue.

– Certamente quero ficar bem, mas se isso não acontecer não vou me frustrar, acredito que existe algo mais importante que a saúde do corpo. É a saúde da alma, e é essa que tenho buscado alcançar.

– O que acha de conquistar as duas? – disse o pai, comovido com a declaração da filha.

Os dois se abraçaram afetuosamente, deixando Santiago emocionado. Era uma linda e amorosa família, que a vida lhe negara. Sentiu certa melancolia em seu íntimo. Olhou a jovem com carinho e começou o interrogatório:

– Bem, podemos começar? Gostaria de lhe fazer algumas perguntas. Está preparada?

– Com certeza! – respondeu animadamente Gabriela. Esse foi o início de uma grande amizade... Quem sabe, um reencontro de almas?

Capítulo 4

Em busca de respostas

Santiago fez perguntas a Gabriela, buscando entender como as crises se iniciavam.

– Quando o almoço estiver pronto venho chamá-los – disse Adolfo despedindo-se.

– Meu pai é uma pessoa maravilhosa. Tem sempre a palavra certa! Como não ser grata por tê-lo ao meu lado? Como não me sentir abençoada sendo tão amada?

– Seu pai é uma pessoa especial. Gostei dele desde que o conheci. Seremos bons amigos!

– Interessante! – concluiu a jovem. – Quando o vi pela primeira vez, pareceu-me que o conhecia desde muito tempo, não sei explicar. Gostei de você. Espero poder confiar em sua discrição quanto ao que conversaremos.

– Pode confiar em mim, tudo ficará apenas entre nós, pois se trata também de ética profissional.

– Bem, quando conheci Consuelo e a mãe dela conversamos sobre isso. Elas me fizeram perguntas, que a princípio nada tinham que ver com o que acontecia comigo. Passei então a observar minhas ações que antecedem as crises. Coincidentemente, elas sempre ocorrem após uma noite repleta de pesadelos, que me perseguem desde a infância. Muitas vezes não recordo absolutamente nada desses pesadelos, fica apenas a sensação ruim ao despertar, outras vezes vejo pessoas que não conheço, e sinto medo. Tudo é muito perturbador. E depois, no dia seguinte, a crise ocorre. Creio que deve haver uma ligação! Quando isso acontece sinto um aperto em meu peito, fico frágil e insegura, como se tivesse algo a temer. Mas o quê?

Santiago ouviu o relato da jovem com profunda atenção. O que os pesadelos tentavam lhe mostrar? Havia algo mais a conhecer e sua intuição assim o orientava.

– Gabriela, seu relato é curioso e iria agradar a um professor que tive. Ele julgava que nossos sonhos teriam relação com nossa vida real, podendo abrigar emoções que não queremos observar. Você se recorda de algum sonho com todos os detalhes?

– Eles são sempre apavorantes, e não consigo entender o significado. Sinto que são mais reais do que parecem – disse Gabriela com tristeza na voz.

– Vamos tentar lembrar esses pesadelos. É o primeiro passo. Enquanto isso, é importante você melhorar sua capacidade respiratória. Existem alguns exercícios que são fundamentais e vou lhe ensinar.

Gabriela sorriu perante o interesse do médico e pensou que sua visita havia sido providencial. Lembrou-se de Consuelo que lhe dissera que o processo de sua cura seria acelerado em breve. Seria a presença de Santiago? Ele era uma pessoa confiável e sentira-se tão em paz em sua companhia! Orava diariamente, pedindo forças para superar fosse lá o que fosse! Talvez um dia tudo fosse esclarecido e sua vida tomaria novo rumo. Confiava nisso! Até lá...

Permaneceram sob uma frondosa árvore, até que Nina os chamou para a refeição. A jovem ficou feliz com a aparência da irmã caçula. Gabriela parecia serena e feliz.

A tarde foi perfeita para Santiago. Antes de ir embora, quis conversar a sós com Adolfo.

– Meu assunto não é sobre Gabriela. Virei mais vezes conversar com ela, e ensinei-lhe alguns exercícios que vão ajudá-la no futuro. Quero falar sobre aquele dia em que nos conhecemos. O que aconteceu ao seu amigo?

As feições de Adolfo se endureceram pela primeira vez naquele dia.

– Jorge não veio ao encontro, como se recorda. Na mesma noite fui até sua casa saber notícias. Não encontrei Jorge, nem sua família. Alguns guardas estavam por lá e perguntei o paradeiro de meu amigo. A resposta foi que ele tinha ido embora com seus familiares. Tenho alguns informantes na Coroa e fui atrás de notícias. Ele foi convidado a se retirar do país por essa corja que hoje governa. Os motivos? Sua origem judia. E teve de deixar tudo aqui, não pôde levar nada! É possível que isso ainda ocorra em 1622? Os judeus, os mouros, todos os que não compactuam com as diretrizes da Igreja são perseguidos, são alvo! Temos agora em Córdoba um novo inquisidor, que parece ser menos flexível que os demais. Resta-nos o silêncio, se não quisermos ser perseguidos também. Necessária a cautela, Santiago.

– Não compactuo com a discriminação nem tampouco com aqueles que desvirtuam os valores morais. Eu gostaria de saber o motivo de não poder levar nada quando daqui são banidos – questionou Santiago.

– Para encher os cofres reais, para que se sintam cada vez mais poderosos e assim possam nos intimidar. Ledo engano! A cada dia aumenta o número de companheiros descontentes. Ainda não somos em grande número, porém creio que o movimento tenderá a crescer. Jorge era uma criatura de bem. Qual o problema se ele continuava a praticar seus cultos? Desagrada a Deus? Mas tem a Igreja toda a culpa? São os homens os responsáveis! Os que estão imbuídos de zelar pelo povo e sua segurança! São eles que deturpam tudo, denegrindo a imagem do Pai soberano.

– Sabemos que os tempos são difíceis, Adolfo! Porém não permita que o desespero o conduza a cometer atos dos quais poderá se arrepender. A ação deve ser realizada quando for o momento certo, acredite. Bem, a conversa está agradável, mas preciso ir.

– Será sempre bem-vindo a esta casa. Espero que suas visitas sejam mais constantes. Se Gabriela confiou em você, creio que o caminho para sua cura será percorrido mais rapidamente. Esqueci-me de perguntar sobre seus planos para o futuro.

– Pretendo permanecer aqui por algum tempo. Você conheceu meu avô? Como conhece Alfredo há muito tempo, talvez possa me esclarecer sobre alguns fatos obscuros do meu passado. Tem um tempo para essa conversa?

– Certamente! Sinto decepcioná-lo, mas não conheci seus avós. Meu pai chegou a este lugar e montou um pequeno comércio há vinte e cinco anos, pouco tempo depois de seus avós partirem. Alfredo me contou que seu pai morreu antes de você nascer.

– O que ele lhe contou? – questionou Santiago.

Adolfo notou o interesse e percebeu que o jovem pouco conhecia acerca de sua procedência. Não seria ele a contar o que ouviu da boca de seu amigo que estava um tanto embriagado. Naquele dia, Alfredo convidou-o para tomar um pouco de vinho. E a conversa foi se aprofundando. Parecia que o amigo guardava um segredo que o sufocava. Não entendeu muito bem a história narrada sobre mortes anunciadas, mentiras, tramas incompreensíveis envolvendo uma jovem e um cigano local. Parece que o romance não foi bem aceito pelo pai, Juan Manuel, que decidiu pôr um término. Algo aconteceu, e a situação fugiu do controle. No fim foram contabilizadas algumas mortes. Adolfo acabou procurando o amigo em outra ocasião e questionou-o, porém ele lhe pediu que jamais divulgasse aquela conversa. Por causa disso, Adolfo achou conveniente enterrar a história. Não queria perder um bom amigo!

– Sei apenas que seu pai morreu antes de você nascer e esse foi o motivo de seu avô ter saído daqui. Sua mãe ficou muito abalada e precisou mudar de ares. Seu avô voltou aqui poucas vezes depois. Se quer conhecer como tudo ocorreu, pergunte a Alfredo.

Santiago lhe endereçou um olhar triste e respondeu:

– Alfredo diz que pouco sabe sobre isso. É como se todos estivessem me ocultando algo. Terei de procurar outras fontes, pois pretendo descobrir quem foi meu pai e se sua família ainda reside nesta região.

– Tenho alguns clientes que talvez possam ajudá-lo.

– Agradeço o interesse, Adolfo. Vou lhe fazer uma visita e colocamos a conversa em dia.

Os dois se despediram com um aperto de mãos que selava uma recém-amizade.

Santiago despediu-se de todos e, em especial, de Nina, que lhe enviou um sorriso cativante. Sentiu-se atraído por aquele sorriso faceiro e jovial.

Ele já estava indo embora, quando Nina correu até ele e lhe disse:

– Sei quem pode ajudá-lo na busca pelo seu passado. Confie em mim! Venha nos ver esta semana! Não diga nada a ninguém – disse baixinho em seu ouvido, como se lhe confidenciasse algo. Depois saiu correndo de volta a casa.

Santiago ficou atônito. Como ela sabia de seus questionamentos? Parecia que lera seus pensamentos. Ainda surpreso, foi questionado por Alfredo, que acabava de se aproximar, após despedir-se da família:

– O que ela queria?

– Coisa sem importância. Pediu que eu retornasse por Gabriela. Agora, vamos, que daqui a pouco o sol se põe, e Lupe entrará em desespero com minha ausência.

Os dois deram uma leve risada e partiram. O dia fora especial, e Santiago pensava em como Nina poderia ajudá-lo. Sua curiosidade estava aguçada e só ficaria sossegado quando conversasse novamente com ela.

Os dias que se passaram foram tranquilos. Santiago estava se apaixonando pelo lugar, e a cada dia decrescia a vontade de retornar à antiga vida, para desespero de Lupe e Ramiro, que contavam que seu interesse pelo local fosse passageiro.

No meio da semana decidiu visitar Nina e sua irmã. Para acompanhá-lo, Alfredo designou um rapaz de pouco mais de vinte anos, a quem o administrador cuidava como filho após a repentina morte de seus pais. Santiago conhecera o jovem assim que chegou e gostou dele. Seu nome era Diego.

– O senhor deseja ir pelo caminho mais curto ou mais longo? – questionou o jovem.

– Chame-me apenas por você. Qual caminho você sugere? – respondeu Santiago sorrindo.

– Depende de você – disse o jovem. – Alfredo prefere o mais longo porque não passa pelo acampamento cigano. Ele não gosta desse povo, mas eu não tenho nada contra. No caminho mais curto, passamos perto deles. Algumas vezes visito dona Inês, a matriarca. Ela é muito sábia e seus conselhos são sempre acertados.

– Me conte mais sobre dona Inês. Ela sempre viveu nesta região? Eu estive no acampamento e não a vi. Conheci apenas Ramon e Consuelo.

– São seus dois filhos. Os outros dois morreram há muito tempo. Podemos visitá-la qualquer dia desses.

– Podemos sim. Vamos pelo caminho mais curto que pretendo chegar mais rapidamente, mas a visita ficará para outro dia. Vamos.

E seguiram para a casa de Nina. Letícia os recebeu afetuosamente.

– Como estão as jovens? – perguntou Santiago.

– Pensei que viesse ontem. Você não está tão curioso assim. Gabriela queria ver você. Vamos, conte-lhe seu sonho – disse Nina.

A jovem pediu a Santiago que a acompanhasse até o jardim, e sentaram-se em um banco sob uma árvore.

– Este é meu local preferido. Não sente as boas energias que esta árvore irradia?

– Você está com melhor aparência, Gabriela. Sentiu-se bem nos últimos dias?

– Esta noite tive um pesadelo. Desde então, sinto que algo vai me acontecer – disse a jovem preocupada.

– Lembra-se do sonho?

– Vagamente. As pessoas pareciam reais, como se estivessem próximas de mim, causando-me profundo pavor e apreensão. Nina me tranquilizou dizendo que nada de mal irá acontecer, porém me sinto tão angustiada!

– Isso só acontece quando tem pesadelos? – questionou Santiago. – Já sabemos o que desencadeia a crise, mas por que ela ocorre? O que esses sonhos querem lhe dizer?

– Não sei! – respondeu Gabriela.

– Pense comigo: se você sabe que terá a crise, por que então não se precaver dela?

– Como? – questionou a jovem atenta ao raciocínio de Santiago.

– Você está condicionando a crise a um evento do qual nem consegue saber o que é. É esse o mecanismo que a desencadeia. Seu temor sobre algo que desconhece. Vamos fazer o caminho inverso. Se sabe que terá a crise, procure evitá-la.

– Tem certeza de que isso é possível? O que preciso fazer?

– É muito simples. Procure não pensar nisso e a crise não irá te visitar. Quando vier a pressão no peito, respire pausadamente, procurando inalar lentamente o ar, retendo um pouco e soltando pela boca. Faça isso quantas vezes sentir necessário. Gradativamente você perceberá que seus pulmões vão se expandir, podendo abrigar mais oxigênio e suas funções pulmonares vão se equilibrando. O importante é não entrar em pânico e ter calma suficiente para controlar o processo. E, conhecendo o que pode ocorrer, vai estar no controle de tudo, sem se entregar passivamente. São orientações que um médico lhe faria, você precisa estar no comando de suas ações.

– Serei capaz de tudo isso? – perguntou a jovem com lágrimas nos olhos.

– Se acreditar que pode, será capaz. Depende unicamente de você. A respiração é um ato que fazemos de maneira automática. Quando pensamos que algo pode perturbá-la, é como se saísse do modo automático. Acho que é assim que acontece, Gabriela. Sinto que isso também é emocional. Em resumo: depende de você permitir que a crise se instale. Se não permitir, não ocorrerá. Você fica aguardando que em algum momento ela vai acontecer e fica vulnerável.

O assunto era complexo, e Gabriela compreendia o que ele estava dizendo. Mas será que funcionaria na prática? Começou a respirar pesadamente, ansiosa. Sua respiração ficou ofegante, entrecortada, sem ritmo algum. Uma crise se anunciava!

Santiago começou então a conversar com ela, dando-lhe alguns comandos de maneira enfática:

– Gabriela, respire fundo, procure não pensar em nada a não ser respirar pausadamente. Vamos, faça tudo lentamente e pense que está no controle. Não tenha medo, estou aqui com você e isso vai passar. Continue respirando profundamente, estabeleça um ritmo e inspire todo o ar que conseguir.

A jovem foi se acalmando, procurando seguir as orientações que o médico lhe fornecia, e em alguns minutos a respiração se regularizou. Quando ele percebeu que tudo estava sob controle, num gesto fraternal, a abraçou. Gabriela chorava copiosamente. Algo mais acontecera, o que eles não puderam perceber nem visualizar! Algumas sombras se afastaram após terem sido surpreendidas por companheiros de luz, que restabeleceram a paz e o equilíbrio entre os participantes. Gabriela estava novamente liberta do assédio de irmãos ainda em sofrimento! Uma entidade luminosa sorriu, agradecendo o amparo recebido!

– Fique calma. Tudo já passou. Respire no ritmo por alguns instantes e perceberá que ficará bem – disse Santiago.

Nina se aproximou e pôde visualizar uma sombra se afastando de sua irmã. Fez uma prece e aguardou até Santiago terminar o atendimento à sua irmã.

– Viu, não é tão difícil. Você estava no controle e conseguiu administrar a crise que pretendia se instalar. Você está se sentindo bem agora?

A jovem ainda com lágrimas nos olhos disse:

– Sua voz foi me acalmando e percebi que poderia ser diferente desta vez – disse Gabriela com a voz embargada, porém confiante. – Acho que entendi o recado.

– E assim você irá fazer quando elas pretenderem se manifestar. Mostre que você está no controle. Não permita que o temor ou a angústia se apossem de você.

Nina, então, se aproximou e disse com firmeza:

– Jogue esses sentimentos fora, minha irmã. Sem medos, sem dúvidas, sem autopiedade.

– Nina, deixe Gabriela falar. É importante que ela possa falar das emoções que está sentindo, pois isso faz bem para ela. Sei que deseja seu bem, porém, não se esqueça de que sua irmã tem sua maneira de ser. Você pensa e age de uma maneira, ela, de outra. Imagine se todos fossem iguais ou pensassem da mesma forma.

– Se todos pensassem como eu certamente o mundo seria um lugar muito melhor para se viver! – completou Nina com toda convicção.

Gabriela e Santiago não puderam conter o riso. Foi o momento de descontração que faltava para que a paz retornasse ao local. Nina endireitou- se e disse:

– Não entendo o motivo do riso. Eu realmente creio que o mundo seria menos complicado, mais fácil de ser administrado se as pessoas se parecessem comigo.

Gabriela foi até a irmã e a enlaçou num terno abraço.

– O mundo seria um lugar muito mais agradável, certamente. Infelizmente isso não ocorre e temos de conviver com seres que diferem de você.

– E você, Santiago, pensa assim? – questionou Nina.

– Preciso conhecê-la melhor para fazer um julgamento mais

acertado, Nina. Uma coisa é certa: se muitos tivessem seu senso de humor, certamente já seria mais fácil enfrentar a vida.

Nina deu aquele sorriso magnético que conquistava a todos, deixando o jovem sem conseguir desviar os olhos dela. Queria fugir daquele olhar, sentindo que estava começando a se envolver com Nina. Uma forte atração os dominava. Ela o encarava com um sorriso diferente, como se tivesse lido seus pensamentos. Havia sido denunciado! Ficou constrangido e tentou retomar o foco, direcionando seu olhar para Gabriela que estava sorrindo também. Essas duas irmãs eram bruxas ou algo assim? Estavam invadindo sua mente e acessando seus mais íntimos pensamentos! Teria de ser mais cuidadoso...

– Espero que as duas se comportem melhor na minha próxima visita. Não gosto de ser invadido em meus pensamentos, e o olhar de vocês denunciam que assim fizeram.

As irmãs se entreolharam e ficaram embaraçadas. Era uma brincadeira que faziam, porém não tinham a intenção de constrangê-lo. Uma conhecia o que a outra pensava e vice-versa, assim tinha sido desde a infância.

– Espero que nos perdoe, Santiago. É uma brincadeira de irmãs. Não tínhamos a intenção de ofendê-lo – suplicou Gabriela.

– Terei mais cuidado. Gabriela, está se sentindo melhor?

– Já estou bem, não se preocupe. Só não sei se poderei lidar com isso sozinha.

– Basta confiar em seu potencial e adquirir o controle da situação. Com o tempo tudo ficará mais fácil.

– Espero que continue me visitando. Nossas conversas têm sido muito importantes.

– Fique certa de que voltarei, desde que fiquem distantes de meus pensamentos! – brincou Santiago.

Gabriela pediu licença e deixou os dois sozinhos.

– Nina, o que quis dizer aquele dia? – perguntou Santiago curioso.

A jovem ofereceu um sorriso enigmático e concluiu:

– Sei o que você pretende e posso ajudá-lo. Porém, antes preciso lhe falar sobre minha irmã.

E ela começou a conversa...

Capítulo 5

Apresentações necessárias

Nina olhou fixamente para Santiago e disse:
– Tenho informações que você precisa saber sobre minha irmã – afirmou a jovem.
– Você está me deixando curioso.
– É uma história longa. Começarei por mim – disse a jovem com ares misteriosos.
Nina começou seu relato. Contou que desde criança sentia-se diferente dos irmãos. A natureza parecia lhe falar; animais a observavam de forma respeitosa. Via coisas que os outros não enxergavam, pessoas que ninguém percebia, mas não sentia medo. Quando Gabriela nasceu, algo mudou, e a sensação de segurança ficou mais tênue. Começou a ter pesadelos, e só se acalmava quando seu pai a abraçava e permanecia a seu lado até dormir. Via uma sombra ao lado da irmã e sabia que era algo ruim. Contava ao pai, e ele lhe pedia para confiar em Deus e orar sempre que esse medo a rondasse. Gabriela apresentava as crises respiratórias desde pequena. Todas as vezes que ficava em crise, as sombras se aproximavam, causando imenso pavor em Nina, que não contava a ninguém.
Quando tinha oito anos, passeando pela região, sentou-se para descansar e adormeceu. Lembrava-se nitidamente do so-

nho. Estava entre jardins floridos e árvores frondosas e, de repente, avistou uma casa graciosa. A porta estava aberta e ela entrou. Dentro da casa estavam duas pessoas, uma mulher e um homem. A mulher a recebeu com um sorriso radiante: "Não tenha medo, Nina. Sou Anete, e sempre que sentir receio de algo pense em mim, e estarei a seu lado. Chegará o tempo em que irá compreender por que se sente diferente dos demais. Este é Serafim, seu grande e fiel amigo de outros tempos, e de todas as existências".

O senhor de sorriso cativante e brilho intenso no olhar se aproximou de Nina: "Há muito pretendo lhe falar. Assim como Anete, estou ao seu lado para o que precisar. Estaremos sempre próximos para ampará-la. Quero que saiba que está em segurança. Cuide de Gabriela, ela necessita de você!".

Nina ficou radiante com o encontro e não tinha palavras para expressar sua felicidade. Parecia que conhecia ambos, nutrindo um real sentimento por eles. Foi ao seu encontro e deu um caloroso abraço, sentindo todo o amor fluir. A menina disse apenas: "Eu sabia que não estava só. Fiquem tranquilos, cuidarei de Gabriela com todo o meu amor".

Dito isso, todos saíram e caminharam de mãos dadas. Após o passeio, Anete olhou com ternura para Nina e disse: "Agora é hora de retornar para sua vida. Fique em paz. Estaremos ao seu lado sempre que precisar!". Beijou-a e pediu que seguisse caminhando.

Serafim a acompanhou com o olhar tranquilo dizendo: "Nossa amiga terá muitas tarefas a realizar. Tenho certeza de que sairá vitoriosa".

Em seguida, saíram do local e caminharam até desaparecerem de vista.

Nina continuou seu relato. Revelou que conforme crescia, sentia-se diferente. Gabriela continuava ser sua preocupação, e decidiu que faria tudo para ajudá-la. Teve outros sonhos com os mesmos personagens, sempre presentes nos momentos mais delicados.

Continuou sua história, falando do encontro com Consuelo na adolescência e que sua vida se modificara após esse contato. Sua nova amiga lhe apresentara muitas descobertas. A amizade entre elas se fortalecia a cada dia e, nessa troca incessante de conhecimentos, ambas percebiam o quanto precisavam estar juntas. Nina contou a ela sobre seus sonhos, sua percepção mais desenvolvida, sua capacidade de ver o que ninguém podia perceber, e a amiga a acalmava dizendo que para algumas pessoas isso era natural. Bem, pelo menos para ela e seus companheiros ciganos. Orientou-a sobre o que fazer quando percebesse que as sombras envolviam sua irmã. Há poucos meses, Consuelo lhe fez uma revelação sobre Gabriela. Contou que a irmã havia feito uma programação visando a corrigir ações do passado, na qual interrompeu uma extensa tarefa, precisando dar seguimento nesta atual existência. Porém, não seria uma vida de facilidades. Muitos entraves estariam presentes, daí a importância da presença dela ao lado de Gabriela. Nina a questionou em outras ocasiões, mas a amiga era sempre reticente, dizendo nada mais saber, apenas que poderia ajudá-la de outra maneira, pois encontrara uma planta que seria eficiente com Gabriela. E assim tinha sido desde então. Santiago a olhava num misto de curiosidade e dúvida.

– Preciso de tempo para assimilar tantas informações – respondeu ele incrédulo.

– Do que você duvida? – perguntou a jovem com olhar desafiador.

– Não disse que duvido, Nina. Preciso apenas refletir sobre tudo o que ouvi. Continua tendo essas visões?

– Desculpe-me. Pensei que podia confiar em você, mas me equivoquei. Cético demais! Eu sabia disso, mas eles insistiram que eu falasse com você – disse a jovem.

– Eles quem? – perguntou Santiago mais confuso ainda.

– Meus amigos que aparecem em meus sonhos.

– Você tem contato com eles por meio dos sonhos e crê que eles sejam reais? – questionou o jovem, não entendendo nada.

Nina estava ficando furiosa. Arrependeu-se de abrir seu coração, pensando que juntos poderiam ajudar Gabriela.

– Esqueça tudo o que lhe falei. Não sou louca, não tenho alucinações e não vou contar mais nada a você, que somente acredita no que vê.

Já ia saindo, quando Santiago a pegou pelo braço se desculpando:

– Peço que me perdoe, não tive a intenção de ofendê-la,

nem estou duvidando de sua história. Quero apenas entender! Não penso que você seja louca. Nem vou discutir coisas que não entendo, por esse motivo jamais faria um prejulgamento. Já percebi que você é diferente, afinal me deu provas disso, lendo meu pensamento. Creio que é dotada de maior sensibilidade e pode perceber coisas que fogem aos demais. Não disse que tem alucinações, apenas perguntei sobre esses amigos. Eles aparecem apenas em sonhos?

– No início acontecia apenas em sonhos. Nos últimos meses, entretanto, a mulher tem estado mais presente e eu posso vê-la. Ela se aproxima de Gabriela e fica ao seu lado enquanto as crises persistem. Percebeu que eu a vi e pediu-me que não revelasse a ninguém. Você é o primeiro que sabe sobre isso. O senhor simpático apenas me aparece em sonhos. Tudo é confuso. Por isso decidi lhe contar, você me parece confiável.

– Agradeço a confiança, porém não sei como ajudar sua irmã.

– Sua presença a acalma e ela confia em você. Quanto a tudo o que ouviu, não sei se é capaz de aceitar de maneira natural, peço apenas que não me julgue. Existe algo sobre Gabriela que preciso saber, pois poderia ajudá-la a superar seus problemas.

– De que valeria saber coisas do passado dela? Isso é possível?

– Você acredita que vivemos uma só vida? – questionou a jovem.

– Acredito que temos de viver a existência com consciência, coerência, princípios, seguindo regras de bem viver. Fazer isso já é tarefa árdua. Não sei se acredito que podemos viver outras experiências – afirmou Santiago.

– Seria isso algo tão improvável?

O jovem ficou pensativo por instantes sem saber o que responder. Na verdade, nunca pensara nessa possibilidade e talvez jamais pensasse se Nina não tivesse comentado. Seu mundo estava tão complicado, não tinha espaço para mais questionamentos.

– Nina, talvez você possa ter razão, porém prefiro deixar tudo como está. Minha vida precisa de respostas. Desconheço quem foi meu pai nesta vida. Nem o que aconteceu de fato. Não sei por que meus avós me esconderam essas informações. Preciso saber quem sou hoje! É isso que pretendo responder a mim mesmo!

Nina ficou constrangida perante o amigo. Não tinha direito de colocar mais dúvidas em sua vida. Decidiu ajudar Santiago. Seu pai havia lhe contado sobre o jovem e seus questionamentos. Quando ela sugeriu a ajuda de Consuelo, o pai pediu para que não se metesse naquela história.

– Sei que não é momento de discutir problemas existenciais, quando se tem problemas concretos a resolver. O que você sabe sobre seu passado?

– É uma longa história.

– Tenho tempo para ouvir. Pode começar!

Os dois sorriram e Santiago contou sua vida, pelo menos o que conhecia sobre ela. Quando ele finalizou o relato, Nina pensou que alguém devia conhecer Pablo na região. Resolveu que perguntaria a Consuelo ou quem sabe não deveria ir direto a Inês? O acampamento cigano estava naquela região havia muitos anos, talvez alguém se recordasse desse nome. Contrariando a orientação do pai, Nina decidiu que o ajudaria.

– Falarei com a mãe de Consuelo, uma das mais antigas moradoras da região. Gostaria de me acompanhar?

– Gostaria muito! Assim posso agradecer o auxílio daquele dia. Voltarei amanhã!

Então Santiago chamou Diego, e os dois se despediram das mulheres, prometendo o retorno no dia seguinte.

Quando já estavam distantes, a mãe questionou Nina:

– O que pretende fazer, minha filha?

– Vou apenas apresentá-lo à dona Inês.

– Seu pai não lhe pediu para que não se envolvesse nessa história?

– Que mal farei levando-o ao acampamento?

– Seu pai deve ter seus motivos.

– Ele não precisa saber, não é mesmo? – disse Nina com um sorriso maroto.

– Vou fingir que não ouvi o que acabou de falar. Conversaremos sobre isso depois.

Seguiu a orientação da mãe e voltou à sua tarefa, acompanhada de Lívia, que ostentava um sorriso enigmático, que não fugiu ao olhar atento de Nina.

– Não precisa falar nada, Lívia. Já percebi tudo. O motivo é certo jovem que esteve hoje aqui em casa. Qual era mesmo o nome dele? Parece que era Diego!

– Não sei do que está falando, minha irmã. Creio que esteja vendo coisas demais, como sempre. Temos muito que fazer, deixe de conversa.

Na manhã seguinte, como combinado, Santiago e Diego lá estavam. Letícia tentou dissuadir a filha a não seguir com seu plano, porém a jovem estava decidida.

Assim que Santiago, Nina e Diego chegaram ao acampamento, foram avistados por Consuelo, que correu a dar a notícia à mãe.

– Mãe, você não pode imaginar quem está aqui – disse a jovem aflita.

– Isso iria acontecer mais cedo ou mais tarde. Ele está aqui por obra do destino, que está do lado dos que nada devem. Preciso me encontrar com Santiago, mesmo que ele jamais saiba quem eu sou. Mereço isso, minha filha. Vou recebê-lo.

– Mamãe, deixe tudo como está. Será melhor para todos!

– Melhor para quem? Vou seguir minha consciência. Quem mais o acompanha?

– Nina e Diego – disse a filha relutante.

– Vá recebê-los agora.

A ordem da mãe foi clara, e Consuelo decidiu acatar. Nina cumprimentou a amiga com um afetuoso abraço e não pôde deixar de sentir o nervosismo dela.

– Tudo bem? Trago visitas para sua mãe. Ela pode nos receber?

Ainda relutante, a amiga cumprimentou carinhosamente Diego e Santiago.

– Bom ver você, Diego. Minha mãe está saudosa e perguntou sobre sua longa ausência. Santiago, sente-se melhor? Venham, minha mãe os aguarda.

Os dois foram conduzidos para a tenda maior, onde estava Inês. A mulher abraçou afetuosamente Diego e Nina.

Santiago se aproximou da senhora e fixou seu olhar no dela. Uma emoção contida tomou conta de Inês, que com muito custo conseguiu controlar. Os mesmos olhos, o mesmo sorriso... Parecia estar vendo Pablo à sua frente. A semelhança entre eles era extraordinária. Ela não conseguia desviar seus olhos dos dele, que pareciam como que imantados aos seus.

– E você, meu jovem, quem é? – perguntou Inês, tentando manter o controle.

– Sou Santiago De Luca, amigo de Nina. É um prazer conhecê-la. Herdei de meu avô, que morreu meses atrás, as terras que fazem divisa com as suas. Eu morava no norte do país e não sabia que havia nascido aqui.

– Como assim? – questionou curiosa a matrona.

– É uma longa história – e Santiago começou a contar sob o olhar atento da senhora.

Contou sua vida em poucas palavras, sem muitos detalhes, porém o suficiente para que Inês conhecesse o jovem. Uma explosão de sentimentos a envolveu, percebendo o quanto a vida fora cruel, tirando-lhe tantos afetos e afastando aquele que poderia ser o alento que faltava. Muita dor e sofrimento embalaram sua existência! Muitas lágrimas sedimentaram o terreno árido de seu coração para que pudesse prosseguir com o que lhe restava: dois filhos pequenos que necessitavam de seu amparo. Conseguira criar Consuelo e Ramon com dignidade e honra. Fizera tudo que estava ao seu alcance, e o resultado era gratificante. No entanto, sempre ficara uma lacuna a ser preenchida. Jamais imaginou que tivesse a chance de conhecer seu neto algum dia! E ele lá estava, bem à sua frente! Ela não sabia se um dia Santiago saberia a verdade sobre seu pai! Quando tudo aconteceu, Juan Manuel a procurou negando que tivesse participação nos eventos e deixara-lhe aquelas terras. Pediu-lhe o silêncio para não perturbar a vida que se iniciava para o novo herdeiro, que já nascera órfão de pai. Inês acatou, sentindo que mais um pedaço de seu coração se despedaçava. Agora tinha a chance de abraçar seu neto! Inês olhava o jovem com ternura e percebeu que ele lhe fixava o olhar.

Santiago finalizou seu relato e observava a velha cigana que inspirava tanta confiança como se a conhecesse por toda a sua vida. Gostou dela assim que a viu, porém, se lembrou do que ouvira a respeito dos ciganos: envolventes e sedutores, conquistavam a simpatia das pessoas, hipnotizando-as para que lhes entregassem seus bens materiais. Era o que diziam.

– Essa é minha história, dona Inês. A que sempre acreditei ser. Porém, quando meu avô morreu, descobri que nasci aqui e que meu pai também era da região. Deduzi que talvez tivesse uma família por aqui. A única informação que possuo é que ele morreu muito jovem. Alguém deve se lembrar dele! Não vou sossegar até obter essa informação. Pensei que talvez a senhora pudesse me ajudar.

Inês estava atônita com a revelação, sem saber o que responder ao jovem.

– Qual era o nome do seu pai e que idade você tem agora?

– Era Pablo e tenho vinte e sete anos. A senhora já morava aqui, talvez se recorde de algum fato que possa me auxiliar nessa busca.

Ao ouvir o nome tão amado, um arrepio percorreu-lhe a espinha e dessa vez teve de sentar, pois suas pernas bambearam. O jovem percebeu o desconforto da mulher.

– Esse nome lhe soa familiar? Conheceu alguém com esse nome?

– Não me recordo, Santiago. Vou tentar revisitar meu passado e talvez me lembre de algo. Consuelo, sirva-nos um chá.

Nina, até então calada, percebeu algo anormal. Inês era sempre uma mulher centrada, firme em seus posicionamentos e preceitos. Algo estava acontecendo, e iria descobrir. Consuelo retornou rapidamente e serviu chá aos visitantes. Logo em seguida, a um sinal de Inês, pediu que se retirassem, pois a mãe estava indisposta.

– Dona Inês, creio que conheceu meu avô e gostaria de falar sobre ele. Posso voltar outro dia?

– Será um prazer receber sua visita. Agora me perdoem, estou cansada pela noite mal dormida. Nós, os velhos, temos muito a aprender sobre a velhice, talvez por isso passemos noites em claro.

Antes de sair, Nina pediu alguns minutos com Inês:

– Desculpe minha intromissão, porém preciso lhe falar.

– Fale, Nina. Sei que algo a incomoda.

– Por que não quer ajudar meu amigo?

– Eu realmente não sei quem ele procura.

– Perdoe-me, está faltando com a verdade. Meus amigos me disseram que poderíamos confiar em sua ajuda. Prezo demais a senhora por tudo o que fez por minha irmã, no entanto, sinto que existe algo oculto. Santiago está muito angustiado com tantas descobertas incompletas. Ele precisa de algo concreto, e vou ajudá-lo a encontrar.

– Fico feliz que Santiago tenha encontrado uma amiga tão dedicada e determinada, porém, um tanto impulsiva. Mesmo assim, ele está em excelentes mãos.

– Por que não consigo me convencer de que não sabe nada sobre esse assunto? Minha percepção fala uma coisa e a senhora diz outra.

Inês virou de costas para que a jovem não visse as lágrimas escorrendo em seu rosto:

– Nina, cada coisa tem seu tempo certo de eclodir na dinâmica da vida. Tudo acontece quando as forças do universo determinam que seu tempo é chegado. Nem antes, nem depois. O tempo certo é algo que demoramos a compreender, pois invariavelmente não é no nosso tempo. Nosso amigo ainda não se encontra preparado para as descobertas que virão em seu caminho. É tudo o que posso dizer. Não devemos antecipar a colheita quando o fruto ainda está verde, não é mesmo?

– Perdoe minha insistência, dona Inês. Não a importunarei mais. Peço que não se indisponha comigo. Se souber de alguma informação, me avise. Confesso que tenho um carinho por Santiago e quero vê-lo feliz e em paz.

Inês já limpara as lágrimas e virou-se, estendendo os braços para Nina, que se aninhou afetuosamente. A cigana gostava muito da jovem e sabia de suas potencialidades. Jamais ficaria desapontada com ela.

– Nina, querida, será sempre minha garota especial. Temos muito que aprender uma com a outra. Espero que o tempo nos favoreça nesse sentido. Quanto a seu novo amigo, farei o que for possível, estamos combinadas?

A jovem estava emocionada, tinha de conter sua impetuosidade ou acabaria comprometendo suas amizades. Seu pai talvez estivesse com a razão, e ela não deveria se envolver com coisas que não lhe pertenciam. Tudo para ajudar um amigo!

As duas se despediram, e Inês sorriu intimamente pensando que Nina seria a sustentação do neto, e isso a confortou um pouco. Sentia-se feliz por ter falado com ele. Ainda não era como sempre sonhara, porém era um começo...

Muita coisa estava predestinada a acontecer, e o tempo, senhor soberano, se encarregaria de mostrar que cada coisa sempre retorna a seu lugar de origem.

Em qualquer situação...

Capítulo 6

Reencontro

Santiago estava frustrado com a falta de informações.

– Ela lhe disse algo? – perguntou assim que Nina saiu da tenda.

– Dona Inês irá ajudá-lo. Tenha fé.

– Começo a pensar que algo aconteceu e calou a todos. Quem será que foi meu pai? Preciso conhecer a verdade!

No mesmo instante, uma cigana apareceu e disse ao jovem:

– Tenho a informação que deseja.

– O que acha que eu procuro? – questionou Santiago.

– Você perde seu tempo buscando o que não pode modificar: o passado.

– Quero conhecer o passado, porém não sei como você pode me ajudar. Não me conhece.

Nina decidiu intervir, pois não gostava daquela cigana. Seu nome era Lola, e conheceu seu pai muitos anos atrás, numa das ruas de Córdoba, quando lia a mão de quem se dispunha a pagar. Tentou ler a mão de Adolfo, que recusou. Mas a mulher insistiu, ele não conseguiu afastá-la e acabou mostrando-lhe uma das mãos. Ela examinou cuidadosamente e sentenciou:

– Não terá uma vida feliz, pois escolheu a pessoa errada

para constituir uma família. Deixe-a enquanto é tempo! Não me deve nada, pode seguir seu caminho.

Seu pai segurou o braço da mulher e perguntou:

– Você está querendo me atemorizar apenas.

– Se já fez sua escolha, nada mais tenho a dizer! Você poderia ter uma vida repleta de alegrias, mas não terá ao lado dela! – disse a mulher soltando-se.

Adolfo já era casado com Letícia e aquilo não o abalou. Crendice de uma cigana! A esposa era maravilhosa e o fazia muito feliz. Anos depois ele reencontrou essa cigana no acampamento, que lhe lançou olhares lascivos.

Ao questionar Consuelo sobre a mulher, Adolfo foi alertado para que ficasse distante dela. Lola fora deixada ainda criança por seus pais, que decidiram correr o mundo. Inês e seu marido a acolheram, e desde jovem mostrava um temperamento difícil e moral duvidosa.

Os anos se passaram, e Lola, sempre que tinha uma oportunidade, se aproximava de Adolfo e perguntava sobre sua esposa. Ele desconversava. Decidiu contar a Letícia e aos filhos sobre a cigana, pedindo que não se aproximassem da mulher. Foi uma recomendação que todos seguiram fielmente.

– Vamos, Santiago. Ela não pode ajudar. Está apenas tentando brincar com seus sentimentos – disse Nina com firmeza.

– Posso desvendar seu passado num piscar de olhos. Confie em mim!

Naquele momento, Consuelo retornou e ouviu tudo. Pegou o braço de Lola e disse:

– Minha mãe quer lhe falar. Nina e Santiago, agradecemos a visita e voltem quando desejarem. Até mais ver! – disse a amiga, saindo com Lola.

Santiago lançou um olhar confuso para Nina.

– Não lhe dê ouvidos. O que ela saberia que dona Inês não saiba? Meu pai pediu que eu ficasse distante dela, e isso vale também para você.

Diego estava observando a cena e sentiu arrepios pelo corpo. Não gostava daquela cigana!

Os três partiram silenciosos enquanto Lola era severamente advertida por Inês.

– O que pretende? Já sofremos o suficiente. Não quero que fale com Santiago nem se aproxime dele. Espero ter sido clara! – disse Inês em tom ameaçador.

– Pensava estar ajudando, pois sei quem ele é. Vai deixá-lo ir, sem contar a verdade?

– Fique longe dele, é o que lhe peço. Lembre-se de que aqui é seu lar e sempre foi acolhida com carinho. Pretende perder tudo isso por tão pouco? – questionou Inês.

– Você é quem dá as ordens. Cabe a mim, obedecer. Não se preocupe comigo.

Disse em tom petulante e saiu da tenda, deixando as duas mulheres apreensivas.

– Minha filha, quero que observe cada passo dela. Enquanto isso, pensarei numa maneira de resolver esse impasse.

– Pretende contar a Santiago sobre sua origem? – perguntou Consuelo à mãe.

– Ele merece conhecer toda a verdade.

– Mamãe, você prometeu permanecer em silêncio!

– Quem poderá me cobrar? Estão todos mortos! Se ainda não contei a ele, foi para poupar-lhe a decepção. Como contar a Santiago que seu amado avô foi o responsável pela morte do próprio pai? Como enfrentaria a verdade? Cuide para que Lola não se antecipe.

– Fique tranquila, minha mãe. Estarei atenta! Pedirei que Ramon também fique.

Assim que a filha saiu, desatou a chorar. Lágrimas por tudo que viria pela frente. O futuro é uma incógnita, porém nossas ações do presente são determinantes para que ele seja edificado. Entrou em prece fervorosa, pedindo a Deus que orientasse seu caminho.

Nesse momento uma luz intensa iluminou a tenda, imperceptível aos olhos materiais de Inês, que apenas sentiu muita paz. Continuou orando, agora acompanhada por seres luminosos que ali se encontravam para dar sustentação às suas resoluções futuras.

Durante anos, Inês permitiu que a mágoa acalentasse seus dias. O tempo foi passando e ela reassumiu o controle de sua vida, passando a guiar seu povo com dignidade e amor, tornando-se com o passar do tempo receptiva às emanações que o plano espiritual lhe direcionava. Sua vida se tornou mais leve ao se redimir do passado rancoroso. Tornou-se uma condutora sábia, dirigindo com mãos enérgicas e amorosas quem se colocasse sob sua guarda. Todos a respeitavam e amavam!

O local estava completamente iluminado, e um espírito aparentando ser jovem postou-se ao seu lado. Colocando suas mãos sobre a fronte da mulher, emitiu pensamentos de otimismo e paz. Permaneceu alguns minutos nessa doação e, satisfeito com os resultados, disse a seus companheiros:

– *Ela ficará bem. Seu coração resgatou a paz provisoriamente perdida e, dessa forma, conseguirá refletir com sabedoria sobre suas ações futuras. Ela encontrará o momento ideal para que seja retirado o véu que esconde o passado de todos os envolvidos. Voltaremos em momento oportuno. Que Deus a abençoe, minha mãe!*

Inês sentiu-se envolta num abraço especial, que ela identificou com sua sensibilidade.

– Vá em paz, filho querido! Que Deus o abençoe! – e finalizou com uma prece emocionada.

Lola apenas aparentava uma obediência resignada. Seu coração se encontrava em chamas e não aceitaria mais as ordens de Inês, que já não estava em condições de conduzir seu povo. Era fraca e submissa aos poderosos. Ela não queria um líder passivo e resignado! Seu povo merecia mais do que isso e somente ela seria capaz de ser a condutora ideal! Porém, teria de continuar com seu papel de docilidade aos ditames da matriarca, pelo menos até que o momento da insurreição se aproximasse. Continuaria conversando com os demais integrantes do acampamento, mostrando-lhes que já era hora de mudança. Consuelo e Ramon também não se enquadravam nesses novos tempos. Saberia o que fazer com eles no momento certo! O pobre neto ainda lhe agradeceria pelas informações que faria chegar até ele! Não queria estar só com todo esse poder, precisava dividir com alguém forte como ela! Em sua mente surgiu a visão de Adolfo, e seu coração ficou acelerado, mesmo que ele não fosse um dos seus! Pensamentos carregados de sensualidade afloraram...

Mas Lola não contava com a sagacidade de Consuelo, que já desconfiava de seus pensamentos rebeldes e insurgentes e tudo faria para impedir que se tornassem realidade. Como era tola e prepotente, acreditando-se capaz de enganar a todos!

Enquanto isso, Diego não sabia como iniciar o diálogo com seu patrão. Ele ouvira o relato vago de Inês e sabia que não era compatível com o que conhecia da verdadeira história. Certa vez, Alfredo relatara parte da tragédia de que participara anos atrás, a mando de seu patrão Juan Manuel. Diego pôde constatar que o arrependimento era real. Alfredo se fechara em seu isolamento, permitindo que a culpa tolhesse sua existência. Suas mãos sujas de sangue eram uma herança maldita e nada amenizava aquela dor! Diego, então, perguntou-lhe se poderia ajudá-lo. "Apenas Deus pode me perdoar! E creio que Ele não quer, pois já tirou tudo o que eu tinha de mais precioso nesta vida: minha esposa e filho. Não mereço seu perdão!", disse na época, e fechou-se em seu mundo de tormentos e tristezas.

"Agora tudo se modificou", pensava Diego. Santiago estava lá e merecia conhecer o segredo. Se Alfredo se dispusesse a contar, quem sabe isso não o libertaria da prisão em que se colocara? Quem sabe não seria o início da quitação de suas dívidas?

Decidiu que permaneceria em silêncio até convencer o velho amigo a contar o que sabia.

– A senhorita Nina tem razão em pedir-lhe cautela com Lola, ela pode envenenar sua vida com palavras maldosas – disse o jovem preocupado.

– Pelo visto, ninguém a aprecia muito. Por que ela ainda vive no acampamento?

– Dona Inês é generosa e cuida dos seus com muito zelo. Lola não tem família neste mundo e foi criada por ela. Infelizmente os exemplos não foram suficientes para torná-la uma mulher digna. Sempre que pode causa problemas com sua fala ferina e maledicente. Consuelo é sempre sua maior vítima, porém nem sempre consegue atingi-la, o que a deixa furiosa. É uma boa briga entre elas!

– Talvez ela sinta inveja de Consuelo – rebateu Santiago.

– Sem dúvida! Mas se ela levasse a sua vida de forma honrada não seria mais louvável? – questionou Diego.

– Certamente, só que nem todos têm aptidão para ser uma pessoa de bem.

E continuaram a conversa até chegarem em casa.

– O passeio foi agradável? – perguntou Lupe.

– Foi, mas poderia ter sido mais proveitoso. Fui até o acampamento cigano conversar com dona Inês, mas ela não se lembra de meu pai. Estranho, não acha? – questionou.

– Por que acha isso, Santiago? A família de seu pai foi embora da região assim que ele morreu e, por isso, poucos se lembrarão dele.

Santiago olhou a mulher de maneira firme e declarou:

– O que se esconde por trás desse mistério? Estou começando a pensar que a ninguém interessa essa informação. E é isso que me motiva a continuar insistindo em conhecer os fatos. Amanhã vou para Córdoba. E vou sozinho!

Disse isso olhando friamente para Lupe, que desviou o olhar. Por que Santiago não deixava tudo como estava? Descobrir a verdade só lhe traria profunda dor! As boas lembranças iriam por terra e custaria a reconstruir as bases de confiança novamente. Ficaria desiludido com todos eles.

Lágrimas escorreram pelo rosto de Lupe, denunciando toda a dor que sentia. Decidiu procurar Alfredo.

– Precisamos conversar. Já sabe o assunto – disse secamente Lupe.

– O que pretende fazer? – inquiriu Alfredo.

– Santiago está insistindo em buscar informações sobre o pai na cidade. Existe a possibilidade de ele ter êxito?

O homem maneou a cabeça em tom de dúvida e disse:

– Córdoba é uma cidade grande, se ele fizer a pergunta para a pessoa certa, quem sabe? Acho difícil acontecer, pois todos foram bem pagos para que desaparecesse de qualquer registro.

— E se ele descobrir? — apavorou-se Lupe. — Ele não vai nos perdoar!

— É isso que a perturba? O perdão dele? O único perdão que desejo é o de Deus, e esse ainda não estou em condições de obter. Você sabe o que fizemos? Destruímos uma família, violamos leis, como podemos ser perdoados? Não existe um dia que não me lembre dos olhos de Pablo aceitando de forma abnegada seu destino. Eu estava lá e nada fiz! Não me perdoo até hoje! Ele era um bom rapaz e amava Manuela, que retribuía esse amor com todas as suas forças. Você acompanhou o restante de sua vida vazia e sem razão para prosseguir. Ela morreu tão jovem! E fomos responsáveis por toda essa tragédia. E você se preocupa se Santiago vai entender e perdoá-la? Por que voltaram para cá? Apenas para me atormentar? Tenho me punido todos esses anos e ainda não me sinto aliviado! Peço misericórdia a Deus todos os dias e que Ele me leve deste inferno que tenho vivido desde então!

Lupe olhava o desabafo do amigo quase em prantos, sentindo a dor verdadeira que ele experimentara por toda a vida. Havia um mandante, porém eles não foram menos responsáveis porque foram omissos. Nada poderia justificar os eventos de vinte e sete anos atrás, a não ser o orgulho exacerbado. Era ultrajante para Juan Manuel que sua filha se unisse a um reles cigano, desprovido de origens nobres, sem um teto decente que o abrigasse! Sua filha não se submeteria a essas condições insanas, teria de impedir a todo custo. E assim foi feito! Uma vida foi cruelmente sacrificada e outras, em decorrência. E tudo sob o olhar atento de Juan Manuel! Vidas foram lesadas e destruídas, apenas por capricho! Era o que atormentava Alfredo! Sabia que seu pecado ainda não fora perdoado, pois nem ele conseguira se perdoar! Lupe compartilhava esse sentimento, pois vira a dor de Manuela se desprendendo da vida por não conseguir prosseguir sem seu grande amor. Difícil sina a dessa família!

— O que podemos fazer? — perguntou Lupe.

O amigo ficou calado, refletindo. Após alguns instantes, finalizou o diálogo:

— Já ficamos de mãos atadas por muito tempo, é hora de sair da passividade.

– Espere alguns dias para que possamos encontrar uma forma menos dolorosa de contar a ele. Será conveniente que ele saiba por nós – ponderou Lupe.

– Pode contar comigo. Santiago é um homem esperto e descobrirá sozinho por outras fontes. Melhor que saiba por nós.

Alfredo voltou a seus afazeres e encontrou Diego que o aguardava próximo.

– Desculpe, Alfredo, ouvi sua conversa com dona Lupe. Você tem razão, precisa aliviar esse fardo. Não merece continuar sofrendo por tanto tempo, e creio que vai libertar-se contando tudo a Santiago. É uma pessoa generosa e cheia de virtudes, porém tem esquecido o bem que já propagou!

Lágrimas afloraram nos olhos de Alfredo pelas palavras do jovem afilhado. Gostava muito dele e respeitava suas opiniões, porém, sentia que ele exagerava.

– Muito me anima saber que fiz algo por alguém nesta vida! Obrigado, Diego. Cuidar de você me fez sentir que ainda valia a pena continuar a caminhar. Não sei o que já teria feito se não tivesse a tarefa de conduzir seus passos. Lupe e eu decidimos que Santiago merece conhecer a história verdadeira. Espero que seja breve!

– Fico feliz por essa decisão. Ele merece saber!

Abraçaram-se e saíram para trabalhar.

Santiago estava em seu quarto lembrando-se da conversa com Lupe. Havia sido enfático, pois já era hora de perceberem que ele não estava mais tão paciente. Deitou-se e percebeu-se sonolento. Adormeceu e logo em seguida teve um sonho.

Estava num lugar estranho e desconhecido. Uma névoa cobria todo o lugar. Era impossível ver o que se passava à sua frente. Sentiu receio em prosseguir. E então uma mão tocou a sua, convidando-o a continuar. Não conseguia ver o rosto, sabia que era uma mulher pelo toque suave das mãos. O medo transformou-se em confiança e queria saber quem ela era e para onde o levava.

Caminharam poucos metros e subitamente pararam. No mesmo momento a névoa desapareceu e pôde visualizar a mulher a seu lado. Era muito bonita, de sorriso afetuoso e semblante sereno.

– *Não tenha medo. Preciso lhe mostrar algo importante. Venha comigo!*

Santiago deixou-se conduzir pelas mãos amorosas dela até uma pequena casa. Conforme se aproximava, sentia um calafrio o envolvendo, assim como a paisagem se tornava cada vez mais sombria novamente. De repente, a mulher parou e disse:

– *Fique tranquilo que ela não vai reconhecê-lo. Fique ao meu lado e apenas observe.*

Santiago sentiu muito frio ao se aproximar da pequena casa. A porta estava entreaberta e entraram. O local estava escuro e pôde divisar um vulto sentado numa cadeira de balanço. Aproximou-se e viu uma mulher jovem, com um semblante perturbado, como se estivesse privada da razão. Ficava balançando a cadeira em movimentos contínuos. A imagem o atordoou e o deixou melancólico, sentindo compaixão por aquele ser que dizia palavras ininteligíveis. Foi se aproximando e notou que ela não percebia sua presença. Santiago questionou a mulher que o trouxera até lá:

– O que ela está dizendo? Não consigo entender! Quem é ela?

– *Não a reconhece, Santiago? Olhe bem para ela. Aproxime-se mais.*

O jovem olhou-a nos olhos. Deu um salto para trás quando percebeu quem era. Não sabia como, mas a reconhecera.

– Mãe? Mãe, sou eu! Olhe para mim!

Ela nem sequer o percebia, perdida que estava em suas lamentações solitárias. Santiago aproximou-se e tentou pegar-lhe o braço, porém ela retraiu-se, murmurando:

– *Saia daqui! Não toque em mim! Você não vai me levar para longe do meu amor! Ele vem me buscar. Se eu não estiver aqui, como irá me encontrar? Esta casa é minha e você não pode ficar aqui! Vá embora!*

Santiago retirou as mãos e se afastou sentindo uma profunda angústia. Como podia ser sua mãe? Ela morrera havia tantos anos! Só podia estar sonhando! Antes de fazer as perguntas que incendiavam sua mente, a mulher iniciou a conversa:

– *Fique calmo, Santiago. Esta é sua mãe e ela está nessas condi-*

ções desde que chegou ao plano espiritual, ou como preferir, desde que ela morreu, quando você ainda era uma criança. Tem alternado estados de lucidez com outros de profunda alienação desde que seu avô retornou à espiritualidade. Ela estava lutando para equilibrar-se, porém tem muitas recaídas, e quando isso ocorre ela se esconde nesta casa. Fala coisas incompreensíveis e dificilmente aceita a ajuda de alguém. Você sabe que ela morreu de tristeza?

– Meus avós diziam, porém, nunca entendi alguém morrer de tristeza. Creio que ela ficou doente e morreu. Ela não consegue me ver?

– Ainda não conseguimos tocá-la mais profundamente, por isso tentamos trazê-lo aqui para que ela consiga encontrar, por meio de você, o caminho de volta à sua sanidade.

– Ela não me reconhece. De que adianta minha presença?

– Aos poucos ela vai perceber sua energia e se acalmar. Chegue mais perto e tente conversar com ela.

– Mamãe, sou eu, Santiago. Olhe para mim. Não vou lhe fazer mal. Eu a amo e só quero o seu bem! Venha, sente-se aqui.

Conforme ele falava, a mulher parecia se acalmar, como se conhecesse aquela voz. Foi nesse momento que ela olhou em seus olhos e disse:

– Pablo, querido! Você veio me buscar!

Santiago ficou estático e não sabia o que fazer.

Capítulo 7

Revelações

— Pablo! Você veio! Por que demorou tanto?
— Fique calma, estou aqui.
— Estou tão cansada. Tenho medo de dormir e você me abandonar novamente.
— Não vou embora, ficarei com você até adormecer. Dê-me sua mão.

Manuela se acalmou e, segurando a mão de Santiago, adormeceu. Naquele instante a sala se iluminou e alguns irmãos adentraram. Carregaram Manuela nos braços e saíram sob o olhar curioso do jovem.

— Para onde a estão levando?
— Ela precisa de cuidados, pois sua mente ainda está enferma. Ela necessita de tratamento e está sendo conduzida para um local apropriado.
— Ela pensou que eu era Pablo. Ele era meu pai, que não conheci.
— A semelhança entre vocês é extraordinária e sabíamos que isso faria toda a diferença. Sei que você tem perguntas, porém não é o momento. Terá as respostas que ambiciona no tempo certo. Posso apenas lhe adiantar que tudo o que está oculto não ficará eternamente assim. Se ainda permanece, é porque o tempo de tirar o véu ainda não chegou! Por

hora, peço que ore por sua mãe.

– Ela ficará bem?

– *Quando aprender a perdoar-se e a perdoar. Isso pode levar tempo! Todos aprenderão a olhar a vida com olhos mais serenos e com menos egoísmo, mas o despertar é individual. Agora, feche os olhos para que retorne ao corpo físico. Agradecemos o auxílio.*

Santiago ia perguntar mais alguma coisa, porém não teve tempo. A porta de seu quarto abriu e ele despertou subitamente. Era Lupe que vinha lhe trazer um refresco.

– Desculpe, meu querido, se o assustei. Estava dormindo? – questionou Lupe.

– Dormindo e sonhando. Lupe, você conheceu meu pai?

– Novamente essa conversa! Você não se cansa?

– Só quero saber se sou parecido com ele – insistiu Santiago.

– Você se parece demais com ele. Sua mãe ficaria admirada com a semelhança. Por que a pergunta assim repentina? – perguntou Lupe.

Santiago ficou pensativo, procurando entender o motivo, porém não sabia.

– Meu filho, sei que seu coração anseia por respostas, e peço apenas um pouco de paciência. Confie em mim! Já o decepcionei alguma vez? – questionou Lupe.

– Não. E espero que isso jamais aconteça – disse o jovem, abraçando Lupe com carinho.

Na manhã seguinte, Santiago se dirigiu à cidade. Encontrou Adolfo em seu comércio conversando com um enviado da Igreja. Seu semblante estava sério. Não sabia o teor da conversa, que claramente não estava agradando a Adolfo. Passados alguns instantes, o homem se despediu e saiu do estabelecimento.

– As paredes têm ouvidos e não temos mais privacidade. Não podemos confiar em ninguém! Somos coagidos a delatar companheiros que não se submetem aos princípios ditados pela Igreja e pela Coroa, que também usurpa os direitos que cabia a ela resguardar. Somos reféns! Nada mais!

Santiago não queria interromper o desabafo do amigo. Adolfo continuou com sua crítica mordaz ao sistema e, num lampejo, percebeu que Santiago não falara uma só palavra desde que chegara. Convidou o jovem a conversar lá fora.

– Desculpe, ainda estou indignado com o que acabei de ouvir, no entanto, não quero que meu filho se preocupe e prefiro falar longe dele.

– O que realmente o incomodou? – questionou o jovem.

– A maneira como somos tratados, vigiados, expulsos de nossa casa. Vivemos momentos cruciais e não temos como nos organizar. Quando pensamos que estamos unidos, surge um fato novo que nos faz dispersar. Ele inquiriu sobre minha família, meus pais e avós, meu negócio e sobre minhas ideias acerca do que está acontecendo em nosso país. Disse a verdade, omitindo apenas que não compactuo com a injustiça e a intolerância religiosa. Esse fato eles já devem ter conhecimento, caso contrário não estariam investigando minha vida. Tenho de ser discreto em meus encontros.

– Percebo que está mais calmo e posso lhe oferecer meus préstimos, se necessário.

– Ora, ainda não preciso de um médico – brincou Adolfo.

– Não era sobre esse préstimo a que me referia. Tenho alguns contatos com a Coroa, herdados dos tempos de meu avô. Eu gostaria de não utilizá-los, mas se for necessário posso pedir para colaborarem, evitando esses dissabores.

– Fique tranquilo, Santiago. Também tenho meus contatos e aceitarei sua ajuda, se necessário for. Ainda estou no comando da minha vida, o que já é uma bênção nos tempos de hoje. Deixemos de lado esses assuntos e me diga a que veio.

– Você contatou seus amigos sobre o que lhe pedi? – inquiriu Santiago.

Ele havia conversado com um velho e influente amigo e não tinha gostado da informação recebida. Pensou em ocultar sua descoberta, no entanto, não achava justo que Santiago permanecesse na ignorância. Não lhe negaria a verdade.

– Conversei com um velho amigo. Não sei exatamente o que seu avô lhe contou sobre seu pai. Pablo foi morto antes de seu nascimento.

Santiago estremeceu. Havia uma grande diferença em morrer e ser morto.

– Se ele foi morto, quem o matou?

– Um grande mistério envolve esse crime. Não se sabe se foi atacado por bandidos ou se entrou em alguma briga. Seu corpo foi encontrado à beira da estrada.

– E sua família? Nada fez? – questionou o jovem.

Aí a história se complicava, pois teria de contar quem eram seus pais.

– Não os conheci. Não sei se permaneceram na região ou se partiram.

O jovem olhava desconsolado, sentindo a dor se acentuando. Seu pai foi assassinado e seu avô lhe ocultou isso. Qual o motivo? E a família dele, para onde foi?

Adolfo sentiu a dor do jovem, pensando em falar sobre sua origem, porém algo o fez se calar.

– O que pensa fazer? – perguntou Adolfo.

– Continuar com a investigação. Já tenho um dado novo e lhe agradeço pela informação – respondeu o jovem ainda tenso.

Adolfo decidiu abrandar, questionando-o sobre Alfredo e seus amigos.

– Estão bem. Estive em sua casa esta semana e conversei com Gabriela. No meio de nossa conversa, ela teve uma crise respiratória não muito forte. Fizemos alguns exercícios, e creio que ela conseguirá dominar esses momentos em breve.

– Veja seus honorários. Ninguém trabalha de graça.

– Cortesia para um amigo. Além do mais, tenho a oportunidade de conversar com Nina e aprender sobre as plantas que cultiva. É uma troca de favores, vejo assim.

– Pelo visto, Nina já o fisgou. Ela é muito esperta. Deixou você curioso sobre as ervas medicinais. Letícia anda reclamando da filha, que está deixando de lado as tarefas para se dedicar a essas plantas.

– Uma jovem muito inteligente, devo dizer. E também muito sensível!

– Ela já lhe contou sobre sua sensibilidade apurada? Espero

que isso fique entre nós, pois é um assunto proibido nos tempos em que vivemos. Receio que isso possa ser mal interpretado. É um dos motivos para ela estar lá, distante da cidade e de todo rebuliço. Letícia aceitou a incumbência de permanecer naquelas terras com as meninas.

– Devo dizer que me surpreendeu com suas ideias. Jamais havia questionado coisas que ela mencionou. Voltaremos a conversar sobre os diversos e misteriosos assuntos – afirmou Santiago sorrindo ao lembrar-se do rosto inquisitivo de Nina.

Os dois amigos se despediram. Santiago pensou em caminhar um pouco pela cidade. Avistou uma igreja e entrou, querendo orar um pouco. Sentia necessidade de um pouco de paz que sempre encontrava no templo sagrado de Deus.

Pensou em tudo o que Adolfo lhe dissera e seu coração ficou apertado. Teve muitas perdas pessoais em sua vida: o pai assassinado, a mãe que morreu quando ele era ainda uma criança, os avós que o deixaram definitivamente órfão e uma intensa solidão que jamais o abandonava. Perguntou a Deus os motivos de tudo isso acontecer! Sentia-se solitário, vivendo uma vida vazia, em que nada se encaixava como desejaria que fosse!

Ficou lá por algum tempo, até seu coração se apaziguar! Quando se sentiu melhor saiu da igreja, vazia àquela hora do dia. Percebeu algo diferente em seu mundo íntimo, uma esperança que renascia.

Já caminhara um bom tempo, quando encontrou Lola lendo a mão de uma mulher. Ficou observando-a até que ela o viu. Depois de finalizar a leitura e receber algumas moedas pelo trabalho, foi até ele e perguntou:

– Ainda necessita de meus préstimos? Possuo a informação que tanto quer.

Santiago pensou em ir embora, porém a curiosidade era maior. Mesmo com todos os avisos recebidos, decidiu ouvir o que ela tinha a dizer.

– Que informação seria? – Santiago fixou seu olhar em Lola e não gostou do que viu.

– Sei que daria sua vida por essa informação e meu generoso coração vai lhe oferecer sem receber nada por isso – disse Lola de forma pretensiosa. – Receba como um empréstimo, talvez um dia eu queira cobrar.

– Eu agradeço, mas não quero lhe dever nada nesta vida – disse decidido a ir embora.

Lola percebeu que o jovem era sagaz e teria de ter cuidado. Jogaria o veneno rapidamente sobre ele e sobre todos os envolvidos. Sabia que a notícia abalaria a vida do jovem, e era exatamente isso que ela pretendia! Esse era o preço para obter o poder que tanto ansiava! Um poder de que tomaria posse em breve, quando tudo desmoronasse!

Santiago olhou a mulher fixamente e disse sem brandura alguma na voz:

– Não quero vínculo algum com você. Conte-me o que sabe e siga seu rumo!

– Pois então preste atenção no que vou lhe contar – e solenemente iniciou: – há muito tempo, dois jovens enamorados foram separados drasticamente pelo destino: Pablo e Manuela. Os dois estavam apaixonados e não podiam viver esse amor proibido. Pablo era um cigano e Manuela, uma jovem rica e poderosa. Forças do mal foram chamadas para dar um fim a esse romance, colocando todo o seu poder maligno contra eles, causando a morte de Pablo. A jovem, desesperada com a perda, deixou-se conduzir apaticamente, morrendo tempos depois. Porém, o romance deixou uma herança, uma criança chamada Santiago, que, junto com os avós maternos, foram viver em terras distantes, deixando marcas indeléveis nos que ficaram. O pai de Pablo morreu subitamente, assim como seu irmão, que também teve um final infeliz. A avó paterna jamais conheceu seu neto, assim como seus dois tios, os únicos sobreviventes dessa tragédia declarada. O que mais deseja saber?

Santiago estava atônito com o relato. Quem era sua avó?

– Sua avó é Inês, e seus tios são Consuelo e Ramon. Satisfeito?

O jovem empalideceu, sentindo uma pressão no peito como se ele fosse explodir. Não conseguia respirar direito. As revelações eram contundentes e chocantes. Não por saber que era descendente de ciganos, mas por que percebeu que a morte de seu pai foi algo premeditado, com intenções indignas. Seu mundo definitivamente ruíra! Toda a sua vida fora uma mentira! Seu avô seria o grande responsável pela tragédia? Entre os escombros que seu coração se transformara, ele olhou para Lola com olhar perdido:

– Não estou satisfeito, mas agradeço.

Santiago virou as costas à cigana e saiu caminhando a esmo. Encontrou seu cavalo e saiu dali o mais rapidamente possível, distanciando-se das ruas da cidade e apressando o galope.

Quando parou, percebeu que estava em terras conhecidas. Viu a casa que já lhe parecia familiar e apeou, procurando com o olhar sua amiga Nina. Não soube se chamou seu nome, porém Nina veio correndo, pensando que algo grave havia ocorrido com a irmã. Viu Santiago sentado numa pedra, olhando para o vazio. Parecia paralisado. Pegou em seus braços e o sacudiu, esperando uma reação. Subitamente ele a encarou com lágrimas, e disse:

– Não sei mais quem sou. Ajude-me!

Nina abraçou-o com força e assim permaneceram. O jovem não queria se desvencilhar do abraço amoroso, sentindo-se protegido e em paz. Não queria voltar ao mundo real!

– Acalme-se, Santiago. Nada está perdido – disse Nina.

A luz meiga e suave do olhar de Nina aos poucos o acalmava e o resgatava das sombras.

– Quer me contar o que aconteceu para chegar aqui nesse estado?

Conforme Santiago narrava a conversa, percebia que Nina ia endurecendo seu olhar.

– Não devia dar ouvidos a ela! E se tudo for uma grande mentira?

O jovem sequer cogitou essa hipótese. E se ela o enganara com uma história falsa? Sentiu-se um tolo, acreditando na história contada. Respirou aliviado.

– Agora sei por que vim parar aqui. Precisava desabafar e encontrei você, que me fez abrir os olhos. Será essa mulher tão traiçoeira a ponto de contar tantas mentiras infames?

Nina não sabia se deveria incentivá-lo a esquecer-se do assunto ou procurar comprovar os fatos. Existia algum fato obscuro que todos procuravam esconder de Santiago. Lembrou-se de Inês, sentindo que ela também parecia ocultar algo. Teria algum fato verdadeiro em tudo o que a cigana dissera?

– O que tanto você fica a pensar? – questionou curioso o amigo.

– Algo não se encaixa e estou tentando entender – respondeu Nina.

– Acredita que possa ter algo de verdadeiro nas informações que Lola me passou?

– E você, acredita que isso possa ter acontecido com seus pais?

– E por que não, Nina? Seria a explicação ideal. Lupe e Ramiro saberiam de tudo e quiseram me poupar, ou até meu avô talvez os tenha proibido de revelar qualquer coisa acerca de meu passado. Esconder tudo isso seria conveniente para meu avô, no entanto por que ele faria isso? Por eu não ter uma origem nobre, sendo descendente de ciganos?

– Não diga isso, Santiago. Você disse que seu avô o amou demais. Ele não faria nada para prejudicá-lo, tanto que jamais o ocultou dos amigos da realeza. Com certeza teve seus motivos para não contar sobre seu pai, se é que ele era realmente cigano.

– O que me intriga é Lola me procurar para contar sobre meu passado. O que ela ganharia com isso?

– Talvez envenenar a vida de Inês com mentiras descabidas, abalando a confiança que temos nela. Não sei até que ponto essa história procede, e precisamos confirmar.

– O que você sugere? – questionou Santiago.

– Vamos procurar Inês e contar o que essa cigana lhe disse. Ela terá de se posicionar e dizer se tudo é ou não verdadeiro. Vamos até lá? – perguntou Nina.

– Vamos!

Nina pensou em sair despercebida, mas mudou seus planos ao encontrar Gabriela com um semblante preocupado.

– Mamãe não está bem. Está com muita febre. Venha comigo e comprove.

O coração de Nina começou a bater descompassadamente e pediu para Santiago ver sua mãe, afinal ele era médico.

O jovem acompanhou Nina e encontrou Letícia deitada, profundamente abatida. Então lhe fez as perguntas habituais.

– Quando isso começou? – perguntou o jovem médico.

– Há algum tempo venho sentindo dores abdominais, dificuldade para me alimentar. Achei que isso fosse apenas uma indisposição passageira. Mas não tem cedido...

As duas filhas se entreolharam preocupadas, pois sua mãe era uma mulher forte e saudável. Parecia ser algo grave pelo olhar que Santiago endereçou a elas.

– Mamãe, deveria ter falado antes! – repreendeu Nina.

– Não queria preocupá-las e acreditei que logo passaria. Só que hoje estou me sentindo estranhamente fraca.

Santiago continuou examinando Letícia e apalpou seu abdômen, que parecia muito distendido. Pediu a Nina que fizesse compressas para amenizar a febre.

O médico saiu do quarto, acompanhado de Nina, e disse com ar sério:

– Não estou gostando do quadro que ela apresenta. A febre indica uma infecção e precisamos descobrir o motivo.

– Posso chamar dona Inês para vê-la. Ela tem cuidado de tantas pessoas todos esses anos.

O jovem não gostava de curandeiras que inventavam chás e acreditavam que isso poderia curar. Muitas mortes já tinham ocorrido pelo uso indiscriminado de ervas poderosas, que tanto levavam à cura como à morte.

– Sei que isso não faz parte de suas crenças. O que faria nesse caso? Você pode curá-la? – questionou a jovem.

Santiago não sabia a resposta e talvez não conseguisse ajudar a mãe da jovem.

– Vou até à cidade buscar algo que possa amenizar o problema. Se preferir chamar essa mulher, fica a seu critério – respondeu secamente o jovem.

– Você poderia avisar meu pai? Tenho certeza de que ele

vai preferir ficar ao lado dela.

– Avisarei assim que chegar lá.

Nina pediu a Lívia que fosse até o acampamento chamar Inês. Quando a jovem entrou no quarto onde estava a mãe, não gostou do que viu. Alguns vultos estavam próximos de Letícia, que se debilitava cada vez mais. Não sabia o que isso significava, mas certamente não era bom sinal. Pediu a Gabriela que orasse com ela. As duas jovens se colocaram em profunda e sentida prece, até Nina perceber os vultos desaparecerem.

Enquanto aguardavam a chegada de Inês, Nina percebeu que outros seres adentraram o quarto, percebendo que eram iluminados e suas intenções, benéficas.

A febre aumentava a cada instante e Letícia começou a delirar, emitindo palavras sem sentido. Nina colocou sua mão na fronte da mãe e pediu que Deus a abençoasse.

A mãe foi se acalmando e a jovem ouviu, como se uma voz dentro de sua cabeça lhe dissesse: *"Tudo o que acontece tem um propósito, mesmo que ainda nos seja difícil compreender. Os filhos amados de Deus nascem, crescem, realizam suas tarefas e, ao finalizá-las, retornam ao seu verdadeiro lar, que é a morada celeste do Pai. Não conhecemos o tempo certo, porém Ele sabe exatamente quando tudo deve ocorrer. Não duvidemos de sua sabedoria e justiça! Continue nessa ligação com Aquele que tudo sabe e tudo pode e seu coração se cobrirá de paz! Que Deus abençoe este lar e essa filha muito amada!"*.

Nina experimentou uma emoção nunca antes sentida e deixou que as lágrimas lavassem seu coração atormentado. Olhou a mãe que agora dormia um sono tranquilo.

Queria apenas que ela ficasse bem!

Capítulo 8

Partida inesperada

Nina, junto com Gabriela, permaneceu em prece até que Lívia entrou no quarto, acompanhada de Inês.

– Meninas, deixem-me sozinha com sua mãe – pediu às jovens.

Lívia e Gabriela saíram do quarto, mas Nina queria permanecer lá:

– Deixe-me ficar, por favor.

– Peço-lhe apenas que fique em silêncio. Ore ao Pai Maior!

A jovem assentiu e observou a cigana examinar a mãe. Colocou a mão em sua testa e fechou os olhos, falando numa língua estranha. Assim ficou por alguns instantes, em seguida abriu seus olhos e encarou a jovem com um olhar pesaroso.

– Sua mãe dorme um sono intranquilo, aquele que antecede a passagem para o mundo dos mortos. Seu problema é grave e não pode ser tratado. Não podemos retê-la em nosso mundo, pois chegou sua hora de partir. Não há nada que eu possa fazer.

Nina não queria acreditar no que estava ouvindo! Sua mãe estava bem dias atrás, como seria possível?

Inês observava o sofrimento da jovem, e nada podia fazer. O Pai a estava chamando de volta, sua tarefa na Terra tinha se encerrado. Teria a eternidade para prosseguir sua caminhada, porém não mais com aquele corpo. Seus amigos espirituais lhe disseram que a enfermidade já se apoderara de todo o organismo. Tudo havia sido sutil e não causou sofrimento maior, o que era uma bênção. Inês sabia que Letícia tinha uma programação ao lado daquela família, a qual cumpriu com maestria.

– Por que Deus a levaria tão cedo de volta para seus braços? Ela não pode nos deixar! – suplicava a jovem com lágrimas nos olhos.

– Os desígnios do Pai são infalíveis! Sua mãe cumpriu sua tarefa com amor, realizando o que lhe competia. Seu tempo está expirando. Não a retenha nesta prisão, que é seu corpo físico já debilitado. Ore por ela e pela sua passagem branda para o mundo dos espíritos. Um dia compreenderá os motivos dessa partida precoce. Por ora, seja forte e auxilie aos seus!

Quando as irmãs entraram no quarto, compreenderam a gravidade da situação e se abraçaram.

Inês pegou umas ervas e com elas preparou um chá, fazendo com que Letícia acordasse e sorvesse de uma só vez. A enferma despertou e olhou as filhas com todo o amor.

– Meus amores, agradeço a Deus por ter me concedido a oportunidade de viver tantas alegrias ao lado de vocês. Fui a mãe mais feliz do mundo e a esposa mais amada! Sinto que algo sério está acontecendo comigo. Inês, fique ao meu lado.

A enferma bebeu o chá e, antes que as dores retornassem, adormeceu suavemente.

– Fiquem calmas, ela apenas está dormindo. Acordará melhor em alguns momentos.

Todas lá permaneceram até a chegada de Adolfo e Santiago.

Santiago se lembrou do que Lola lhe contara. Cumprimentou-a com seriedade.

Adolfo foi ao leito e chamou pela mulher, que abriu os olhos e sorriu ao vê-lo:

– Meu querido, sinto dar todo esse trabalho, mas não estou bem e acho que é sério. Onde está Miguel? Quero vê-lo também!

– Ele virá ainda hoje. Por que não me disse que não estava bem? – questionou o marido.

– Não gosto de preocupá-lo com pequenos aborrecimentos. Achei que passaria logo. Meninas, voltem aos seus afazeres e deixe-me conversar com eles.

As meninas saíram, deixando presente apenas Inês, Santiago e Adolfo.

– Agora podem me falar a verdade. Estou morrendo? – inquiriu Letícia serenamente.

Um silêncio constrangedor se apoderou do ambiente e Inês foi a primeira a falar.

– Temo que o caso seja sério. Minhas ervas não podem deter a infecção que se apoderou de seu organismo. Porém não sou médica, e ele pode falar o que realmente está acontecendo – passando para Santiago a difícil tarefa de expor o caso.

Santiago, ao examinar a paciente, percebeu que alguns sinais eram característicos de uma infecção, à qual não existia medicamento adequado. Inês observara a mesma coisa. Como poderia ela saber isso sem ter estudado o tanto que ele?

– Os sinais demonstram uma infecção em seu organismo, e não sei se teremos tempo para combatê-la. Trouxe alguns medicamentos que podem ser utilizados desde já. Se a senhora assim desejar, é claro.

– Inês tem cuidado de mim e de meus familiares, e suas ervas sempre foram eficientes. Se não se opuser a que eu continue com elas, tomarei qualquer medicamento que me ofereça – disse Letícia com serenidade.

– Peço apenas que inicie o tratamento com os medicamentos adequados.

O coração de Adolfo estava partido só de imaginar que algo poderia acontecer com sua amada esposa.

– Meu querido, você me proporcionou tantas alegrias! Espero ter feito você tão feliz quanto fui! Obrigada, meu amor! – confidenciou Letícia.

– Sou o homem mais feliz deste mundo e não quero que fale nesse tom. Pare com essa bobagem, como se estivesse se despedindo. Quero que reaja e lute para melhorar, como a guerreira que é! – disse Adolfo entre lágrimas.

Letícia sorriu e adormeceu, apertando a mão do esposo.

– Façam o possível e o impossível por ela! Ela não pode morrer! – e desatou a chorar.

Santiago foi até o amigo e explanou a situação de forma clara e direta.

– Vi casos como este quando estudava. Poderia dar os nomes apropriados, porém não mudaria a gravidade do problema. Vai depender do quanto a infecção já está instalada. Não posso iludi-lo, entende? Inês, concorda comigo?

– Letícia está muito doente, assim como o doutor falou. Não posso assegurar que ela vencerá a batalha, pois isso depende dela e da vontade de Deus. Quando Ele nos chama de volta, nada há que ser feito. Sua vontade é soberana e seus desígnios são infalíveis.

– Você já curou a tantos, minha amiga. Faça isso por Letícia! Eu imploro!

– Não faço milagres! O que faço é curar aquele que está pronto e merece receber a cura, desde que não interfira nos planos de Deus.

Inês sentia a presença de uma entidade luminosa a envolvê-la, fazendo com que as palavras saíssem naturalmente. Adolfo necessitava de paz em seu coração, confiança em Deus para enfrentar o que pudesse advir. Inês continuou:

– Adolfo, tudo é certo aos olhos de Deus. O Pai não permite que um filho sofra injustamente e tudo o que nos acomete tem uma razão para existir. Ele não pune, apenas oferece a lição que deve ser observada para que o aprendizado aconteça. Se Ele determinou que ela fique curada, assim será! Se isso não ocorrer, saibamos entender e aceitar! Confie em Deus! Existe sempre um motivo, mesmo que não possamos compreender! – finalizou a cigana com o olhar distante.

Não havia mais nada a dizer. Santiago olhava fixamente a cigana, tentando desvendar o mistério contido em seu coração. Sentia uma emoção diferente no contato com ela, e dúvidas surgiram. Ainda não era o momento de questioná-la. A ocasião não era propícia, teria de esperar!

No fim do dia, o filho chegou e entrou no quarto da mãe, que ainda dormia.

– O caso de sua mãe é preocupante e temos de aguardar – disse Adolfo.

Miguel pegou a mão da mãe e ficou com ela entre as suas. As filhas se revezaram durante a madrugada, e Adolfo não se afastou da esposa até o dia nascer.

A febre não cessara. Foi uma noite longa e difícil para todos!

Assim que o sol raiou, o coração de Letícia diminuiu seu ritmo até que finalmente parou! Tudo de forma suave e branda! Consuelo chegou logo cedo e foi ao encontro da mãe. As duas conversaram e em seguida fizeram uma comovente prece.

O quarto se preencheu de luz, e espíritos amigos acompanharam o desenlace de Letícia. Nina a tudo observava, paralisada com a magnífica visão. Viu entidades se aproximando da mãe, observou quando faziam a ruptura dos laços que a prendiam ao mundo físico[1]. Viu quando foi retirada do recinto nos braços de seu protetor, com um cortejo de luz a seu lado. Nina chorava, e seu coração estava apertado de tristeza, porém feliz por perceber o quanto a mãe fora auxiliada.

Adolfo abraçava a esposa e chorava desoladamente, pedindo a Deus que não a levasse. Os filhos se abraçaram e todos choraram. Inês e Consuelo, também emocionadas, se despediam da querida amiga. Santiago estava inconsolável! Nada pudera fazer para ajudar! O que adiantara tanto estudo, se Deus era soberano em suas ações?

Adolfo permaneceu abraçado à Letícia, negando-se a deixá-la partir. Nina foi até ele e falou:

– Papai, deixe mamãe partir! Não nos cabe questionar as ações de nosso Pai! O importante é que ela foi conduzida por mãos amorosas a um lugar mais feliz! Ela foi uma mulher exemplar, uma mãe zelosa e amorosa, uma esposa fiel e apaixonada, foi cumpridora de suas tarefas. Deus nos permitiu conviver com esse anjo em nossa vida. Mamãe nos ensinou tudo de que pre-

---

1. Tais laços são elos que ligam o corpo espiritual ao corpo físico, cujo desprendimento ocorre de forma gradual. Para saber mais sobre esse fenômeno, consulte *O Livro dos Espíritos, Parte Segunda, capítulo 3, questões 154 e 155-a.*

cisávamos para que pudéssemos ser pessoas dignas, honestas e justas. Que possamos ser motivo de alegria para ela, esteja onde estiver! Ela foi um presente de Deus em nossa existência! Precisamos deixá-la ir para que possa continuar sua caminhada. Retê-la ao nosso lado será puro egoísmo. Deixe-a partir!

Adolfo abraçou a filha com toda a força e, ainda com lágrimas nos olhos, chamou os demais filhos, enlaçando a todos e assim permanecendo por vários minutos.

A cena era comovente! As separações são sempre dolorosas. Talvez pior para quem fica e necessita reorganizar seu mundo. Assim é a lei: nascer, viver, morrer! Tantas vezes até que a evolução se processe!

Inês saiu com a filha, permitindo que o momento de privacidade fosse preservado. Santiago fez o mesmo. A família ficou reunida, até que Nina pediu à amiga:

– Temos de avisar nossos amigos e preparar a cerimônia. Conto com sua ajuda!

Consuelo abraçou a jovem com todo o carinho e disse:

– Deixe que cuidemos de tudo. Santiago pode cuidar de avisar os mais próximos.

O médico assentiu e antes de sair abraçou Nina com carinho:

– Ficarei ao seu lado todo o tempo. Conte comigo!

Os preparativos foram organizados por Inês e Consuelo, que chamou outras ciganas do acampamento para auxilá-las.

O dia parecia se arrastar dolorosamente para os familiares. O velório foi realizado na propriedade da família, que recebeu a visita dos amigos durante toda a noite. Assim que o dia nasceu, o cortejo seguiu silencioso pelas ruas de Córdoba em direção ao cemitério local. Adolfo pediu que um padre abençoasse a esposa em seu derradeiro momento, e o sepultamento ocorreu quando o sol já estava alto e majestoso. Tudo foi executado sem pompas, como Letícia gostaria.

Após os cumprimentos, a família exausta decidiu retornar a casa. Apenas Consuelo e Santiago fizeram-lhes companhia. Inês pediu à filha que cuidasse de todos nesse momento de profunda dor.

Observando a aparência cansada e triste de seus familiares,

Nina decidiu novamente intervir:

– Papai, Miguel, Lívia e Gabriela, precisamos estar bem, pois era disso que mamãe gostaria. Temos de seguir com nossa vida. Cada um deve retornar aos seus afazeres. A maior lembrança que quero ter de minha mãe é sua vivacidade, realizando as tarefas com energia. Assim farei e espero que vocês também!

– Você tem razão, Nina, temos de seguir em frente. Meu coração está despedaçado, assim como o de vocês, porém não podemos ficar ociosos, num lamento que não trará sua mãe de volta – disse Santiago, que após um tempo retornou para casa, pois estava também exausto.

Consuelo permaneceu até a manhã seguinte. Adolfo pediu que Miguel ficasse com as irmãs até se sentirem mais seguras.

Quando retornava à cidade, Adolfo fez questão de acompanhar Consuelo até o acampamento para agradecer Inês pelos préstimos.

– Letícia era uma pessoa maravilhosa e fará muita falta – disse a cigana, entabulando uma conversa no caminho.

– Certamente, porém não vou chorar mais, pois sei que meu sofrimento será também o dela. Seguirei a orientação de Nina e a deixarei partir. Ela crê que um dia iremos nos reencontrar. Se assim for, tenho esperança de revê-la.

– Se assim acreditarmos, realmente poderemos reencontrar aqueles que partiram antes de nós. Só não sabemos quando isso irá acontecer.

– Nina tem algumas ideias que custa-me aceitar. Você concorda com ela, Consuelo?

Consuelo sorriu ante o comentário, afinal havia sido ela quem colocara tais ideias na amiga. Suas crenças a orientavam a pensar sobre as infinitas possibilidades de ir e vir a este mundo, em corpos e tarefas diferentes. Sua mãe a introduzira a esse conhecimento, o qual passava adiante quando percebia que alguém era receptivo a essas questões, como Nina, por exemplo, que sempre fora uma questionadora nata, curiosa para as lições que a vida oferecia.

A cigana olhou Adolfo, com seu semblante sofrido e triste. Ela gostaria que essa dor passasse rápido, porém somente o tempo seria capaz de curar a ferida. Não podia denunciar seu sentimento, pois seria leviandade num momento como aquele. Era seu segredo e permaneceria assim. Consuelo sempre fora apaixonada por Adolfo, e não tinha esperanças de ver seu sentimento correspondido. Jamais faria algo que prejudicasse aquela união, fortalecida pela cumplicidade e amor. Gostava de Adolfo platonicamente apenas e sentia que o conhecia desde sempre. Não cometeria nenhuma imprudência que pudesse revelar seus sentimentos. Agora, vendo-o sofrer pela perda da mulher amada, sentia-se culpada, mesmo sem nada ter feito de errado. Pediu perdão a Deus por abrigar esse sentimento proibido no coração e prometeu jamais revelar o que sentia. Era a forma encontrada para sentir-se absolvida por Deus pelo pecado de amá-lo.

– Creio que Nina tenha razão. Não acredito que tudo se finaliza com a morte do corpo físico. Me reservo o direito de ter minhas próprias ideias sobre a existência humana. Não creio que tudo acabe com a morte. Deve haver algo mais! Que ninguém nos ouça!

Adolfo sorriu, lembrando-se da visita que tivera em seu estabelecimento. Definitivamente ele não era apenas alvo da vigilância, devia já estar sob investigação.

– Eles têm visitado o acampamento nesses últimos meses? – questionou Adolfo.

– Tem nos dado uma trégua. Mas quando estão muito quietos é sempre preocupante. Não temos frequentado a cidade para evitar confronto. Foi a orientação dada por minha mãe. Se alguém precisa de cuidados, nos procuram.

– Devo lhe dizer que nem todos têm seguido fielmente essa orientação.

– O que quer dizer com isso? – perguntou Consuelo desconfiada.

– Lola tem estado frequentemente na cidade procurando algum curioso para ler a mão.

Ela então se lembrou das ausências de Lola. Pensava que estivesse cuidando de suas tarefas. Sua mãe ficaria furiosa se soubesse de suas armações.

– Desculpe-me, não gosto de falar demais, porém a situação está se complicando e devo alertá-los. Já recebi uma visita um tanto hostil e estou preocupado com o rumo dos acontecimentos. Conte à sua mãe e peça cautela.

Chegaram ao acampamento e avistaram Lola, que, com toda a sua pose, se aproximou de Adolfo. Antes que Consuelo pudesse evitar, lá estava a cigana destilando seu veneno.

– Eu o avisei tempos atrás que seu destino seria sombrio. Ela jamais foi a pessoa certa para fazê-lo feliz. Porém nada está perdido. Olhe para a frente e para os lados e encontrará um novo caminho a trilhar. Quem sabe um novo amor! – disse sorrindo.

Os olhos de Adolfo estavam endurecidos perante o infeliz comentário, porém não iria desperdiçar energias com aquela mulher leviana. Consuelo ficou desconcertada com aquelas palavras, ia responder quando foi contida por Adolfo.

– Deixe-a, ela merece apenas meu desprezo. Sempre me procurou dizendo essas impropriedades, e jamais levei em consideração. Prezo demais a amizade de vocês e não quero que seja perturbada por causa dela. Se eu fosse a sua mãe, já a teria colocado para fora.

– Mamãe tem pena dela. Eu e Ramon já dissemos o quanto ela é perigosa e pode comprometer nossa segurança. Minha mãe diz que não se pode abandonar aos seus. Ela acredita que todos merecem uma chance de refazer seus conflitos que os conduzem a praticar atos equivocados. Todos merecem uma segunda chance. No caso dela, a meu ver, já recebeu a segunda, a terceira, a quarta..., já perdemos a conta das chances que minha mãe lhe concedeu. Não creio que se endireite algum dia. E agora, neste momento conflituoso em que vivemos, ela está arriscando demais e pode nos colocar em perigo. Minha mãe terá de tomar uma atitude mais enérgica.

– Bem, você já está entregue. Posso ver sua mãe agora?

Inês estava por perto e foi ao encontro deles. Os dois deram um afetuoso abraço.

– Quero agradecer tudo o que fez por mim e minha família.

Foram momentos difíceis, e a presença dos amigos é sempre importante. Talvez eu tenha de mudar algo em minha rotina para estar mais perto de minhas filhas. Pensei em levá-las à cidade, mas talvez não seja uma boa ideia. O clima do campo é mais saudável para Gabriela, e Nina não ficaria longe de sua estufa. Não sei se Lívia dará conta.

Inês colocou a mão em seu braço e amorosamente respondeu:

– Não faça nada, Adolfo. Deixe o tempo, que é senhor de si, colocar tudo em seu lugar. Não tome nenhuma iniciativa por ora. Deixe as coisas se assentarem, as feridas cicatrizarem e só depois repense sua vida. As meninas ficarão bem. Consuelo as visitará todos os dias. Temos muito apreço por sua família. Vá para a cidade e fique tranquilo!

Adolfo deu um sorriso triste, selando a amizade entre eles:

– Inês, serei eternamente grato por sua amizade e carinho. Vou tranquilo, sabendo que cuidarão de minha família na minha ausência.

Despediu-se e seguiu seu caminho.

Consuelo e Inês seguiram Adolfo com o olhar, pensando na tristeza que aquele coração carregava. O tempo curaria todas as feridas, era a única certeza...

Capítulo 9

Vida que segue

Quando ele já estava distante, Consuelo se colocou em frente à mãe e disse:
– Mamãe, temos um problema – e contou o que Adolfo relatara.
– Ela está nos colocando em perigo com essa atitude! – disse Inês com o semblante sério.
– A senhora sabe o que penso sobre isso. Por mim, ela já estaria longe daqui! – disse a filha com o olhar firme na mãe.
– Lamento o que você passou, porém não posso abandoná-la. Ela também sofreu muito!
– Todos nós sofremos, e cada um reage como pode – retrucou a filha.
– Você não é como ela. Agradeço os filhos que Deus permitiu conviver comigo. Infelizmente, o mesmo não ocorre com Lola, que se perdeu pelo caminho. Falarei com ela mais tarde!
Inês entrou em sua tenda e pediu orientação a seus amigos espirituais sobre qual conduta deveria ter com Lola, sempre desobediente e prepotente. Temperamental, atormentava a vida da filha sempre que a ocasião permitia. Inês esperava que ela mudasse seu comportamento enquanto amadurecia, porém isso

não aconteceu. Era lamentável observar no que se transformava.

Após alguns minutos de prece, Inês ouviu duas palavras: cautela e vigilância. O que aquilo queria dizer? Lola sempre fora ambiciosa e invejosa. Inês cuidava de proteger Consuelo das suas maldades. Desta vez, no entanto, essas palavras a tocaram de forma diferente e percebeu que o alvo principal não era a filha. Entendeu exatamente o que Lola pretendia e contra quem seria seu próximo ataque. Sentiu as pernas bambas, como não pensara nisso antes? Ela própria, Inês, era o alvo para Lola despejar seu veneno! Ambição desmedida, inveja vil, caráter amoral, ela possuía tudo isso! Mas o que ganharia? O seu lugar no grupo, claro, seria a sua maior conquista!

O poder é transitório e não pertence definitivamente a ninguém. Ele passa de mãos em mãos, assim como a riqueza e outras glórias provisórias. Tem-se a posse em determinado momento, porém não de forma permanente.

Inês se deu conta de que Lola sempre desejou estar em seu lugar, comandando e orientando o grupo de companheiros do acampamento, mesmo sem possuir as habilidades necessárias. Queria o respeito e a obediência de todos, acreditando que isso a tornaria uma pessoa importante. Porém, desprezara esses valores, não os incorporando em sua vida. Respeitar para ser respeitado! Obedecer para ser obedecido! Lola era prepotente e se julgava em condições de comandar o grupo! Inês não sabia se sentia raiva ou lamentava-se por isso. Precisava estar atenta, pois se ela queria seu lugar, deveria estar tramando há um bom tempo. Fez uma rápida análise dos últimos meses, das reuniões com seus tutelados, tentando observar se havia algum fato com o que se preocupar... Lola devia estar fazendo um trabalho silencioso, agindo de forma desleal contra aquela que sempre lhe deu um lar. Seu coração ficou apertado e lágrimas escorreram pelo rosto cansado. Pensou em chamá-la, mas sabia que Lola negaria tudo. Iria observar suas atitudes e procurar uma forma de ela própria se expor. Sobre o que Adolfo contou a Consuelo, decidiu conversar com todos no encontro semanal. Ficou mais alguns minutos em profunda prece, orando por Letícia, sua grande amiga, desejando que a luz acompanhasse seus passos nessa nova jornada. Fechou seus olhos por instantes e visualizou Letícia sendo amparada por amigos espirituais e conduzida para um local de paz. Sentiu seu coração se tranquilizar pela condição da amiga, que realizara uma tarefa de amor junto aos seus, resgatando débitos de outra existência.

Adolfo deixou o acampamento e seguiu vagarosamente para a cidade, tentando retornar à sua vida. Seu mundo ficaria triste sem a presença da companheira. Viveram anos de felicidade e agora ela se fora, deixando seu coração solitário. Sua vontade era de se entregar ao desânimo e deixar a vida escorrer suavemente por seus dedos. E os filhos? Eles precisavam de seu estímulo para seguir sua jornada! Necessitava encontrar forças para prosseguir sua existência. Respirou fundo e, conforme o ar entrava em seus pulmões, sentiu a vida pulsando como nunca percebera antes. Ele estava vivo, e sua amada não se conformaria de vê-lo entregue ao desânimo. Já avistava ao longe a cidade delineando suas formas e decidiu que a força e a coragem seriam suas companheiras. Não decepcionaria a nenhum que dele dependia!

A semana foi longa e árida para todos. Se o tempo é o único capaz de equalizar nossas emoções, que ele passasse depressa para que a dor se diluísse rapidamente.

Santiago não se ausentou da fazenda, cuidando de conhecer tudo. Alfredo mostrou-lhe detalhes de todo o patrimônio que herdara do avô. Numa dessas conversas, Santiago questionou sobre as terras doadas aos ciganos.

– Meu avô doou as terras apenas por ser generoso?

Alfredo fechou o semblante, pois não gostava de relembrar aqueles tempos.

– Você conhecia seu avô e sabe que ele era um homem generoso.

– Teria ele algum interesse nesse povo? – perguntou o jovem, lembrando-se de Lola.

– Por que ele teria? – respondeu Alfredo.

– É apenas estranho. Ninguém faz nada sem um motivo.

Por mais caridoso que meu avô tenha sido, ele doou essas terras com um objetivo que eu ainda não sei.

– Você pretende retomar as terras?

– Não, apenas gostaria de entender meu avô. Nos últimos meses tive muitas surpresas e penso que não o conhecia como imaginava. Não tenho interesse algum sobre essas terras nem sobre eles. Ou deveria?

– Não sei realmente como ajudá-lo. Mais alguma pergunta?

– Que adianta eu perguntar se você foge aos meus questionamentos? Acho que esconde algo de mim e deve ser muito sério – disse Santiago contrariado.

Alfredo voltou aos seus afazeres. Encontrou Diego no caminho, que, ao vê-lo com aquela expressão triste, perguntou sobre os motivos.

– Nada que possa ser resolvido de imediato. O passado voltou a me assombrar e não sei se conseguirei manter minha promessa – disse Alfredo, saindo em seguida.

Diego foi procurar seu jovem patrão, uma vez que haviam combinado visitar a família de Adolfo. Seus olhos brilharam de satisfação, iria rever Lívia. Havia muito tempo nutria sentimentos de afeto pela jovem. Decidiu manter seu amor platônico indefinidamente e não revelá-lo a ninguém.

No caminho, Santiago percebeu a alegria do jovem e perguntou:

– Esse brilho no olhar tem nome?

– Não entendi a pergunta – respondeu Diego.

Santiago deu um sorriso malicioso, deixando o jovem desconcertado.

– Você acha que não percebi seu olhar para a irmã de Nina? Se quiser, posso ajudá-lo.

O jovem não sabia o que responder. Em seguida, uma tristeza vagou por seu olhar.

– Não há nada que possa fazer. Não tenho chance alguma com ela, que jamais vai olhar para um rapaz pobre feito eu.

– Pare com isso, Diego! O valor de um homem não está nos seus bolsos cheios de ouro ou nos celeiros repletos de grãos. Não se mede o caráter de um homem pelo que ele possui, mas pelo que é. E dignidade e honra são atributos mais importantes que tudo! Sei o quanto já sofreu nesta vida. Poderia ser outra pessoa, porém preferiu acatar as orientações de Alfredo e se tornar um homem de bem! É isso que importa. Adolfo passou os mesmos valores aos filhos. Posso garantir que Lívia iria apreciar muito se fizesse corte a ela. Nina me disse que ela jamais se enamorou de alguém. É a sua chance!

– Talvez ela nem tenha me notado – disse Diego desolado.

– Pode ser que nem goste de você. Mas posso garantir que não será pelos motivos que julga. Se não tentar, jamais saberá.

Os dois continuaram a caminhada falando sobre o assunto e nem perceberam que já se aproximavam da casa. Miguel foi o primeiro a vê-los. Recepcionou-os com um sorriso triste.

– Boa tarde, Santiago, Diego. Bem-vindos! Entrem, vou chamar minhas irmãs.

Nina chegou à sala acompanhada de Lívia, que, ao ver Diego, voltou para dentro de casa rapidamente.

– Lívia é assim, peço que perdoem seu mau jeito – disse Nina, abraçando o amigo e cumprimentando Diego. – Vamos entrando.

– Como tem passado? – perguntou Santiago.

– Não está fácil. Minha mãe era a alma deste lugar e se não fosse pela minha estufa, talvez eu fosse viver na cidade com papai – respondeu Nina com o olhar distante.

– Já passei por isso tantas vezes. A dor parece que é permanente e não vai nos abandonar jamais. Ore por ela sempre que sentir saudades. Lupe me falava isso e às vezes funcionava. Não me recordo quando minha mãe morreu. No entanto, quando perdi minha avó e meu avô foi muito doloroso.

– Você tem razão. Tenho orado o tempo todo, pedindo que ela esteja bem onde estiver.

– Realmente não sei o que acontece após a morte, só sei que a separação é algo difícil de superar. E se ficamos no purgatório, ou em outro lugar, estaremos separados definitivamente daqueles que amamos. E isso é que causa tanta angústia em nós! – ponderava Santiago.

– Será que é definitivo? – questionou Nina.

– Tudo será diferente. Penso que o corpo que hoje tem uma identidade não vai mais existir, então nada será como antes – rebateu o jovem.

– Fique com suas crenças e eu fico com as minhas. Talvez um dia você entenda o que quero dizer – finalizou a jovem.

Santiago ia dizer algo, mas o momento não era para polêmicas e discussões. Nina ainda estava tentando superar a ausência de sua mãe. Ele olhou Gabriela e viu lágrimas em seu rosto.

– Gabriela, como está se sentindo? Alguma crise?

– Não tem sido dias felizes. Sinto muita falta de ar, pressão no peito. Tenho feito os exercícios que me ensinou, e não tive nenhuma crise desde que mamãe se foi. Mas não me sinto bem. Estou sempre cansada e não consigo auxiliar meus irmãos nas tarefas – disse Gabriela com pesar.

– Não diga isso, minha irmã. É natural que não esteja bem. Quanto às tarefas, não se preocupe. Quando estiver bem, você faz a minha parte e a sua! – disse Nina.

Gabriela esboçou um leve sorriso e olhou a irmã com ternura:

– Só você para me fazer rir num momento como esse. Não sei o que faria sem você!

Nina a abraçou com carinho e disse:

– Você não faria nada sem mim. Por isso estou aqui e não vou te abandonar nunca.

Os jovens sorriram para Nina, que sabia deixar o ambiente leve e em harmonia novamente. Lívia entrou na sala e, não encontrando Diego, perguntou:

– Onde está Diego? Vocês não viram que ele saiu? – repreendeu a irmã mais velha. – Nina, chame-o, teremos uma tempestade em momentos. E Miguel, onde está?

Todos se entreolharam curiosos. Eles não tinham reparado na ausência dos dois jovens nem na mudança brusca do dia, que tinha amanhecido ensolarado. Ao saírem na varanda, ficaram espantados. Em questão de instantes o clima se alterou radicalmente. O sol se escondera sob nuvens escuras e uma ventania tomou conta da região, fazendo com que uma nuvem de poeira surgisse. Com dificuldade, Santiago pôde ver Miguel tentando levar os cavalos assustados para dentro do estábulo. Diego o auxiliava na tarefa. Santiago correu na direção dos dois, mas antes pediu que Nina entrasse e fechasse todas as janelas.

Após inúmeros esforços, conseguiram recolher os cavalos e retornaram rapidamente para casa, já sob forte chuva. Quando entraram, os três estavam encharcados.

– Miguel, ofereça roupas secas a Santiago e Diego e depois venham tomar algo quente para não adoecerem. A chuva está gelada – disse Lívia.

Estavam surpresos com Lívia. Como ela sabia todas aquelas coisas?

– Como sabia da tempestade? Nem eu pude perceber! – exclamou Nina.

Lívia deu um sorriso maroto e respondeu:

– Ela me avisou logo cedo. Agora, me ajudem com o chá.

As duas se entreolharam sem entender, acatando a orientação da irmã mais velha. Nina ainda não satisfeita perguntou:

– Quem falou o que, minha irmã? Desde quando isso acontece? – questionou Nina.

– Não é só você que é diferente. Você está sempre em evidência e é tão transparente que não sabe esconder nenhum segredo. Mais tarde conversamos, agora é melhor cuidarmos de tudo. As janelas estão fechadas? Pois a tempestade vai durar muito tempo. Temos lenha seca suficiente aqui, hoje cedo já repus o que faltava. Ela não cessará até o fim do dia, portanto teremos hóspedes até amanhã. Não será aconselhável ninguém sair no meio dessa tempestade. Chuvas de verão são comuns, porém essa mais parece uma tormenta. A temperatura vai cair muito e é conveniente que todos permaneçam abrigados aqui dentro – disse Lívia com o semblante sério e reflexivo.

Nina ficou calada. Decidiu deixar as perguntas para depois. Verificou, mais uma vez, todas as janelas e salas da casa e olhou para Gabriela que estava muito pálida.

– Você está bem, Gabriela? – perguntou Nina.

A jovem olhava para o vazio e suas feições pareciam assustadas, como se visse algo terrível à sua frente. Nina segurou a irmã até que ela se sentasse, suas mãos estavam frias e úmidas ao mesmo tempo.

– O que você está sentindo? Fale comigo – disse Nina.

Gabriela olhava para a frente e fechava os olhos repetidas vezes, como esperando que aquilo à sua frente desaparecesse. De repente, ela se encolheu toda e deu um grito cheio de dor. Em seguida, desmaiou nos braços da irmã.

Santiago correu ao encontro da jovem desfalecida, tomando seu pulso.

– O que aconteceu? – perguntou.

Pediu que buscassem os sais que trouxera quando Letícia adoecera e compressas de água fria para a cabeça da jovem.

Diego e Miguel ficaram distantes, apenas observando. Santiago pegou a jovem e deitou-a no pequeno sofá da sala. Ficou ao seu lado todo o tempo, até que ela abriu lentamente os olhos e, num ímpeto, olhou para a porta da casa com o terror no olhar. A tempestade estava cada vez mais intensa e os trovões ribombavam lá fora num barulho ensurdecedor. Gabriela procurou Nina com o olhar e pediu que a abraçasse. Nos braços da irmã, a jovem desatou a chorar, dizendo coisas ininteligíveis.

– Gabriela, não sei o que a apavorou, mas já acabou. Fique tranquila, eu estou aqui ao seu lado. Não tenha medo!

– Não sei se irão acreditar no que vou contar. Estou tendo sonhos estranhos e acordo apavorada. Algo que vejo e depois não me recordo. A sensação que tenho é de que alguém está me perseguindo, me acusando de algo. Quando Lívia falou da tempestade me lembrei de meu pesadelo. De repente, bem à minha frente, perto da porta, uma imagem começou a se delinear. Era um homem de feições endurecidas que me apontava o dedo, dizendo que eu não conseguiria colocar em ação meus planos e que faria tudo para me impedir. Ele parecia tão real! Começou a andar na minha direção e dizia coisas horríveis. Quando estava próximo, acho que desmaiei, pois não me lembro de mais nada.

Ele era tão real quanto vocês.

Um silêncio sepulcral se fez presente. Diego fez o sinal da cruz várias vezes, como a afastar o fantasma para longe. Santiago e Miguel se entreolharam preocupados. Nina e Lívia foram as únicas que se pronunciaram.

– Fique calma, Gabriela. Não duvidamos de você! – as duas se aproximaram da irmã e a abraçaram.

– Ele era real e tenho medo de que possa fazer algo contra mim. Será possível?

Nina olhou a irmã nos olhos e disse com segurança:

– Minha irmã, o que você viu hoje é um ser que habita outro mundo, o dos espíritos. Ele não pode lhe fazer mal algum. Nada lhe fará, a não ser assustá-la! Ele quer que você o veja e se lembre de algum fato do passado. Você não se recorda de nada que fez ou viveu, mas sente que ele a conhece! Os planos que programou para esta vida serão concretizados no momento certo. Independentemente do que ele pretende, é você que tomará as suas decisões. E se ainda não as fez, é porque ainda não é tempo! Acredite nisso, minha irmã. Mamãe e papai sempre souberam que eu era diferente, aliás esse foi um dos motivos de vivermos aqui, distantes da cidade e da vigilância da Igreja. Eles sempre me deram a cobertura necessária, e esteja certa de que faremos o mesmo por você. Pelo visto, isso não se restringe a você e a mim, não é Lívia? – questionou a irmã.

Lívia sorriu e apenas assentiu com a cabeça, firmando pela primeira vez um pacto entre as três irmãs. Apesar de serem diferentes, eram tão semelhantes! As diferenças as aproximavam de maneira intensa e sabiam que isso era fundamental naqueles tempos. Precisavam da cumplicidade que as unia e as fortalecia!

Ninguém mais se pronunciou e a única coisa que se ouvia era o ribombar dos trovões, anunciando que a tempestade não se abrandara. Também se podia se ouvir o barulho estridente das janelas batendo.

Lívia, retomando o controle da situação, anunciou que o chá seria servido. Todos se sentaram à mesa e evitaram o assunto em questão, fosse por medo, dúvida ou preocupação! Cada um tinha seus próprios motivos!

Nina olhava Santiago, que parecia contrafeito, desejoso de estar distante dali. O assunto não o deixava numa zona de segurança. Ela queria muito que ele encontrasse as respostas a seus questionamentos, pois assim também se tornaria uma pessoa mais leve e feliz! A verdade é sempre motivo de felicidade, mesmo que inicialmente seja acompanhada de fatos indesejados. A verdade é necessária para que a paz seja conquistada. Nem que para isso a paz se afaste de nós por algum tempo até que tudo se encaixe novamente no lugar!

Capítulo 10

Uma visita inesperada

A chuva persistiu até altas horas da noite. Os jovens permaneceram na casa, impossibilitados de sair. Os animais precisavam ser alimentados, e Miguel se prontificou a realizar a tarefa.

– Eles devem estar famintos. Nina, venha me ajudar. Vamos deixar Gabriela recobrar suas forças – e os dois saíram para cuidar dos animais.

Santiago estava apreensivo por estar ausente tanto tempo, sem poder dar notícias a Lupe.

– Lupe ainda pensa que sou uma criança indefesa e totalmente dependente de seus cuidados. Imagine uma pessoa desesperada. É ela! – falou Santiago.

– Já imaginou sua reação quando decidir se casar? – questionou Gabriela.

– Já conversamos sobre isso certa ocasião e ela disse que irá morar comigo.

– Será um problema incontornável – brincou a jovem.

– Bem, deixemos o problema para o momento certo. Lívia tem razão. Não será conveniente viajarmos durante a noite, mesmo se a chuva tiver cessado. Teremos lama por toda a parte. Viemos apenas fazer uma visita e agora estamos presos aqui – afirmou

Santiago, querendo saber mais sobre o que havia acontecido há pouco. – Gabriela, gostaria que você falasse um pouco sobre sua visão.

– É mera curiosidade que o move? – perguntou a jovem encarando o médico.

– Para ser franco, devo dizer que sim! E tentar entender o que aconteceu. Será que realmente viu alguma coisa?

– Você não acreditou no que vi? Como posso confiar em você? – disse a jovem com o olhar fixo no dele.

– Não pretendia ser indelicado com você. Se não quiser falar sobre isso entenderei – Santiago ia se afastar quando Gabriela pegou seu braço.

– Estou nervosa com tudo, Santiago, me perdoe. O que quer saber?

– Foi a primeira vez que teve essa visão? Essa imagem lhe pareceu familiar? Essa pessoa pode estar em suas lembranças. Ou você pode ter imaginado tudo isso.

– Eu posso ter criado essa imagem? – questionou a jovem com certo temor.

– Não posso afirmar, porém isso pode ter acontecido. Precisamos analisar melhor antes de tirar as conclusões. Observe se esses fatos se repetem – disse o médico em tom mais sereno procurando acalmar a jovem. – Confie em mim, é o que lhe peço.

Gabriela assentiu e continuaram a conversar.

Diego ficou calado todo o tempo. Seu lugar não era lá, definitivamente. O único ponto favorável era estar na companhia de Lívia. Aquela era uma situação inusitada, pois jamais imaginaria pernoitar naquela casa. Lívia estava ocupada em ser cortês com todos, e não percebeu os olhares profundos que o jovem lançava sobre ela. Seu olhar fixo, porém, fez com que seus olhos se cruzassem. Nenhum dos dois desviou o olhar, num momento mágico e perfeito, como se cada um conseguisse ler o pensamento do outro. A jovem parecia hipnotizada, e milhões de pensamentos povoavam sua mente. Diego sentia exatamente o mesmo, desejando que aquele momento perdurasse tempo indefinido. Um trovão poderoso quebrou o clima existente.

A troca de olhares retornou e persistiu até que Miguel convidou os rapazes a se recolherem a um dos quartos. Já era noite escura e a chuva amenizara.

As três jovens também se recolheram. Teriam muito trabalho quando o sol raiasse!

A manhã seguinte trouxe um céu claro, nada condizente com a tormenta do dia anterior, a não ser pelas poças, folhas e flores no chão e pelo muito trabalho a ser realizado.

Diego pediu a Santiago que permitisse que ele lá permanecesse para dar o apoio à família. O jovem médico com um sorriso disse:

– Eu ficaria, mas preciso salvar uma mulher de uma síncope caso eu demore a retornar.

Todos riram da cena. Lupe estaria em pânico àquela hora, sem notícias.

Nina foi até ele e disse carinhosamente:

– Papai chegará mais tarde da cidade e ficará feliz com sua presença.

Ele retribuiu o sorriso e partiu, prometendo retornar.

Diego foi até Lívia e perguntou por onde começar. A jovem sorriu timidamente e direcionou o olhar para o irmão, que deu as orientações. Gabriela acompanhou Nina até a estufa para ver os estragos causados.

– Ainda assustada com o que viu? - perguntou à Gabriela.

– Será que aquilo foi real ou apenas imaginei? – disse em tom pesaroso a jovem.

– Você já me relatou outras visões, por que agora está duvidando? - questionou Nina. – Você sabe que vejo esses companheiros do mundo espiritual desde criança. Eu estaria imaginando, também?

– Isso ainda é estranho e me deixa insegura – disse Gabriela em tom choroso.

– Conversaremos melhor sobre isso quando quiser! Não deixe esse doutorzinho colocar ideias em sua cabeça, você não está imaginando nada – disse Nina com energia.

– Ele não tem culpa alguma. E se essas visões começarem a me atormentar? O que farei?

– Não seja pessimista! Você tem um longo caminho a percorrer, assim como todos os que aqui estamos. As dificuldades não devem ser entrave, mas oportunidades de colocar em ação seu potencial. Você não é frágil como pensa. Não pense que tudo é permanente. Mamãe estava conosco até semana passada, hoje não está mais ao nosso lado. Sua vida é seu patrimônio, pelo qual deve zelar com todas as suas forças. Cada um de nós responderá no tribunal divino pelos nossos atos e seremos responsáveis por nossas escolhas. Você sabe o que ocorre àqueles que deixam a vida escorrer pelos seus dedos, perdendo a oportunidade de fazer algo de bom?

Gabriela sabia que a irmã estava certa. Sentia-se insegura, incapaz de gerenciar sua vida. Por que sentia essa angústia em seu coração? Queria ser como Nina, sempre atuante, cheia de vontade de aprender e, principalmente, de viver!

– Você tem razão, Nina! Preciso pensar de forma diferente e enfrentar os problemas com serenidade. Preciso de sua ajuda!

– E sempre terá, minha irmã. Farei o que for possível, porém você precisa se ajudar em primeiro lugar. A vida é sua e depende de você assumir o controle! Um dia entenderá o motivo de se sentir assim. Podemos falar novamente com dona Inês.

– Será que o doutorzinho não vai se ofender? – brincou a jovem.

– Deixa esse doutorzinho comigo! Sei como lidar com ele! – disse Nina, abraçando a irmã.

As duas começaram a limpar e a recuperar os danos causados pela tempestade, quando Gabriela viu a irmã e Diego juntos.

– O que você acha? Será que nossa irmã está interessada em Diego? Viu os olhares dela para ele ontem à noite?

– Não perdi nenhum deles, mas nada falei. Você conhece Lívia. Iria negar tudo. Ela já tem vinte e três anos e nunca se apaixonou. Papai já tentou falar com ela sobre alguns pretendentes, e ela se recusou, dizendo que ainda não está pronta para um compromisso dessa magnitude. Creio que ela estava esperando aparecer um príncipe encantado e levá-la num cavalo branco rumo à felicidade eterna. De certa forma, compactuo com ela. Mamãe e papai foram tão felizes juntos. Havia tanto amor e cumplicidade! É isso que espero que aconteça comigo! Quero viver um grande amor, apenas não precisa ser um príncipe encantado! Quero alguém real, que me compreenda, me respeite e me ame!

– Será que esse pretendente já chegou? – inquiriu Gabriela com um sorriso nos lábios.

– Quem sabe, minha irmã! Já me fiz essa pergunta. Meu coração, entretanto, ainda não me respondeu! – respondeu Nina pensativa.

As duas riram e prosseguiram no trabalho.

Passava do meio-dia quando Adolfo retornou. Estava com o semblante mais preocupado que o usual. Procurou por Miguel e pediu que chamasse suas irmãs. Cumprimentou Diego, surpreso com a presença dele em suas terras. O jovem relatou sobre o ocorrido.

– Agradeço sua ajuda, porém será melhor ir embora, pois o tempo parece instável demais. Lembranças a Alfredo e Santiago! Volte para nos visitar!

O jovem agradeceu e partiu, sem esquecer de procurar Lívia.

– Já estou indo embora. Seu pai me alertou sobre a possibilidade de novos temporais. Ele me convidou para voltar. Isso lhe agrada? – perguntou Diego.

– Será um prazer! Volte com tempo para conversarmos! – respondeu Lívia.

Diego sorriu com a possibilidade de reencontrá-la, despediu-se e partiu. Olhou para trás e viu que Lívia lhe acenara com um lindo sorriso. Era um sinal, pensou ele!

Adolfo estava com o semblante tenso e relatou aos filhos o motivo:

– Deveria ter retornado ontem à noite, porém algo muito grave ocorreu. Miguel, deve se lembrar de Anita, filha de Estevam Mendonza, proprietário de uma vinícola ao sul de Córdoba... – o jovem assentiu. – Então, Estevam foi à nossa loja ontem, desesperado com a possibilidade de a menina ser interrogada pelo cardeal da província. Se isso acontecer, a chance de ser transferida para uma prisão é grande.

As jovens questionaram o pai com o olhar e ele explicou os motivos:

– Vocês não chegaram a conhecer Anita, de temperamento forte e determinado. Não concorda com os desmandos do clero, nem com os da Coroa, e se aliou a um grupo que procura desestabilizar os poderosos. Até o momento, tudo era feito de forma sigilosa, assim como com nosso grupo, porém, a prisão de um judeu convertido, que se negava a abdicar de suas convicções, fez o grupo de Anita perder a razão e enfrentar a guarda. Alguns foram presos, mas ela conseguiu escapar. Porém, foi reconhecida e está sendo procurada. Estevam pediu minha ajuda. Não pude recusar e a trouxe para cá até outras medidas serem adotadas.

Os jovens se entreolharam. O pai foi até a carroça e levantou uns tecidos:

– Pode sair, Anita. Aqui está em segurança.

Anita era uma jovem muito bela, com lindos olhos cor de mel e longos cabelos castanhos. Cumprimentou todos os presentes com um esfuziante sorriso:

– Fiquem tranquilos porque ficarei pouco tempo aqui. Não creio que este seja o melhor lugar para me esconder. Meu pai está furioso comigo, mas deveria ficar é com a situação do jeito como está. Lutarei com todas as minhas forças para pôr um fim nisso!

A jovem estava indignada, pois seu melhor amigo estava preso e talvez não resistisse aos interrogatórios. Eles tentavam libertá-lo da prisão quando foram descobertos. Alguns conseguiram fugir, como Anita, porém outros foram presos. Sabiam dos métodos utilizados nos interrogatórios e poucos resistiriam às torturas, delatando os demais.

Nina olhou a jovem com respeito e admiração. Queria ser como ela, enfrentar os poderosos com coragem, entretanto seu pai jamais permitiu que ela participasse dos encontros. Lívia sentiu um tremor, denunciando que o perigo estava a rondar. Gabriela compartilhava com a irmã mais velha os mesmos sentimentos conturbados. Miguel estava hipnotizado pela jovem e não conseguiu pensar em nada.

Adolfo conhecia o perigo, porém não poderia permitir que

Anita fosse presa, nem sequer interrogada. No entanto, estaria colocando a família em risco e isso não estava em seus planos, após tanto cuidado em manter-se no anonimato. Pensaria num jeito de mandar a jovem para bem longe. Adolfo chamou Miguel no canto e perguntou:

– Como está tudo por aqui? Vou precisar de você. As meninas ficarão bem!

– Poderia ficar mais uma semana, por garantia – retrucou o filho.

Adolfo percebeu os olhares que o filho enviou para Anita e sentiu a preocupação no ar:

– Miguel, Anita é um vulcão prestes a entrar em erupção. Não se encante para não se decepcionar. Não quero vê-lo ferido. Ela ficará apenas alguns dias e partirá, talvez para nunca mais retornar.

– Conheço Anita e sei que ela não tem olhos para ninguém, a não ser sua causa.

– Você a conhece bem, pelo que percebi! Não sabia de sua proximidade com ela.

– Sei de sua fama e não pretendo me envolver com ela – disse Miguel sem convicção.

Adolfo conhecia o filho e percebeu que ele já estava atraído pela jovem. Havia sido tolice de sua parte levá-la para lá, e agora era tarde para mudar os planos.

– De qualquer forma, fique longe dela! Será melhor para você! – disse o pai.

O jovem assentiu e entrou na casa, relatando os incidentes do dia anterior. Os estragos não haviam sido poucos, teriam algum trabalho pela frente.

Enquanto isso, em casa, Santiago rendia-se ao interrogatório sem fim de Lupe. Dadas as explicações, o jovem médico disse que retornaria mais tarde à fazenda de Adolfo.

– Meu filho, Alfredo precisa de você para tomar decisões importantes.

– Desde quando? Sobreviveu todo esse tempo sem precisar do meu apoio para nada.

– Agora você está aqui e deve tomar as decisões que lhe cabe, como proprietário que é.

No acampamento cigano, Inês continuava tensa com Lola, porém decidiu se omitir até a próxima reunião, quando tomaria as providências necessárias e cabíveis.

No fim do dia, recebeu a visita de Adolfo. Consuelo recepcionou o amigo e levou-o até a mãe. Lola, que viu Adolfo chegando, disse a Consuelo:

– Ele agora está só. Mas será por pouco tempo. Espero que você fique bem longe dele.

– Fique você longe dele. Ele merece coisa melhor! – disse Consuelo tomada de indignação.

– Assim como você? Sei dos seus sentimentos por ele há muito tempo. Porém ele jamais teve olhos para você, sua tola! Farei de tudo para conquistá-lo.

– Tola é você que pensa que o terá algum dia! Você não é digna de um homem como ele! Não ouse envolvê-lo em suas artimanhas, pois o defenderei para que não caia em suas garras afiadas e podres!

Lola ficou furiosa, desejando-lhe a pior e mais dolorosa morte. Ramon a tudo observava e seu semblante se fechou. Ela tinha seduzido tantos! Ele mesmo já caíra em tentação mais de uma vez, deitando-se com ela! Arrependera-se disso e contara à sua mãe, que lhe pedira que jamais fizesse novamente para sua própria segurança. A paixão diminuiu e ele seguiu seu caminho. Olhando a discussão da irmã, percebeu o ódio latente que Lola nutria por Consuelo. Sua irmã corria perigo caso se envolvesse no triângulo que Lola desenhara.

Inês recebeu Adolfo com um caloroso abraço:

– Como está, meu amigo? Sente-se melhor?

– Tem sido difícil, porém tenho de prosseguir e cuidar dos meus. Letícia faz muita falta!

– Sei disso. Se isso o conforta, devo dizer que ela ficará bem, pois conseguiu realizar as tarefas que lhe competiam. Ela tinha dívidas severas de outras vidas com relação à maternidade. Nesta, conseguiu quitar parte delas, realizando com amor e dedicação suas funções de mãe e esposa. Sei que deixará uma lacuna que talvez não mais se preencha.

Adolfo sentiu seus olhos umedecerem e uma profunda saudade se abateu sobre ele.

– Não sei se isso me conforta, Inês. Que Letícia possa colher os frutos da árvore frondosa que ela mesma cultivou com a força de seu amor! E, se existir outras vidas além desta, que possa ser feliz onde estiver! Meu amor seguirá guardado em meu coração!

– Assim deve ser! Mas não é isso que o trouxe aqui. Qual problema o aflige?

Adolfo contou sobre Anita, a jovem que estava abrigada em sua casa. Inês fechou os olhos por instantes, como a ouvir os amigos espirituais presentes. Em seguida, disse:

– Não é conveniente a presença dela em sua casa. Deve levá-la para outro lugar, pois lá todos correrão perigo. Faça algo rapidamente. Você tem mais a perder que ela, meu caro amigo. Tem suas filhas morando lá e não gostaria que fossem vigiadas também.

– Anita corria sério risco permanecendo na casa de seu pai. Eu não poderia deixar de ajudar um companheiro tão fiel.

– Você tem um bom coração, porém não tem muito juízo! Muitas vezes queremos auxiliar, mas, se assim fizermos, somos nós que ficamos na mira. Seria isso adequado? Você só pode fazer o que está ao seu alcance. Além do mais, essa jovem corre atrás de encrencas e perigo. Ela deveria ser mais cautelosa e não colocar seus familiares em situação delicada. É o que eu tenho para lhe dizer. Sei que não é o que veio buscar. Cuide-se e dos seus. Esta é sua primeira tarefa. Depois, cuide dos que te buscam ajuda. Não posso ajudá-lo, oferecendo abrigo a ela neste acampamento, pois sabe que sou mais observada que você. Mas tenho uma ideia: peça a Santiago. Sei que ele tem influência entre os poderosos e não é visado como nós. Ele pode fazer por ela o que nós não podemos.

Adolfo ficou pensativo, poderia ser uma saída engenhosa.

– Eu lhe agradeço! Sei que posso contar com sua ajuda em

qualquer situação. Vou pensar no assunto e verei o que fazer. Levarei Miguel esta semana à cidade. Posso contar com seu olhar sobre minhas filhas? Consuelo poderia visitá-las mais vezes? Eu ficaria mais tranquilo sabendo que ela estará por perto.

– Conte com ela, em qualquer circunstância. Consuelo fará as visitas necessárias. Sei que as meninas confiam muito nela. Fique tranquilo, Adolfo. Tudo ficará bem por aqui.

– Agradeço mais uma vez. Gosto muito de conversar com você, Inês. Sinto-me seguro confiando-lhe meus tesouros.

Inês gostava muito dele e de sua família. Seus amigos já lhe haviam dito que Adolfo era um companheiro de longa data, o que significava que haviam vivido outras vidas, compartilhando ideais, sonhos e alegrias.

Pensou em Santiago e seus olhos se encheram de lágrimas. Como queria abraçá-lo, dizer o quanto o amava! Será que isso seria possível um dia? Será que ele iria aceitar seu amor? Ou iria renegar sua origem? Ele se parecia tanto com Pablo! Poderia ter herdado as virtudes do pai! Contudo, herdamos de nossos pais apenas as características físicas, não as morais, estas são construí-das no decorrer das existências corpóreas.

Inês sabia que, se Pablo estivesse vivo e presente no de-senvolvimento de Santiago, poderia oferecer bons exemplos a ele. No entanto, mesmo com todos os exemplos positivos, cabe a cada filho aproveitar e assimilar as lições oferecidas. De qual-quer forma seu coração dizia que o neto era um homem de bem, e era nisso que queria acreditar! Inês esperava que o avô tivesse oferecido a ele os melhores exemplos e, principalmente, que o amasse. Santiago parecia um homem feliz e com um coração re-pleto de bons sentimentos!

Inês desejava que um dia eles pudessem se entender e se amar! Essa era sua esperança!

Sabia também que ele estava prestes a voltar com mais questionamentos, e não poderia adiar mais o confronto. Pediu a Deus que a provesse de confiança e coragem para quando esse dia chegasse! E que o melhor acontecesse!

Capítulo 11

Solução possível

Adolfo refletiu se deveria envolver o amigo em suas confusões. Em vez de voltar para casa, foi em direção às terras de Santiago. Quando chegou foi recebido por Alfredo:

– Meu bom amigo, como está?

– Vou caminhando, um dia após o outro. Eu gostaria de conversar com Santiago. É sobre Gabriela. Ele tem ajudado minha filha em suas visitas costumeiras e queria lhe falar.

– Vou chamá-lo. Sinta-se em casa.

Santiago chegou logo em seguida e, bastante preocupado, questionou:

– Aconteceu algo com Gabriela?

– Não, meu amigo. O assunto é um tanto delicado. Podemos conversar a sós?

Santiago pediu que o amigo o acompanhasse até uma sala. Estava curioso!

– Pronto. Estamos sós. Qual o assunto secreto?

Adolfo contou-lhe sobre a jovem fugitiva que estava em sua casa. Santiago ouviu tudo pacientemente e no fim perguntou:

– O que posso fazer para ajudar?

– Você sabe que estou na mira do clero e não pretendo colocar minha família em risco. Foi Inês que sugeriu procurá-lo.

– O que pretende fazer? – questionou o amigo.

– Pensei em trazê-la para cá. Sinto que receberei uma visita nada cordial nos próximos dias. Eu gostaria que ela já estivesse longe quando isso acontecer.

– Eu mesmo resolvo isso e lhe farei uma visita. Gabriela lhe contou da visão?

Adolfo não tivera tempo para as filhas e lamentou seu descuido. Santiago contou tudo o que testemunhara.

– Cada dia fico mais preocupado com Gabriela – disse em tom preocupado. – Sinto-me impotente para resolver essas questões. Pedirei a Consuelo que fale com ela.

– Gabriela é uma jovem sensível e está fragilizada com a ausência da mãe.

– Você acha que ela pode estar perdendo o controle? – inquiriu Adolfo.

– Não vamos tirar conclusões precipitadas. Vou ficar atento a essa possibilidade. Isso é comum ocorrer após situações dolorosas e traumáticas. Não se preocupe!

– Eu gostaria, porém, os problemas não param de surgir.

– E quando eles não surgem, você os procura – brincou Santiago para desanuviar.

– Minha vida é um grande problema! Nessas horas sinto mais falta de Letícia, pois era ela quem resolvia grande parte deles – disse Adolfo, com a tristeza estampada no olhar.

– Já perdi muitos afetos nesta vida. O tempo se encarregará de tornar tudo mais fácil. Acredite em mim! – disse o jovem abraçando o amigo.

– Bem, espero você amanhã – despediu-se e saiu.

Conforme ele se distanciava, Santiago pensava em tudo o que estava acontecendo em sua vida. Em poucos meses, seu mundo se modificara substancialmente. Conheceu pessoas, fez amigos, descobriu coisas novas acerca de sua existência. Tudo parecia tão diferente, o controle de sua vida não estava mais em suas mãos. Naquele momento percebeu o quanto a vida é soberana e modifica seus caminhos. A cada novo dia, algo o surpreendia e perturbava seu mundo. Parecia que pisava em areia movediça todo o tempo, e isso o incomodava muito. E Nina estava mexendo com suas crenças antes tão firmes e sedimentadas. As ideias de vidas paralelas, outras possibilidades de encarnação, a sensibilidade exacerbada que a tornava diferente de todas as mulheres que conhecera, tudo isso tirava seu equilíbrio! Gabriela parecia ir pelo mesmo caminho. Suas visões sombrias e assustadoras poderiam ser reais? Nina também apresentava o mesmo comportamento e parecia tão segura de si! Sua cabeça não parava de pensar sobre essas questões, sem encontrar uma resposta objetiva. E agora Adolfo lhe trazia um novo problema! Ajudar a jovem significava ir contra o clero, coisa que jamais considerou fazer. Iria abrigar a jovem por alguns dias e teria de encontrar uma boa explicação, afinal era uma desconhecida para eles.

No caminho de volta, Adolfo pensava em sua filha caçula. Ela sempre foi uma criança frágil, que ele e Letícia tinham dúvidas de que chegasse à idade adulta. Ela resistiu bravamente aos anos difíceis. E agora, com essas visões perturbadoras, estaria perdendo a razão? Consuelo poderia cuidar dela, não apenas com seus chás e ervas, mas com o conhecimento de seu povo, sempre tão místico. Falaria com ela antes de retornar à cidade. Santiago tinha razão quando dissera que ele procurava os problemas. Já não bastava os seus? Mas não abandonaria seus amigos em tempo algum!

Ao chegar, foi ao encontro de Gabriela, que estava mais pálida que o habitual.

– Minha filha, conte-me o que está acontecendo! – e a jovem caiu em prantos.

– Não sei se Deus se preocupa comigo. Estou me sentindo tão confusa, meu pai.

– Deus ama a todos os seus filhos igualmente! Agora, conte-me sobre sua visão.

A jovem relutava em contar, porém tinha de confiar em alguém, e esse era seu pai.

Contou-lhe o que tinha acontecido naquela tarde e sobre as visões que desde a infância a perseguiam. Algumas eram amigáveis e não a amedrontavam, porém outras eram assustadoras. Contou que Nina sabia de algumas e a acalmara sobre a última, que tinha parecido tão real, a ponto de sentir o calor que o ser irradiava. Nina disse que a entidade não conseguiria tocá-la, porque pertencia a um mundo paralelo ao nosso.

O pai ouvia a filha, imaginando Nina e suas explicações tentando ajudar a irmã. Não sabia o que pensar! Até então, sua crença nunca estivera em pauta. Acreditava em Deus, e isso lhe bastava! Sabia que Nina tinha uma sensibilidade mais apurada e ideias esquisitas acerca dos mistérios da vida, por isso a mantinha distante da cidade.

Será que ela estava com a razão quando dizia sobre a existência de um mundo com aqueles que partiram para o mundo dos mortos? Seria possível? As pessoas sobrevivem à morte? Existe um espírito que continua a pensar, sentir como quando aqui estava vivendo com um corpo material? Se assim fosse, onde estariam todos os que lhe antecederam? Viviam de que forma e em que lugar? Teriam a mesma aparência, os mesmos gostos e afinidades? Apenas não teriam mais um corpo que os conduzia enquanto encarnados? Complicado e difícil de acreditar! Os ciganos partilhavam essas ideias, mantendo-as em segredo. Consuelo e Nina conversavam sobre isso e, certamente, compactuavam sobre a eternidade do espírito. As visões seriam relativas a um habitante do mundo espiritual? Teria sua filha a faculdade de ver esses irmãos atormentados? Ou ela estaria perdendo a razão?

Não sabia em que acreditar e a filha percebeu sua angústia.

– Sei que é difícil de acreditar, meu pai. Você pediu que eu fosse sincera. Não acho que seja fruto de minha imaginação. Nina também tem essas visões e nunca relatou para não deixá-los preocupados.

– Nina sempre tentou falar sobre esses assuntos e nunca parei para refletir sobre eles. Seja franca e me responda: o que acredita que esteja acontecendo com você?

Gabriela ficou em silêncio e quando respondeu havia um brilho estranho em seu olhar:

– Eu não estou perdendo a razão. Mas isso é perturbador e preciso de respostas.

– Vou pedir a Consuelo que venha aqui para ajudá-la. Nina será útil na conversa. Agora quero aquele sorriso que há tempos não vejo. Vou lembrá-la de algo que sua mãe constantemente dizia: nada como um sorriso para mandar a tristeza para um mundo bem distante. Esse era o ponto forte de sua mãe. Mesmo diante de um grande problema, seu sorriso era sua arma mais poderosa e o transformava num simples obstáculo. Vamos seguir seu exemplo!

A jovem abriu um lindo sorriso e beijou o pai, selando o pacto entre eles.

– Você é o melhor pai do mundo! Obrigada pelas lindas palavras! Mamãe ficará orgulhosa de mim, o senhor verá!

– Vocês eram o orgulho de sua mãe! Ela ficará feliz se você estiver feliz!

Enquanto a conversa se desenrolava entre pai e filha, Nina e Anita conversavam sobre os graves problemas que a Espanha enfrentava. As perseguições se avolumavam, e as pessoas se sentiam reféns. Nina compactuava com as mesmas ideias, não concordava com o que acontecia com aqueles que os desafiavam, que infelizmente ainda eram poucos.

Miguel e Lívia observavam a conversa. O jovem não tirava o olhar de Anita. Lívia não se sentia confortável com a presença da jovem em sua casa, como se o perigo a rondasse.

Adolfo entrou acompanhado de Gabriela, agora mais sorridente.

– Onde esteve à tarde toda, papai? – perguntou Nina.

– Resolvendo problemas.

Anita sabia que tipo de problemas ele havia ido resolver e preferiu ficar em silêncio. Adolfo olhou a jovem com simpatia.

– Anita, amanhã você irá para outro lugar. Seu pai deixou em minhas mãos resolver esse problema até conseguir levá-la para fora do país.

– Quem disse que irei embora? Vou ficar aqui e lutar enquanto tiver forças.

– Não pense assim. Sua vida é importante e precisa ser preservada. Seu pai se preocupa com você e está cuidando para levá-la para Portugal. Creio que a decisão já foi tomada!

– Meu pai não manda em minha vida e não decide meu futuro – disse Anita furiosa.

– Ele é seu pai e quer o seu bem. Ficar aqui não é atitude inteligente. Seja razoável e aceite os ajustes de seu pai. Os ânimos estão acirrados e a melhor opção é sair do país. Provisoriamente, você ficará nas terras de um leal amigo, Santiago. Ficará o tempo necessário até seu pai ajeitar tudo. Lá ficará em segurança, Anita.

– Eu confio no senhor. Só não aprecio que conduzam minha vida sem me consultar. Quando devo partir? – questionou a jovem.

– Ele virá buscá-la amanhã. Até lá, aproveite a hospitalidade. Seu pai só quer o seu bem, Anita. Permita que ele cuide de você!

O pai ficara viúvo ainda muito jovem e não se relacionara com outra mulher desde então. Sua vida foi cuidar da filha, fazendo todas as suas vontades. Anita cresceu voluntariosa com ideias próprias, porém o pai jamais interferiu, sempre condescendente com suas vontades.

Adolfo olhou para Nina e percebeu seu rosto preocupado. Ficou curioso para saber o motivo e a chamou para conversar na varanda.

– Está preocupada com alguma coisa além das que eu já tenha conhecimento?

– Foi ideia sua enviar Anita para a casa de Santiago? – disse encarando o pai.

– Na verdade, foi ideia de Inês para garantir nossa própria segurança. Santiago tem influência e jamais irão suspeitar que ele abriga uma fugitiva. Será conveniente que ela esteja distante, caso a procurem por aqui. Posso saber o motivo de sua pergunta?

– Apenas fiquei curiosa. Santiago não se opôs? – disse, tentando se explicar.

– É a opção adequada, afinal ninguém iria suspeitar dele, sendo neto de quem é!

– Você conheceu o avô dele?

– Não tive a oportunidade, mas sei que sempre foi respeitado pela Igreja e pela Coroa. – disse o pai um tanto reticente.

– Respeitado ou temido, meu pai? – inquiriu a filha.

– É um assunto contraditório e não pretendo me envolver

nessa questão. Posso apenas lhe dizer que Santiago pouco conhece sobre o avô. Ele pediu que buscasse informações sobre seu pai e fiz algumas perguntas. Não gostei do que ouvi e decidi permanecer distante da história. Espero que ele tenha sucesso em sua busca.

– Acho que descobriu algo sombrio e não quer se envolver. Eu vou continuar auxiliando Santiago a encontrar as respostas que procura e espero que não coloque obstáculos.

Adolfo viu o quanto sua filha era parecida com ele no que se referia a "buscar problemas".

– Nina, sei que estará ao lado de seu amigo, apenas peço que não se envolva demais. Existe um segredo guardado a sete chaves que dificilmente será revelado. Espero que ele sossegue com o que já descobriu e fique por isso mesmo.

– Duvido que ele irá aceitar migalhas. Ele vai até o fim para obter a informação que deseja. Tem todo o direito de encontrar a verdade, seja ela qual for – afirmou Nina.

– Mudando de assunto, eu gostaria que Consuelo conversasse com Gabriela e quero que esteja presente. Talvez ela tenha explicações para o que aconteceu ontem.

– Eu sei o que aconteceu. Sei também que conversou com o doutor, e ele já lhe falou sobre suas suspeitas. Só peço que confie em mim. Gabriela não está perdendo o juízo, pois então eu também estaria, o que não ocorre. Conversei com Consuelo sobre esse assunto e sei que ela será muito útil. Vou provar a Santiago que minha irmã não está louca!

– Ele é médico, minha filha, e pensa como tal. O que esperava dele? Que ele compactuasse com suas ideias pouco objetivas e desprovidas de bom senso?

– Você, um dia, se renderá a essas mesmas crenças que julga absurdas. Espere e verá!

Nina virou as costas e saiu, deixando o pai com o olhar confuso e distante.

No dia seguinte, conforme combinara, Santiago fez uma visita à família, acompanhado de Diego, radiante com a possibilidade de rever a jovem Lívia.

Adolfo tinha a intenção de conversar a sós com o amigo, alertando-o sobre os perigos. Santiago confirmou o auxílio.

– Pensei muito e reafirmo minha solidariedade a você e à causa. Jamais me indispus contra o regime adotado e acho até que fui omisso esse tempo todo. Falei com Lupe esta manhã e decidi contar a verdade. Ela sempre me apoiou em minhas decisões. Será por pouco tempo. Alfredo já foi avisado sobre a presença da jovem. Conto com a discrição de todos. Você não tem com que se preocupar.

– Agradeço sua disponibilidade. Por favor, converse com Anita e peça-lhe que aceite sua hospitalidade e não saia de lá por nada. – disse Adolfo.

– Lupe a manterá ocupada nesse período. Ela sabe como fazer isso! – disse Santiago.

Assim que retornaram, Nina os aguardava com o olhar desafiador:

– Espero que não esteja colocando ideias insensatas na cabeça de meu pai acerca de Gabriela. Sei o que você pensa e posso lhe garantir que está equivocado. Minha irmã está no domínio de suas faculdades mentais, e o que lhe aconteceu nada tem que ver com isso. Assim como meu pai, você apenas crê no que seus olhos podem ver. No entanto, existem muito mais coisas que sua razão desconhece e que apenas seus sentidos irão detectar. Abra seu mundo para essa possibilidade e irá se surpreender!

Santiago sentiu que precisava desfazer o equívoco.

– Nina, em momento algum afirmei que sua irmã esteja perdendo a razão. Apenas aventei a possibilidade de que ela esteja tendo alucinações causadas pela forte tensão pela qual está passando. Amigos novamente? – disse isso, estendendo a mão à jovem.

Em seguida, Santiago e Diego saíram levando Anita para seu novo abrigo.

Lupe, no início, não aprovara a atitude de Santiago, porém ele a convenceu de que seria por pouco tempo. Assim que chegaram, discretamente a jovem foi conduzida à casa-grande. Santiago fez as apresentações, e Lupe mostrou o quarto da jovem.

Quando a mulher retornou, Santiago disse:

– Minha querida Lupe, trate-a bem. Se ela quiser sair, peço que a acompanhe.

– Ela me pareceu voluntariosa. Não sei se darei conta! – respondeu Lupe preocupada.

Na manhã seguinte, antes de ir à cidade, Adolfo passou pelo acampamento à procura de Consuelo. Sentia-se confortável ao lado dela, que sempre tinha uma palavra amiga, um sorriso, coisas essenciais no momento pelo qual passava. Aquelas visitas já estavam se tornando um hábito prazeroso.

Porém, nada escapava ao olhar enraivecido de Lola, cuja inveja de Consuelo parecia consumi-la nos últimos dias. A vontade de Lola era de que Consuelo morresse lentamente com o maior sofrimento possível. Nem que precisasse usar de recursos escusos e indignos, ela acabaria com Consuelo! Sua presença a incomodava sobremaneira e sentia seu coração pulsar de ódio todas as vezes em que era preterida por Inês. Lola queria que Consuelo não existisse, mas ela estava lá, a perturbá-la com aquele jeito tolo de ser, generosa, tolerante, compreensiva! Como a odiava! Se ela pensava que iria conquistar Adolfo, estava completamente enganada.

Aproximou-se sorrateiramente dos dois, que conversavam sobre Gabriela, tentando obter o máximo de informações possível para encontrar um meio de acabar com a rival. Seu reinado teria fim em breve.

Os olhos de Lola faiscaram quando ela ouviu Adolfo falar sobre a estada da jovem fugitiva em suas terras. Pensava ficar e ouvir um pouco mais, mas foi surpreendida por Ramon:

– Não tem mais nada para fazer que escutar conversa alheia?

Lola sorriu e se afastou sem nada responder, lançando aquele olhar que tanto o perturbava. Ela sabia como provocá-lo! Ramon olhou com pesar para Lola, pensando no que ela se transformara após as insistentes oportunidades que a vida lhe oferecera para se tornar uma criatura digna! Ela queria da vida muito mais do que podia oferecer, daí a revolta contra tudo e todos! Por muito pouco, ele mesmo quase tomou o mesmo caminho, alimentado pela paixão com que ela o envolvia. Sua mãe foi a peça chave de sua transformação. Ela apenas o fez recordar de todos seus familiares que a morte levou precocemente, motivada pela arrogância e orgulho desmedidos de um só homem! Porém, partiram desta vida sem jamais se esquecer de quem eram! O caráter e dignidade de seu pai jamais foram esquecidos, mesmo nos momentos derradeiros! De que vale a existência se não semearmos as melhores sementes e os melhores exemplos? Seu pai assim lhe legara! Ramon prometera à mãe jamais se esquecer novamente desses preceitos. Lola não o arrebataria novamente em seus desvarios!

Olhou Consuelo conversando com Adolfo e pensou se ela conseguiria ser feliz ao lado dele. Lola permitiria? Sua mãe aprovaria? A família de Adolfo aceitaria? Eram perguntas ainda sem respostas. Sabia apenas que sua irmã nutria um amor sincero e verdadeiro por Adolfo havia muitos anos. Morreria com seu segredo, se fosse necessário, porém nunca abalaria a paz e a segurança de uma família, movida pelo próprio interesse. Respeitava Letícia e Adolfo e nada faria para colocar em risco a amizade sincera que nutria pelo casal. Admirava a irmã por tamanha nobreza e pensava se conseguiria ser como ela se estivesse na mesma situação.

Olhando Lola se afastar, não pôde deixar de pensar sobre os motivos de ela estar à espreita. Temia que pudesse estar tramando algo contra sua irmã, coisa que fazia constantemente. Lola era brasa incandescente, e seu maior desejo era ver Consuelo consumida pelo fogo de sua inveja e despeito. Falaria com Consuelo mais tarde!

Capítulo 12

O mal à espreita

Adolfo contou à amiga as suposições de Santiago a respeito de Gabriela e pediu que conversasse com a filha.

– Acho que Santiago está equivocado na avaliação sobre sua filha. Ele observou apenas um ângulo do problema. Cuidarei dela, fique tranquilo e vá sem culpa! – brincou Consuelo, tirando um leve sorriso do amigo.

– Sei que posso contar com você! – disse, pegando as mãos de Consuelo.

– Tudo ficará bem! – e despediu-se com o coração acelerado.

Lola observava à distância o casal, e um sorriso maquiavélico estampou-se em seu rosto.

– Esses dias de felicidade estão para terminar!

Lola planejou uma visita a um velho conhecido: Jorge Escobar, o capitão da guarda real. Conhecido pelo caráter duvidoso, era ganancioso e não media esforços para ficar em situação confortável com seus superiores. Quando soube da presença da cigana, rapidamente a atendeu:

– Como vai essa linda e inesquecível mulher?

– Muito bem! O mesmo não posso dizer de você! – disse Lola em tom displicente.

– Por que diz isso? Vê algum problema em meu caminho? – perguntou aflito o homem.

– Vejo problemas em seu caminho e está em minhas mãos resolver um deles. Cuide de proteger seu corpo, muitos tentam prejudicá-lo para que se enfraqueça e perca seu poder entre os homens – Lola sabia como falar-lhe!

– Primeiro fale sobre esse problema que me ajudará a resolver.

A cigana ficou parada com o olhar desafiador, sem proferir palavra alguma.

– Não estou gostando desse olhar. Pagarei o que quiser, conte-me tudo.

– Hoje não quero nada de você, pois se fizer o que eu pedir já estará bem pago.

– Se não quer dinheiro, como posso ajudar? – inquiriu o homem.

– Quero que prenda alguém. Será um favor que me fará e ainda vai me agradecer pelo presente que vou lhe entregar.

– Pare com esses jogos e vá direto ao ponto.

– Vamos falar primeiro sobre o problema que vou ajudar a resolver. Ainda procura Anita, a fugitiva? Pois sei onde ela está.

Ao ouvir o nome Anita, o homem empertigou-se na cadeira. A jovem havia escapado por entre seus dedos. Buscou-a por todos os cantos da cidade, mas ela havia desaparecido.

Enquanto o homem avaliava a situação, Lola pensou em Adolfo, a quem poderia prejudicar quando seu nome fosse citado. Rapidamente teve a ideia de como protegê-lo.

– Conto onde ela está, porém terá de me garantir que não haverá ofensiva contra esse homem, pois ele foi obrigado a esconder a jovem por essa pessoa que quero que seja trancafiada. Se possível, jogue as chaves fora, espero que ela apodreça na prisão. Se me prometer que nada fará contra ele, eu conto tudo.

– Se ele a esconde é tão culpado quanto! Não sei se posso fazer o que me pede.

– Então, nada feito! – disse Lola prestes a se retirar da sala.

Jorge Escobar a pegou pelo braço, enquanto se dirigia para a saída e disse:

— Não brinque comigo, Lola. Posso prendê-la agora mesmo alegando um punhado de delitos. Quero muito prender essa jovem rebelde. Quem a escondeu sabia que ela era uma fugitiva. Como ficarei com meus superiores?

— Diga que ele foi obrigado a tal atitude e pronto! Sua palavra não tem mais tanto peso nas decisões? Pensei que você decidisse quanto às prisões.

— Não brinque comigo. Não tolero seus desaforos, minha paciência tem limites – disse o homem rubro de raiva.

— Você tem mais a perder do que eu, Escobar. Sei que pode fazer o que lhe peço!

— Você é perigosa, prefiro tê-la como amiga, jamais como inimiga. Esse homem é importante para você querer ajudá-lo. Estou curioso para saber quem é.

— Você talvez não se surpreenda. Fazemos negócio ou não? – perguntou Lola.

— Onde a jovem está? Quem é o homem? Quem quer que eu prenda?

— Uma pergunta de cada vez. Essa jovem está nas terras de Adolfo Garcia. E quero que prenda Consuelo, filha de Inês.

Escobar estava confuso com o que ouvira. Anita estava escondida na casa de Adolfo, o motivo de interesse de Lola. Mas o que teria Consuelo a ver com isso?

— A única peça que não se encaixa é Consuelo. Qual o motivo para que queira acabar com ela?

— Apenas por que ela respira! E me incomoda demais! – respondeu secamente Lola.

— Preciso ter motivos sólidos para prendê-la. Por que ela obrigaria Adolfo a esconder essa jovem em suas terras?

— Pense em algo e faça isso logo antes que eu me arrependa – disse inquieta.

Escobar pegou o braço de Lola e a conduziu à saída:

— Acho que seu tempo expirou. Agradeço a informação e verei o que posso fazer.

— Espero que tome a melhor decisão, meu caro. Eu já estava de saída.

Ficou pensativo por instantes, em seguida chamou seus homens e pediu uma diligência nas terras de Adolfo. Sabia que era figura influente entre os poderosos de Córdoba. Tinha de ser cuidadoso! Ele mesmo trataria disso.

Ao chegar, Consuelo foi recepcionada de forma calorosa pelas irmãs. Nina pediu para lhe falar a sós.

– Esse olhar não me engana. O que aconteceu? – questionou Consuelo.

– Estou com alguns pressentimentos como se o mal rondasse esta casa. Esta noite vi você em meus sonhos muito angustiada. Estava sendo acusada injustamente de algo. Tentei falar com as pessoas que a acusavam, porém ninguém escutava. Fiquei em pânico ao ver seu desespero quando aquela mulher que às vezes me visita me pediu para lhe dizer: "o tempo de sofrimento é breve quando aceitamos a dor como instrumento de aprendizagem". Disse também: "nada escapa aos olhos atentos do Pai Celestial, que jamais abandona o filho que põe em prática as lições que aprendeu. Não deixe que a calúnia envenene sua alma, pois sua consciência é soberana e responde por seus atos. O que dizem são palavras sem convicção e verdade. Jamais se esqueça de quem realmente é e de sua tarefa a realizar".

Consuelo estava com as mãos geladas e seu coração batia descompassado. Alguém estava lhe enviando uma mensagem de alerta. Pensou em Adolfo e ficou tensa só de imaginar que alguém pudesse conhecer seu segredo. De repente, em sua tela mental, apareceu a figura de Lola e percebeu que esse era o recado que estavam lhe enviando. Lola estava aprontando das suas, mais uma vez.

Antes que pudesse dizer alguma coisa, Nina questionou a amiga:

– Vi a imagem de Lola, o que isso pode significar?

– Foi a mesma imagem que me veio à mente. Ela é traiçoeira e perigosa, porém como pode nos prejudicar? – disse Consuelo já aflita.

– Se alguém desconfiar que meu pai está ajudando Anita, isso pode ser perigoso para nós. Mas onde você entra nesta história?

– Não sei o motivo de Lola nutrir tanto ódio por mim. Eu nada fiz que justifique tamanha animosidade. Mas e em outra existência? Você entende por que essa crença explica tantos ódios gratuitos que a vida atual não consegue? Só assim posso compreender as relações difíceis existentes entre as pessoas, cujas existências se cruzam novamente para que o mal seja revisto e novas atitudes possam ser consideradas. Para isso, as dívidas precisam ser acertadas, o perdão precisa ser exercido de maneira sincera e assim as correntes de ódio se transformarão em elos de amor.

– Interessante sua consideração, e contra ela não tenho argumentos. Acho que o caminho é realmente este: compreender, perdoar, amar – disse Nina pensativa.

– Não sei exatamente como funciona, pode ser que um dia entenderemos esse processo, e ficará mais fácil perdoar. Ficarei atenta à Lola e suas armações. Onde está Gabriela?

Encontraram a jovem sentada num banco com o olhar perdido no vazio. Suas feições estavam serenas. Consuelo pegou suas mãos e chamou seu nome.

– Desculpe-me, eu estava tão distante! Bom ver você, minha amiga.

– Onde estava? – questionou Consuelo.

– Nem sempre minhas visões são assustadoras. As de hoje foram alentadoras. Uma senhora apareceu à minha frente e me pediu que a acompanhasse. De repente me vi fora do corpo. Enquanto caminhávamos, ela conversou sobre minha vida e como poderia melhor conduzi-la. Perguntei o que fazer para ser feliz e ela respondeu: "confie em seu potencial, acredite que nada acontece que não esteja previsto e determinado por Deus, saiba que cada ação realizada no bem reverterá em forma de alegrias e de paz, entenda que tudo é transitório, menos sua vontade de ser feliz, que deve ser permanente e intensa, e que todas as lições oferecidas nos conduzem ao aprendizado". E finalizou com um enigma: "nossos atos pretéritos refletem em nossa vida presente como estímulo a não cometer os mesmos delitos e imprudências de outrora, seja corajosa e forte como sempre foi, encarando cada desafio integralmente, sem temor". E se despediu prometendo retornar quando possível – disse Gabriela com a voz pausada e serena.

– Fico feliz pela sua transformação. Seu pai estava preocupado, dizendo que estava apática e fragilizada, porém não foi o que encontrei – falou Consuelo, ainda sentindo energias sutis inundando o ambiente.

– O que ela quis dizer sobre atos pretéritos? Você entendeu? – perguntou Nina.

– Por isso falei que era um enigma, e vocês irão me ajudar a decifrar.

A conversa ia continuar quando foram surpreendidas pelo barulho de muitos cavalos. Miguel e Lívia estavam na porta principal. Um dos homens que parecia ser o líder do grupo apeou e se aproximou do rapaz:

– Boa tarde! Deve ser o filho de Adolfo Garcia. Fomos avisados de que escondem uma fugitiva. Espero que não se importem que vasculhemos o lugar – disse o homem.

– Não escondemos ninguém aqui. Meu pai não aprovaria essa entrada intempestiva e descabida. Somos pessoas de bem, pagamos nossos impostos e vivemos com dignidade. Minha mãe morreu há poucos dias e estamos vivendo o luto. Eu gostaria que respeitasse nosso momento – disse Nina, encarando o homem com valentia.

– Minhas condolências à família, porém sigo ordens superiores. Se nada tem a esconder, não tem por que se opor, não é mesmo? – questionou o homem.

Nina se afastou, sentindo certa repulsa pelo homem. Ele aparentava quarenta anos, mas parecia castigado pela vida. Com o peso acima do normal, suava em bicas por causa do calor naquela hora da tarde. Parecia uma criatura rústica, de modos pouco elegantes. Sem entender o motivo, sentiu piedade dele. Seus olhares se cruzaram por instantes e Nina viu a dor estampada no olhar, mascarada pela ironia, altivez e a prepotência que o pretenso poder lhe conferia.

– Se o senhor insistir, terá de arcar com as consequências de seus atos perante seus superiores. Creio que seu informante não deva ser uma pessoa confiável. Sinto frustrar suas expectativas, nada irá encontrar aqui – afirmou a jovem, sob o olhar de súplica que o irmão lhe enviava, com o intuito de fazê-la parar de falar.

– A jovem é petulante e sabe que está falando com uma autoridade. Deveria se conter, caso contrário posso prendê-la.

Nina ia dar um passo à frente, porém foi contida pelo irmão, que segurou seu braço.

– Nada temos a esconder. O senhor pode averiguar tudo o que minha irmã acaba de dizer. Não há ninguém, a não ser nós e nossa convidada.

Consuelo se aproximou e encarou o homem, figura já conhecida dela e de sua família.

– Ora, quem se encontra por aqui! – disse Escobar. – Ia procurá-la no acampamento mais tarde. Existe uma denúncia contra você, veremos isso depois da revista.

Escobar achou mais conveniente apurar os fatos antes de cometer alguma imprudência.

Os homens entraram na casa, vasculhando cada canto, enquanto Escobar permaneceu com a família, já antevendo a satisfação de seus superiores quando levasse presa a fugitiva rebelde.

Os homens olharam tudo e nada encontraram. O rosto de Escobar transparecia raiva e indignação. Havia sido enganado por Lola? Pediu que olhassem os estábulos e cada possibilidade de abrigo. Já em via de desistir, um homem falou aos ouvidos de Escobar, que, sorrindo, perguntou:

– E aquela pequena construção? Seria o lugar perfeito para esconder a jovem. Você – chamou um dos homens –, vá até lá e verifique.

Nina empalideceu, estava temerosa que eles pudessem causar algum tipo de dano:

– É apenas uma estufa. Tenho muitas plantas lá, algumas raras e preciosas.

– Se são apenas mato, por que tanto interesse? Algo escuso no local? – questionou o capitão já tomado pela dúvida, indo em direção à pequena construção.

Ele entrou pesadamente na estufa, andou de forma tão displicente, que esbarrou em alguns vasos, derrubando-os.

– Que descuidado! Quebrei essas plantinhas! Acho que dá para consertar. Bem, a pessoa que procuro não se encontra aqui – e saiu rindo.

Nina estava furiosa com aquele homem, porém preferiu salvar suas sementes.

Escobar não conseguiu encontrar Anita, e a culpada era Lola. Ela pagaria caro por aquele deslize! E agora, o que fazer com a cigana? Como poderia prendê-la sem uma razão plausível? Ele temia os ciganos pelo poder oculto que possuíam. Não queria se meter com eles, porém o que a Consuelo fazia lá? Aproximou-se dela e disse:

– O que faz aqui?

– Eles são meus amigos. Faço-lhes uma visita – respondeu.

– A informação que tive era de que a senhora estava ajudando uma fugitiva. Onde ela está? – inquiriu o homem.

– Não sei! Quem foi que lhe falou a meu respeito? – já sabendo a resposta.

– Não importa quem tenha dito. Não costumo denunciar minhas fontes. Sua presença aqui, no entanto, é suspeita. Você vem comigo para conversarmos melhor.

Os irmãos estremeceram, afinal não era uma boa ideia acompanhá-lo. Se ela seguisse com Escobar, suas chances de ver a luz do dia novamente seriam remotas. Ele interrogava com tal firmeza e rigor, que os presos acabavam por falar tudo o que ele solicitava para terminar com o sofrimento.

Nina se aproximou do homem e pediu que ele não a levasse.

– Ela me acompanhará e você, se não quiser seguir junto, fique calada – disse, pedindo a um de seus homens que levasse Consuelo.

Até que Gabriela surgiu por detrás do irmão e, encarando fixamente o homem, disse:

– O senhor não precisa agir dessa forma. Apelo para seu bom senso. Sabe que Consuelo não fez nada, pois se assim fosse, ela não estaria aqui entre nós. Não sabemos quem é essa fugitiva, nem tampouco por que alguém pretendia colocar a lei contra nós. Sei que o senhor tem bom coração e é para este que eu apelo. Deixe nossa amiga em paz. Procure quem fez a denúncia e peça-lhe as explicações necessárias. Se alguém teve a intenção de fazê-lo de tolo, essa pessoa não se encontra entre nós.

O homem empalideceu ao ouvir a jovem falar com tanta serenidade, com aquela voz doce e suave. Fixou seu olhar na jovem e sentiu tanta paz, coisa que seu mundo real não lhe permitia usufruir. A jovem olhava com doçura para ele, sem medo, sem desprezo, que seu coração parecia que ia explodir. Jamais sentira isso! Ela parecia um anjo! Não conseguiu desviar o olhar sobre Gabriela e assim permaneceu por instantes.

Um de seus homens se aproximou dizendo:
– Capitão, qual a sua ordem?
– Desculpe-me, minha jovem, estou apenas cumprindo meu dever. Ela irá conosco.
– Terá de me levar junto, pois tenho tanta responsabilidade quanto ela, ou seja, nenhuma. Se insiste em sua ordem, prenda-me também – disse com firmeza.

O capitão ficou aturdido, sem conseguir desviar o olhar daquele anjo à sua frente. Foi até Gabriela e disse, de forma suave, pela primeira vez:
– Lá não é lugar para você. Além do mais, que motivos eu teria para prendê-la?
– Os mesmos motivos que tem para prender minha amiga, inocente em toda essa história – respondeu a jovem calmamente.

Escobar estava confuso, sem saber o que fazer. Ele havia dito a seus superiores que tinha uma pista sobre a fugitiva. Retornar de mãos vazias não seria adequado. Porém, levar Consuelo e aquela jovem com ele poderia ser abuso de autoridade, contribuindo para que seus superiores desacreditassem nele. De repente, teve uma ideia:
– Mediante seus argumentos, farei diferente. Desde que ambas nada têm a esconder, convido-as a comparecer amanhã para prestar esclarecimentos. Tudo para mostrar que não sou au-

toritário e inflexível. Posso confiar em vocês? – questionou o capitão, imaginando ver novamente a jovem que tanto perturbou suas ideias.

– Sabia que era um homem digno e justo. Pode confiar em nós. Amanhã estaremos lá bem cedo. Não sei como agradecer seu gesto de confiança. Não irá se arrepender!

O homem retribuiu o sorriso, tornando seu rosto menos repugnante e asqueroso.

– Espero vocês amanhã! – finalizou Escobar. Antes de sair olhou Nina bem fixamente. – Espero não vê-la amanhã, caso contrário não responderei por mim.

Os homens soltaram Consuelo, que agradeceu com um sorriso dizendo:

– Peço que o senhor tenha cuidado com quem lhe passou essas informações falsas, pois essa pessoa está tentando enganá-lo. Agradeço a confiança e me espere pela manhã.

Escobar não gostou do que ouviu, como se ela soubesse quem era o informante.

Gabriela seguiu com o olhar até que todos se afastassem por completo. Nina foi até ela e segurou seu braço, dizendo:

– Minha irmã, onde estava com a cabeça ao enfrentá-lo?

– Não deixaria que levassem Consuelo. Fiz o que minha consciência orientou – respondeu.

– E agora, o que faremos? – questionou Miguel apreensivo com a perspectiva de ver Anita perseguida e presa.

– Antes de falar com papai, vamos ver o que Santiago pode fazer – disse Nina, sem que ninguém entendesse a referência ao amigo.

Passados alguns minutos, Santiago apareceu. Nina deu um sorriso maroto e foi ao encontro do jovem médico.

Tinham muito a conversar. Consuelo tinha muito a refletir.

Gabriela sentia-se diferente... O que causara isso?

Capítulo 13

A verdade revelada

Nina se aproximou do médico e contou tudo o que tinha acontecido.

O semblante de Santiago se tornou sério. Tudo parecia se complicar...

– Agora terão de comparecer conforme combinaram. Eu gostaria de acompanhá-las, mas não quero chamar atenção sobre mim. Já tem ideia de quem seja o delator?

– Só pode ter sido Lola, porém não tenho provas – disse Consuelo.

Lola era o assunto pendente de Santiago. Deixa-a de lado, visto os inúmeros acontecimentos nos últimos dias. Olhou Nina, que lhe devolveu o mesmo olhar inquieto. Precisaria resolver essa questão, pois a dúvida o atormentava sobremaneira. Iria ter com Inês e acabaria com o impasse. Olhou Consuelo e disse:

– Acompanharei você até o acampamento, preciso falar com sua mãe. Nina, vem comigo?

Olhou para Miguel, e ele assentiu, permitindo que a irmã o acompanhasse.

– Se é sobre o que aconteceu aqui, fique tranquilo que minha mãe saberá o que fazer – disse Consuelo, preocupada com as intenções do jovem.

– Tenho outros assuntos a tratar com ela – disse firmemente Santiago.

Ao chegarem ao acampamento, Lola olhou surpresa para Consuelo.

– Não esperava minha volta? Já lhe disse para cuidar da sua vida, Lola, porém você insiste em se dar mal!

– Não sei do que está falando – em seguida, virou as costas e foi embora.

Nina pegou o braço da amiga e a acalmou:

– Não fique assim. Todos encontram em seu próprio caminho as pedras que atirou em outras pessoas. A justiça de Deus é soberana. Lola terá de arcar com seus erros algum dia. Não deixe que a envenene! Você não é igual a ela, e isso faz toda a diferença!

Consuelo abraçou a jovem amiga, dizendo:

– Você tem razão. Não posso me igualar a ela. Venham! – e saiu ao encontro da mãe.

Inês estava apreensiva desde a manhã e logo entendeu os motivos.

– Terei de tomar uma atitude que relutei durante muito tempo. Lola não tem se comportado de maneira leal com os seus. O que ela lhe faz, é a mim que deseja atingir – disse Inês com o olhar firme.

– Não tenho como provar que foi ela, mamãe. Amanhã vou tentar obter mais informações com o capitão Escobar. Ele também não gostou de ser enganado por ela. Precisamos nos certificar antes de tomar qualquer atitude – disse a cigana com firmeza no olhar.

– Você está sendo sensata, minha filha. Vamos aguardar! Até lá, esteja vigilante – disse Inês, curiosa com a presença de Santiago.

O jovem percebeu o olhar penetrante de Inês e seu coração ficou acelerado. Sentiu-se intimidado, porém precisava saber a verdade.

– Lola me encontrou outro dia na cidade e me fez algumas revelações. Não sei se posso confiar nela, por isso estou aqui, para uma conversa. Nina ficará comigo, confidenciei a ela tudo o que ouvi. Consuelo, fique também – e contou à mulher tudo o que ouviu de Lola.

Inês foi ficando pálida. Após alguns minutos, ele interrompeu sua fala e, olhando fixamente para Inês, perguntou:

– Tudo isso tem algum fundamento ou é fruto da imaginação pervertida de Lola?

Todos permaneceram em silêncio. Consuelo baixou os olhos, e Inês, com o olhar perdido no infinito, pediu ajuda aos amigos espirituais. Fechou os olhos e viu à sua frente à figura de Pablo, seu filho, que lhe sorria como um incentivo ao relato da verdade há tanto tempo negada. Ele falou algo ao seu ouvido, e lágrimas escorreram pelo rosto de Inês. Sabia que tudo o que fora um dia oculto necessitaria ser colocado às claras. Aquele era o momento! Pablo disse-lhe mais algumas palavras e foi embora, desta vez com o coração em paz. A senhora respirou fundo e abriu os olhos, vendo Santiago à sua frente. Não ocultaria mais nada a ele, assim prometera a Pablo. Diria a verdade, sem julgamentos ou acusações, apenas o relato sincero de tudo o que ocorreu.

– Esta é apenas parte da história. Apenas a que Lola teve acesso. A outra parte é um pouco mais cruel e vou lhe contar – proferiu Inês com a tristeza estampada no olhar.

Nina se aproximou de Santiago, pegou as mãos dele e colocou-as entre as suas. Inês começou a relatar a comovente história.

– Tudo começou com a paixão de dois jovens enamorados, Manuela, sua mãe, e Pablo, meu filho. Um amor proibido e tão letal que causou a morte de meus dois filhos e de meu marido. Apesar de proibido, esse amor decidiu ser levado adiante. Sua mãe era muito bonita e rica; meu Pablo, um humilde cigano. Os dois se encontravam às escondidas por temerem que seu avô descobrisse o romance. Sua mãe havia sido prometida a um senhor mais velho e poderoso, mas ela se opôs ao enlace. Disse ao pai que fugiria se fosse necessário. Pablo foi alertado seguidamente por mim e meu marido que isso não era conveniente, mas eles estavam apaixonados e nada temiam. Quando seu avô decidiu levá-la para conhecer seu futuro marido, Manuela ficou desesperada e veio até o acampamento à procura de Pablo. Os dois decidiram fugir, por mais que alertássemos sobre o problema que iria advir dessa atitude. Nada os convenceu e os dois fugiram. Porém, não foram longe. Seu avô descobriu e mandou homens à sua procura. Após três dias da fuga, foram encontrados a poucas milhas daqui. Por mais que implorasse, Manuela foi levada de volta e Pablo, infelizmente, não voltou vivo.

Inês respirou fundo, sem impedir que lágrimas escorressem pela lembrança dolorosa.

– As marcas no seu corpo aparentavam ter sido vítima de ladrões. Estava muito machucado. Quando prestamos queixa, disseram-nos que tudo seria investigado. Porém nada foi feito! Meu outro filho descobriu uma adaga perto do corpo de Pablo e reconheceu como sendo de seu avô. O brasão identificava sua família. Ele foi mostrar a seu avô, e também não mais voltou. Foi preso injustamente e morreu na prisão. Meu marido foi em busca de respostas e não retornou vivo. Perdi três pessoas muito amadas, que fazem uma falta imensa em minha vida! Tudo motivado pelo amor impossível de dois jovens! Manuela, ao saber da morte de Pablo, se desesperou. Porém, por ironia do destino, ao mesmo tempo em que soube da morte do amado, descobriu que estava grávida. Seu avô decidiu, então, ir embora para um lugar distante daqui, onde ninguém conhecesse sua família, assim poderia dizer a todos que o marido de sua mãe morrera antes de ela dar à luz. Ficamos sabendo por Lupe, sua querida ama. Antes de partirem, ela esteve aqui e contou que Manuela queria que eu ficasse com a criança. No entanto, nada disso aconteceu, pois eles foram embora e jamais tivemos notícias da criança. Seu avô, num gesto de pretensa caridade, ao saber dos infortúnios que passamos, doou estas terras ao nosso grupo antes de partir. Alfredo esteve aqui, anos depois, dizendo que Manuela morrera e que seu filho estava sendo criado pelo avô. Só então soubemos que a criança que nasceu era um menino. Jamais tivemos notícias suas até que esteve aqui naquele dia. Você se parece tanto com Pablo!

Esta é a história proibida que todos lhe ocultaram. As mortes jamais foram esclarecidas e recebemos orientação das autoridades para que deixássemos como estava. Uma ameaça velada que eu precisava acatar, afinal eu tinha duas crianças para cuidar e que dependiam apenas de mim. Após alguns anos, tomamos conhecimento de informações sobre o assassinato de meu filho, porém de que adiantaria? Nada traria de volta meus amores queridos. Essa é sua história, Santiago!

O jovem não sabia o que pensar. Então tudo era verdade e Lola não o enganara! Inês havia confirmado! Seu pai morrera não da forma como lhe contaram. Ele havia sido morto, e certamente seu avô tinha um dedo naquela história. Fora enganado por toda a vida por aqueles em quem mais confiou! Seu coração batia descompassadamente e o ar parecia lhe faltar!

– Santiago, acalme-se! – disse Nina. – Agora conhece sua história, não era o que mais desejava? Sei que é doloroso saber tudo isso, mas necessário. Não adianta buscar culpados ou responsáveis. Inês tem razão: nada vai modificar o que já foi. Tente encontrar a paz em seu coração! Todos sofreram demais com tudo o que aconteceu. O que vai fazer com essas informações definirá seu futuro! E lembre-se de que você não sofreu apenas perdas esses anos todos! Sua vida foi feliz, você foi amado e se tornou o homem que é hoje. Espero que consiga antever o que ainda pode ganhar! Perceba o que está à sua frente e não o que ficou para trás!

Enquanto falava com o amigo, Nina sentia-se envolvida numa luz vibrante, que tecia o fio das palavras que proferia. Foi um momento de muita emoção! Percebeu que sua amiga espiritual se encontrava ao seu lado e sentiu profundo bem-estar. Inês também percebeu a presença de entidades amigas. Queria tanto abraçar seu neto! Esperaria o tempo que fosse necessário para que isso acontecesse! Consuelo estava com os olhos cheios de lágrimas! Estavam todos emocionados diante das recordações relatadas.

Santiago foi o primeiro a sair do torpor que o invadira. Segurou a mão da amiga, olhou Inês e Consuelo e, com um sorriso triste, disse:

– Sinto muito por tudo que o passaram. Sei que não adianta encontrar os responsáveis, pois certamente não estão mais entre nós. Toda a minha vida foi uma farsa e já não sei quem eu realmente sou! Ajudem-me! – disse isso com a voz trôpega, sentindo que precisava chorar. E assim fez, aliviando a pressão que sentia.

Inês estendeu seus braços amorosos ao neto e o abraçou, chorando copiosamente, deixando que as lágrimas lavassem sua alma de sentimentos torturantes. Consuelo se aproximou e os enlaçou.

Nina observava a cena com um leve sorriso, sentindo que a vida, mais uma vez, lhe mostrava que o melhor caminho é sempre de se deixar levar pelo coração. Os três permaneceram abraçados por momentos que lhes pareceram a eternidade. Resgataram sentimentos até então sepultados.

– Você é meu neto muito amado. Desejei tanto este momento, que tenho medo de soltá-lo e perceber que tudo foi um sonho!

– Eu sou real! Você é real! Isso é o que importa! Sei que jamais estarei sozinho novamente nesta vida, pois tenho vocês, minha família.

Inês, no entanto, sentiu que não seria conveniente que alardeassem que ele tinha descendência cigana. Temia pela segurança do jovem. Eram tempos difíceis, e a discrição seria o melhor caminho. Olhou para Nina e disse:

– Espero contar com sua discrição. Será melhor manter tudo como estava.

– Por que a discrição? Não me importa o que os outros pensem a meu respeito.

– Eu me importo com sua segurança. Deixe tudo como está. Não quero perder ninguém mais nesta vida. Manteremos como nosso segredo, está bem?

– Não entendo seu receio em expor nossa condição. Sou um homem rico e não devo nada a ninguém, portanto faço o que quiser de minha vida – disse o jovem.

– Toda a sua influência pode ser esquecida quando descobrirem que você é um mestiço. Deixe tudo como está! Que isso fique entre nós!

– Você acha que Lola não vai espalhar esta história, minha mãe? Foi ela quem contou a Santiago, poderá contar a outros – disse Consuelo com a preocupação no olhar.

– Quem acredita em Lola? Sua fama corre solta, assim como sua língua! Todos ficam reticentes e cautelosos com relação às suas informações. Ela não será problema. Preciso saber se você, Santiago, manterá segredo.

Naquele momento pensou em Lupe e em tudo o que ela lhe ocultara. Uma tristeza infinita o envolveu, o que não passou despercebido a Inês.

– Sei com quem estão seus pensamentos. Ela não teve culpa alguma nesses eventos, apenas administrou os conflitos conforme pôde. Ela gostava muito de sua mãe, sempre fiel e protetora, e cuidou de você quando ficou órfão.

– Por tudo isso, ela deveria ter me contado. Confiei nela, e me decepcionou – disse Santiago em tom pesaroso.

– Fale com ela e peça-lhe as explicações. Você, hoje, teve acesso a informações desse lado da história. Porém, existem dois lados a considerar. Ouça o outro lado – disse Inês com a emoção estampada no olhar.

Santiago tinha muito que analisar após tudo o que ouvira, porém agora queria apenas alguns momentos de paz.

Consuelo saiu para chamar o irmão. Inês disse ao filho que Santiago já conhecia toda a história. Os dois homens se abraçaram. Santiago e Nina permaneceram no acampamento por toda a tarde, até que a jovem disse que precisava partir.

– Eu a acompanho, assim vamos trocando ideias sobre amanhã. Seu pai precisa saber dos fatos com rapidez para decidir o que fazer.

– Eu e Ramon precisamos ir até a cidade para comprar mantimentos. Falamos com ele – disse Consuelo.

– Ramon irá sozinho e contará os fatos a Adolfo – disse Inês firmemente.

O jovem cigano deixou o acampamento sob o olhar atento de Lola. Algo aconteceu e ela precisava saber o que dera errado. Não se arriscaria indo até a cidade falar com Escobar, pois não tinha intenção de se colocar frente a frente com ele.

Consuelo nunca vira a mãe tão feliz! Sabia do quanto ela sofrera no passado e merecia a felicidade! Só estava preocupada com o encontro do dia seguinte. Teria de ter muito tato para não cair nas artimanhas de Escobar.

– Acalma teu coração. Ele nada tem contra você! – disse a mãe confiante.

– Mesmo que nada tenha contra mim, poderá me trancafiar pelo tempo que desejar. Tenho medo dele e você sabe os motivos – disse a filha.

– Isso pode até ser favorável a você – disse a mãe sorrindo, lembrando-se de um fato ocorrido anos atrás. Lola sempre aprontava as suas, e um dia disse a Escobar que Consuelo tinha interesse nele. O homem se envaideceu com a oportunidade de se encontrar com Consuelo, uma jovem muito formosa. Quando se aproximou da jovem, ela não lhe deu a mínima atenção, e então ele percebeu que tudo havia sido armação de Lola. Ela era muito má quando desejava ser! Escobar jamais se aproximou de Consuelo novamente com interesses que não fossem suas poções. Apesar do porte avantajado, ele não tinha uma saúde favorável, e as poções de Consuelo ofereciam-lhe alívio.

– Ora, mamãe, mas minhas poções não o impediram de quase me prender hoje!

– Fique tranquila, tudo será esclarecido! – disse a mãe confiante.

No caminho de volta, os jovens foram conversando sobre as revelações da tarde.

– Foi uma surpresa tudo o que ouvi. Meus pais jamais nos contaram sobre isso.

– Não posso deixar de pensar em quem comandou tudo isso – disse tristemente Santiago.

– Seu avô era preconceituoso? – questionou a jovem.

– Não entendo como ele não me rejeitou, sendo eu filho de um cigano. Difícil é admitir que ele provocou toda a tragédia só para impedir que meus pais ficassem juntos. Não é essa criatura que eu tanto amei e respeitei! Seria ele capaz de determinar a execução de meu pai? – Santiago parecia não acreditar em tal possibilidade.

– Lupe talvez possa lhe esclarecer. Fale com ela e escute o que ela tem a lhe dizer.

– Não sei se conseguirei falar com ela. Preciso de tempo para assimilar essas informações – respondeu o jovem friamente.

– Não gosto do seu tom, doutor! Você recebeu um presente valioso, ganhou uma nova família e isso não acontece a todo instante. Valorize esse presente e não tome nenhuma atitude da qual possa se arrepender – repreendeu Nina.

– Olha quem fala. Arruma confusão até com uma autoridade e vem me pedir calma!

– Ele me provocou e ainda por cima foi até a estufa e quebrou vários potes com plantas raras. E queria levar minha amiga presa! Não gosto de injustiça!

– Eu também não gosto. Queria estar presente quando forem falar com ele, mas não quero chamar atenção sobre mim, caso contrário irão me investigar.

– Aliás, como Anita está se comportando? – questionou Nina.

– Muito bem. Ela é uma jovem interessante – respondeu Santiago.

– O que quer dizer com "interessante"?

O jovem médico sorriu, percebendo a curiosidade da moça.

– Interessante, apenas. Mas prefiro outro tipo de mulher.

– Esse outro tipo de mulher qual seria? – disse Nina rubra.

Santiago olhou fixamente para Nina e, com o semblante sereno, disse:

– Uma mulher inteligente que saiba ser amiga nos momentos necessários. Que saiba falar, quando o silêncio pode conduzir a zonas sombrias. Que saiba ouvir, quando o que se pretende é aliviar um coração. Que seja companheira e que saiba preencher minha vida de muita alegria. É o que eu espero de uma mulher!

Nina olhou docemente para o amigo e respondeu:

– Exatamente o que eu busco num homem. Será que um dia

vou encontrar alguém assim? – questionou a jovem.

Eles cavalgavam lentamente e próximos um do outro. Quando suas mãos se tocaram, apertaram-nas. Nada foi dito, apenas uma troca significativa de olhares.

Santiago sentiu uma emoção incontrolável e desejou de todo o coração beijar Nina. Aproximou-se e disse:

– Acho que já encontrei! E você? – disse Santiago com a voz suave.

– Estou começando a acreditar que sim!

Os jovens desceram dos cavalos. Santiago aproximou-se de Nina, tocou o rosto da jovem suavemente e ficou observando-a com ternura e admiração. Parecia que se conheciam há tanto tempo!

O jovem sorria para Nina, que retribuiu o sorriso com doçura e carinho, fazendo o mesmo gesto que ele, pousando sua mão delicada na face de Santiago.

– Quero tanto beijá-la, mas não quero fazer nada que não deseje! – disse o médico.

– Eu quero! – respondeu Nina, fechando os olhos.

Os dois se beijaram e depois selaram o momento com um afetuoso abraço, permanecendo enlaçados, como se mais nada existisse no mundo além deles!

– Parece que isso é tão familiar para mim. Sinto que o conheço há tanto tempo e só agora percebi o quanto preciso de você ao meu lado – disse Nina com o coração acelerado.

– Sinto a mesma coisa! Quando a beijei, parecia que seus lábios sempre estiveram junto aos meus! Preciso de você em minha vida e só agora constatei o quanto isso é verdadeiro.

Os dois permaneceram lado a lado, sem palavras que descrevessem aquele encontro, ou reencontro, de almas! Tinham muito a descobrir. Nina foi a primeira a sair daquele momento mágico que os invadiu:

– Temos de ir! Já é tarde! Vamos caminhando?

Santiago sorriu e concordou, seguindo com ela de mãos dadas, cada um puxando seu cavalo.

A vida é a arte do encontro, ou por que não dizer do reencontro?

Capítulo 14

Redescobrindo seu caminho

Gabriela foi a primeira a avistar o casal e percebeu que algo havia acontecido entre eles. Uma energia vibrante envolvia os dois, e ela sorriu.

– Você vai me contar tudo, Nina! – brincou Gabriela.

– Em meio à tempestade que se abateu na vida de Santiago, algo aconteceu e percebemos que gostamos da companhia um do outro – disse Nina com um brilho intenso no olhar.

– Encontrar a paz interior quando nossos caminhos estão em total desarmonia é algo especial – disse Gabriela com olhar compenetrado.

– Antes quero que me explique o que foi aquilo ontem – questionou Nina.

– Nina, quando olhei aquele homem tão infeliz, senti um impulso de ajudá-lo. De repente, estava tentando falar ao seu coração! Um sentimento de piedade me dominou.

– Ele é um homem cruel, impiedoso. Por que ajudá-lo? – questionou a irmã.

– As pessoas não são más porque foram criadas assim. Deus criou todos com as mesmas potencialidades para fazer o bem, porém nem todas as pessoas se dispõem a seguir o caminho mais difícil, a porta estreita. Fazem aquilo que sabem fazer, mediante o que aprenderam. Nem todos têm a bênção de nascer numa família como a nossa. Não fazem as coisas certas por desconhecerem a maneira correta.

Nina balançou a cabeça e em tom de crítica disse à irmã:

– Não é bem assim que acontece, Gabriela. Algumas pessoas ainda têm prazer em maltratar, ferir, humilhar, magoar os outros. Fazem propositalmente!

– Essas pessoas oferecem ao outro aquilo que receberam, eu insisto. Como podemos criticar uma pessoa criada sem carinho e afeto? – rebateu Gabriela.

– E como você explica a atitude de Lola, que intencionalmente procura colocar Consuelo sempre em situação delicada? Ela calunia, mente, engana, maltrata e foi criada com muito amor por Inês! As duas tiveram a mesma criação!

– Não tenho respostas a todas as suas perguntas, Nina. Quero acreditar que a maldade deve ser combatida com atitudes no bem. Posso concordar com você que o mal ainda domine a humanidade, porém se continuarmos a devolver o que as pessoas ignorantes das Leis Divinas nos oferecem, isso nunca vai se modificar. Temos de oferecer o que temos dentro do nosso coração. Cada um dá o que tem!

Talvez Gabriela tivesse razão, mas ela agira com imprudência ao se colocar na mira de Escobar, pensava Nina. Anoitecera quando o pai entrou na casa em total desespero.

– Querem me explicar o que aconteceu? Nina, da próxima vez permaneça com a boca calada e deixe que seu irmão resolva a situação. Gabriela, deve seguir a mesma instrução. Irei com você e conversarei com o capitão Escobar. Que diabos aconteceu para ele vir até nossa casa? – inquiriu Adolfo, esperando que alguém narrasse os fatos.

Nina contou-lhe em detalhes desde a chegada intempestiva de Escobar, incluindo a delação sobre a fugitiva, que acreditavam ter sido feita por Lola.

– Como ela saberia sobre Anita? – questionou Adolfo.

– Ela é matreira e sabe tudo o que acontece no acampamento – respondeu Nina.

– E o que ela ganharia com isso?

– Ela faz qualquer coisa para complicar a vida de Consuelo. Pura inveja e despeito!

– Talvez, Nina. Mas o que temos com isso? Nunca fizemos mal a ela.

Lívia, até então calada, olhou o pai e disse:

– Talvez ela queira chamar sua atenção, meu pai. Você já reparou como ela o olha? Mamãe sempre disse que era para nos acautelarmos com ela.

Adolfo lembrou-se do passado e das revelações que ela lhe fez. Um calafrio percorreu-lhe o corpo, sentindo que deveria se assegurar de que Lola permanecesse distante de sua família. Ela era perigosa!

– Miguel, você vem comigo e cuida do estabelecimento. Eu e Gabriela iremos conversar com o capitão. Espero que a conversa seja breve e tenha um desfecho positivo. Acho que tudo será esclarecido e colocaremos um ponto final nesta história. Nina e Lívia vão ficar aqui e não quero nenhuma das duas perambulando por aí.

– Vocês não querem saber a última novidade sobre Santiago? – questionou Nina.

A jovem então narrou tudo o que aconteceu no acampamento sobre a paternidade de Santiago. Adolfo lembrou-se de Alfredo, entendendo agora o que ele quisera lhe contar e não conseguira. Disse apenas:

– Cuidemos primeiramente de resolver a questão com Escobar.

Na manhã seguinte, bem cedo, lá estavam Adolfo e Gabriela diante de Escobar. Consuelo e Inês chegaram em seguida. Gabriela olhou fixamente para Escobar e sentiu uma vertigem.

Seu pai a amparou, colocando-a sentada numa cadeira.

– Minha menina, está se sentindo bem? – Escobar parecia hipnotizado por ela.

– Foi apenas uma tontura, já passou – disse a jovem.

– Agradeço a presença das duas para os necessários esclarecimentos. Cumpriram o que prometeram – disse secamente o capitão. – Vou falar com Consuelo primeiro.

Fez as perguntas e todas foram respondidas pela cigana, que não se intimidou. O capitão, no entanto, era hábil e manipulador, tentando a todo custo fazer Consuelo se contradizer. E quase conseguiu seu intento não fosse Gabriela.

– Senhor, sinto que está tentando colocar minha amiga numa situação comprometedora. Ela afirmou que não conhecia essa jovem, e, mesmo que a conhecesse, isso não faria dela uma criminosa. O senhor já procurou verificar se suas fontes são confiáveis? Peço que procure se informar primeiro. Sei que é um homem justo e assim procederá.

– A menina tem a língua afiada como a irmã. Acho que tem algo a esconder e está tentando desviar o assunto – disse Escobar com os olhos fixos em Gabriela, que manteve a altivez em seu olhar.

– Sinto decepcioná-lo, capitão, não posso revelar o que desconheço. Se quiser me prender, exerça seu papel. Nada mais tenho a dizer.

Adolfo pressentiu que o caminho se tornava perigoso com a postura da filha.

Gabriela começou a sentir novamente a vertigem e subitamente o local se modificou. Ficou escuro e ao redor do capitão muitas sombras se fizeram presentes, todas tentando envolvê-lo e subjugá-lo. O homem passou a sentir-se sufocado e seu coração batia descompassado. A jovem observava a cena como uma espectadora, até que se sentiu também sufocada e sentiu algumas mãos apertando seu pescoço. Tentava respirar e não conseguia. Adolfo procurou falar à filha, porém Gabriela não conseguia ouvir som algum, apenas os que estavam em sua cabeça, dizendo-lhe, repetidas vezes, que não conseguiria seu intento. Lágrimas escorriam por seu rosto. Inês entrou em sintonia com seus amigos espirituais, pedindo-lhes que a inspirassem. Eles apenas disseram que ficasse calma e equilibrada, orando por todos os envolvidos naquele impasse.

Os homens do capitão viam seu estado sem entender o que estava acontecendo. Escobar, por sua vez, pensou que estava prestes a morrer, tamanho o desconforto que sentia. Seu peito doía e não conseguia proferir palavra alguma.

A jovem percebeu que alguém se aproximava dela, fazendo com que aquele desconforto se extinguisse. Ouviu uma voz feminina a lhe dizer:

– Minha menina, tudo vai passar. É chegado o momento de colocar em ação sua programação para esta vida. Saiba que jamais estará sozinha nessa caminhada. Os amigos espirituais que congregou ao longo das sucessivas encarnações estarão com você em cada instante. Sabemos que o mundo ainda não está pronto para entender como tudo se processa, e se faz necessário que espíritos abnegados e leais ao Pai Maior se encarreguem de plantar as sementes do amanhã. É uma causa nobre que prescinde de espíritos de mesmo teor. Porém, antes de iniciar, lembre-se de que prometeu cuidar de um espírito muito endividado, ainda descrente de sua paternidade divina que abriga sentimentos inferiores em seu coração, necessitando de esclarecimento. Ele aqui se encontra e necessita de seu auxílio, filha querida. Você saberá como melhor conduzir esse espírito rebelde e amargurado. Seus devedores o perseguem e, caso não intervenha, ele terminará esta encarnação sem abrandar seu coração e sem minorar sua extensa dívida com seus semelhantes. Utilize seus dons e auxilie-o a entender o verdadeiro significado da vida. Cure-o materialmente para que a cura espiritual encontre as portas abertas à sua redenção. Creia em seu potencial de cura, levando o conforto aos que necessitam de você. Confiamos que tudo será administrado pelo bom senso que sempre lhe pertenceu. Acalme-se e vá em frente! Estaremos a seu lado! Fique em paz!

Gabriela ouviu as palavras amorosas e sentiu-se no comando de seu corpo novamente. Respirou fundo, levantou-se e caminhou em direção a Escobar, que parecia estar em seus momentos finais. Ela fechou os olhos, colocou as mãos no peito do capitão, permitindo que delas irradiassem fios brilhantes de luz que entraram no corpo dele. Aos poucos, a respiração do homem foi se acalmando, as batidas do coração entraram num ritmo menos acelerado, permitindo que o equilíbrio retornasse.

Escobar abriu os olhos e viu à sua frente a jovem, que lhe perguntou:

– Como se sente? Está melhor?

O homem não sabia o que dizer. Todo o desconforto havia passado, sua respiração voltara ao normal, a dor no peito cessara por completo. O que ela fizera naqueles minutos perturbadores? Ele sentiu que a morte batera à sua porta, mas recusara sua presença devastadora. Ou havia sido a jovem quem não permitira? Não sabia o que pensar, apenas que Gabriela intercedera por ele. Seria possível? Estava confuso demais para continuar o interrogatório.

– Estou bem agora, porém não me sinto em condições de continuar nossa conversa. Podemos nos ver outro dia?

– Quando necessitar retomar a conversa, avise meu pai. Espero que fique bem!

Adolfo se despediu, tão atônito quanto os demais participantes, pegou o braço da filha e saiu, acompanhado de Inês e Consuelo. A velha cigana a tudo presenciara. Consuelo sentiu que algo acontecera naquela sala. A única coisa que seus olhos materiais puderam detectar foi a intensa luz que saiu das mãos de Gabriela, fato que presenciara poucas vezes em sua existência. A jovem era detentora de energias vibrantes e potentes! Inês pegou a mão de sua filha e disse a Adolfo:

– Quando puder, vá ao acampamento. Precisamos conversar! – e foram embora.

Adolfo estava preocupado com a filha e, assim que saíram, perguntou:

– Você está bem? Sempre contei com a ajuda de sua mãe nesses momentos difíceis.

– Mamãe faz muita falta, meu pai. Mas sei que de onde ela estiver continuará acompanhando nossos passos – disse calmamente a jovem.

– Você nem imagina a falta que ela me faz. A saudade chega a doer. Será que algum dia vai melhorar? – disse Adolfo com lágrimas nos olhos.

Gabriela segurou a mão do pai e falou com todo o carinho:

– Você vai perceber que cada dia ficará um pouco menos doloroso. É questão de tempo!

Os dois saíram abraçados com a emoção presente no coração. Adolfo queria entender como a filha acalmara o rude capitão e pediu que Gabriela ficasse com ele na cidade até que melhorasse por completo.

– Eu nunca estive tão bem, meu pai. Sinto-me forte e confiante. É como se um véu tivesse sido retirado. Não sei como isso aconteceu, porém estou convicta de que tudo ficará bem. Eu gostaria de retornar ao convívio de minhas irmãs. Posso voltar sozinha.

– De forma alguma! Quanto ao que aconteceu naquela sala, eu gostaria que confiasse em mim – disse o pai enquanto caminhava com a filha pela cidade ainda tranquila.

A jovem tinha o olhar firme, irradiando uma paz que ele jamais percebera. Era outra pessoa. Em vez de confortá-lo, aquilo deixou-o inseguro. Precisaria conversar com Consuelo e entender o que estava se passando. Todas as vezes que se sentia apreensivo era ela quem vinha em sua mente. Era uma boa amiga!

Gabriela olhou o pai com carinho:

– Não se preocupe, papai. Tudo ficará bem! Sei que deseja o melhor para mim, e isso significa encontrar minha felicidade e paz. É o que pretendo buscar! Não sei o que faria sem seu apoio e agradeço a Deus ter permitido ser sua filha. Você é a sustentação necessária para que eu cumpra minhas tarefas nesta vida. Confie em mim!

Sentiu que a filha estava tão segura em seus argumentos, que não tinha palavras a dizer. Esperava que um dia isso fosse acontecer! Mas por que a angústia? Ele olhava Gabriela e via Nina à sua frente, determinada e confiante! Uma grande transformação, e não entendia como isso se processara tão repentinamente!

Perdido em seus devaneios, não percebeu a aproximação de Lola. Ela lhe sorria.

– Com licença, não tenho tempo para conversar – disse secamente Adolfo.

– Um minuto apenas. Depois do que ouvir, irá me agradecer – disse a cigana com aquele olhar que tanto o incomodava.

– Deseja fazer intrigas e não estou com paciência para ouvir – respondeu o homem seguindo seu caminho. Porém, Lola colocou-se à sua frente:

– Você não sabe a quem deve realmente temer. Está enganado sobre Consuelo. Foi ela quem falou com o capitão e não eu – suplicou a cigana, tentando chamar a atenção de Adolfo que nem sequer parou para ouvi-la. – É um tolo em confiar seu coração a quem não o merece. Vai se arrepender por não acreditar em mim – disse, furiosa com o desinteresse de Adolfo.

No mesmo instante, Gabriela se virou e, encarando fixamente a cigana, disse:

– Fique longe da minha família ou será você quem se arrependerá.

Lola estremeceu com aquele olhar e se calou. A jovem permaneceu com o olhar fixo na cigana, que rapidamente se virou e desapareceu.

– Vamos, papai – e continuou caminhando sob o olhar estupefato do pai, que a cada instante se surpreendia mais com a filha.

Lola também estava surpresa com a jovem, sempre calada e insignificante. Não gostou do olhar ameaçador que ela lhe endereçou, sentindo até o ar lhe faltar. Ficou furiosa com o olhar de desdém de Adolfo. Por que ele não a olhava como sempre sonhou? Desde jovem seu interesse era nele e na possibilidade de conquistá-lo. No entanto, ele jamais se dobrou aos seus encantos, preferindo se casar com Letícia. Sentia esse sentimento de desprezo desde a infância. Por que era tão rejeitada pelas pessoas a quem oferecia sua melhor parte? A tristeza a envolveu, porém por pouco tempo. A fúria tomou conta e sentiu raiva de tudo e de todos! Não permitiria mais humilhação e desprezo! Mostraria ao mundo do que era capaz!

Nesse mesmo instante, sombras se aproximaram de Lola e a envolveram com pensamentos mórbidos.

Atraímos ao nosso convívio aqueles que possuem os mesmos pensamentos e sentimentos que nós, sejam eles encarnados ou desencarnados! Essa é a lei de atração, que move todas as criaturas do universo! Daí a necessidade de cuidarmos de nosso mundo íntimo, evitando nos entreter com ideias infelizes.

Durante o caminho de volta para casa, Santiago refletiu sobre qual atitude tomar em relação às informações recém-descobertas. A razão lhe dizia que devia conhecer a versão de Lupe. Ao chegar, foi recebido por Lupe, que contava sobre a conduta inadequada de Anita.

Santiago não estava com paciência para encarar mais um problema. Disse apenas:

– Lupe, resolva essa situação. Estou sem fome e com dor de cabeça. Vou me recolher!

Na manhã seguinte, a aparência do jovem não se modificara e Lupe o inquiriu:

– Meu filho, parece pior que ontem. Como se sente?

– Precisamos conversar. Chame Ramiro e Alfredo. Quero os três juntos.

Lupe estremeceu, seu coração começou a acelerar, pressentindo o assunto. Momentos depois, estavam reunidos num silêncio sepulcral. O jovem médico olhava com pesar.

– Peço que me escutem até o fim. Depois espero que cada um de vocês tenha a dignidade de relatar o que sabe e o que me ocultou todos esses anos. Fui atrás das informações que desejava e creio que o círculo agora se fechou. Conheci a verdade, ou pelo menos, parte dela. E espero de vocês a máxima sinceridade. Já sei sobre Pablo, meu pai, e sobre os fatos de sua morte. Eu gostaria de ouvir a versão de vocês agora. Quem inicia?

Lupe respirou fundo e começou o relato tão esperado:

– Santiago, antes de efetuar qualquer julgamento, ouça-nos com o coração e aceite nosso pedido de perdão. Nós apenas administramos da melhor forma essa herança maldita que nos foi legada. Amamos você como um filho e por isso nos submetemos aos ditames de seu avô, que, apesar de tudo, aprendeu a amá-lo verdadeiramente e não quis que a verdade fosse revelada.

Santiago estremeceu ao ouvir "aprendeu a te amar". Nem sempre foi assim? Ele foi rejeitado em algum momento? As lembranças que possuía desde a infância colocavam seus avós num patamar de afeto e felicidade. Nunca poderia imaginar que havia sido diferente algum dia. Sentiu o peito se apertar e uma angústia o envolveu.

– Infelizmente nem sempre foram apenas alegrias. Houve momentos sombrios também. Posso garantir que, se D. Juan Manuel teve algum afeto verdadeiro, esse foi dedicado a você, Santiago. Quando sua mãe se envolveu com Pablo, seu avô foi contra a relação. Sua mãe, entretanto, era voluntariosa e estava apaixonada. D. Juan arranjou-lhe um casamento, procurando colocar um fim ao relacionamento proibido. Foi então que eles decidiram fugir e me contaram secretamente seus planos. Um empregado ouviu nossa conversa e contou a seu avô, que moveu todos os recursos para encontrar a filha. Após alguns dias, os dois foram descobertos. Manuela foi obrigada a retornar e Pablo, enviado ao acampamento. No entanto, ele nunca retornou. Disseram que foi espancado até a morte. Sua mãe quase enlouqueceu ao saber da notícia. Recusava-se a se alimentar, dizendo que preferia a morte a continuar sua existência. O pai queria casá-la o mais rapidamente possível, porém não contava com a gravidez inesperada. Manuela estava fraca e fragilizada, mas reagiu para ter você, que a fazia lembrar-se de Pablo. Seu avô pediu a uma das empregadas que encontrasse uma forma de interromper a gravidez da filha, pois se recusava a ter um herdeiro mestiço. Manuela disse que se ele matasse o filho, ela se mataria também.

– Antes de continuar o relato sobre minha mãe, quero que me respondam se meu avô teve participação na morte de meu pai! – perguntou Santiago.

Não houve respostas!

– Fiz uma pergunta! Ele foi responsável por todas as mortes subsequentes?

Alfredo foi o primeiro a falar:

– Contarei como tudo se passou. Não quero mais conviver com essa culpa pela minha omissão. Posso lhe responder que sim, ele foi o responsável.

O jovem estava estarrecido com a informação. Seu pior pesadelo virara realidade!

Capítulo 15

Libertando-se do passado

Santiago ficou atordoado com a informação. Seu avô havia sido o responsável pela morte de seu pai e dos outros!

Alfredo percebeu o desespero do jovem, porém decidiu que contaria tudo, libertando-se do peso que lhe sobrecarregou a existência.

– Esta é a verdade! Seu avô sempre foi temido por seus empregados, ninguém ousava desafiá-lo ou recusar uma ordem. Ele jamais aprovou a união de sua mãe e Pablo, um jovem cigano, trabalhador humilde. Aí entra a parte que desconhece. Dona Inês soube apenas que seu filho morreu após ser atacado violentamente por bandidos, o que ela sempre rejeitou. As investigações nem foram realizadas por ordem de seu avô, que pagou a muitos pelo silêncio. Assim que Manuela foi trazida de volta, Pablo permaneceu com os homens de D. Juan; eu, entre eles. Quando seu avô chegou, completamente transtornado, nem sequer deu tempo ao jovem de se explicar e humilhou-o, incitando os homens a darem um corretivo nele. Pablo encarou seu avô sem temor, dizendo amar Manuela, que aquele amor seria eterno, independentemente do que acontecesse. Isso deixou seu avô furioso, decretando a sentença de morte de Pablo naquele instante. Os homens começaram a surrar o rapaz sem piedade, e Pablo não reagiu, fechou seus olhos e se entregou ao seu destino. Eu poderia ter impedido, porém nada fiz. Seu avô permaneceu até o fim para garantir que ele não sobreviveria. Os homens deixaram o rapaz à beira da estrada para dar a ideia de um ataque de bandidos. Passados alguns dias, o pai e o irmão de Pablo foram até a fazenda de D. Juan questionar sobre o assassinato do jovem. O irmão havia encontrado uma adaga com o brasão da família perto do local onde Pablo morrera e o mostrou a seu avô. D. Juan ficou indignado com a acusação e mandou seus homens levarem o jovem preso, para desespero do pai, que temia perder outro filho. O pai tentou impedir, mas foi segurado pelos homens de seu avô. Nesse momento, ele começou a passar mal, desmaiou e, em seguida, morreu. Na prisão, o irmão de Pablo morreu misteriosamente. Nossa culpa foi a de lavar as mãos, feito Pilatos, por temor! Poderíamos ter tentado evitar, mas nada fizemos. Lupe e Ramiro não têm culpa de nada, apenas omitiram os fatos. Fizemos uma promessa a seu avô de jamais revelar isso a ninguém. Foi um alívio quando seu avô decidiu ir embora. A presença dele me fazia lembrar de Pablo, valente até o fim. Essa é a verdade que você desejava conhecer – finalizou Alfredo com a dor estampada no olhar.

Santiago permaneceu silencioso até seu olhar cruzar com o de Lupe, pedindo que ela continuasse o relato sobre sua mãe. Lágrimas escorriam pelo rosto do jovem, e Lupe sabia que ainda não seriam interrompidas, pois havia mais partes dolorosas a narrar.

– Manuela disse que se tentasse contra seu filho, ela tiraria a própria vida. D. Juan decidiu então sair da região e ir para o norte. Manuela estava entregue ao seu desespero e luto, e o pai pediu que eu não a deixasse um só instante. Antes de seguirmos viagem, Manuela me pediu para contar a Inês sobre a gravidez. Sua mãe queria que você fosse criado por ela. Porém, seu avô decidiu viajar antes de ela dar à luz. Foi um parto delicado, você quase não sobreviveu, e Manuela ficou ainda mais enfraquecida. Sua mãe entrou em profunda tristeza e apatia após o parto, ficava horas olhando para o vazio. As poucas vezes que parecia se importar com algo era quando olhava você e dizia o quanto se parecia com Pablo. Isso irritava seu avô, que evitava ter contato com você. Desde que nasceu, foi sua avó quem o embalou em todos os momentos, dizendo que era seu neto muito amado e ninguém iria tirar isso dela. O tempo foi passando e sua mãe a cada dia se debilitava mais. Sua presença sempre risonha não foi suficiente para tirá-la da prostração. Seu avô lentamente começou a se aproximar de você. Quando você estava com três anos, ele se rendeu aos seus encantos quando você se aproximou e perguntou: "Vovô, você não me abraça nunca. Gosto tanto de você! E você?". Seu avô chorou e o pegou nos braços, abraçando-o com força. Você se desvencilhou e disse com meiguice: "Agora sei que gosta de mim". Seu avô, depois disso, mudou a postura. Sua mãe, ao saber disso, disse: "Agora posso partir para me encontrar com Pablo". Meses depois, ela morreu. Seus avós ficaram desesperados com a partida da filha e voltaram toda a atenção e amor para você. O resto da história você já conhece, meu filho. Como poderia lhe contar tudo isso sem que se voltasse contra ele? Posso afirmar que seu avô nunca amou alguém mais do que a você. De que valeria destruir todas as boas lembranças que você guardava em seu coração? Sei que é duro encarar isso, porém essa é a verdade, por mais dolorosa que seja! Você é nosso mundo, Santiago! É o que temos de real nesta vida. Tente nos perdoar! – disse Lupe com a súplica no olhar.

O jovem médico apenas ouvia as palavras de Lupe, sem esboçar uma reação. Tudo era confuso e doloroso! Ela estava lhe dizendo que sua vida havia sido uma mentira! Sentiu seu mundo desabar! Tentava respirar, e até isso parecia difícil! Como nunca percebera a farsa que havia sido sua vida?

Lupe chorava ao ver o estado do jovem. Ramiro permanecia calado. Alfredo sentia-se aliviado, um peso imenso fora extraído de suas costas.

Santiago levantou-se e saiu sem proferir palavra alguma. Pegou um cavalo e saiu galopando. Não queria ouvir mais nada, apenas queria ficar só! Quem era ele afinal? O neto de um assassino? Seu avô foi responsável por toda a tragédia e não poderia responder perante a justiça dos homens. E a justiça de Deus, onde estaria? Era algo que jamais conseguira compreender... Talvez

Nina pudesse lhe explicar. Queria que ela o abraçasse e afugentasse aquela dor que lhe oprimia o peito!

Encontrou-a na estufa. Nina percebeu o estado alterado do jovem e o abraçou. Em seguida, ele contou tudo o que acabara de descobrir.

Ao ouvir a narrativa, as feições de Nina se endureceram. Não podia imaginar que alguém fosse capaz de tamanha brutalidade. O mundo que seu pai temia que ela conhecesse ao descobrir do que alguns homens seriam capazes para satisfazer seu orgulho. Era a esse o mundo que ela não se adequava por não compactuar com ações indignas! Procurava seguir os ensinamentos contidos no evangelho de Jesus, que amava incondicionalmente a todos os irmãos de jornada, pobres ou ricos, ignorantes ou sábios, homens ou mulheres! Era Ele que Nina respeitava com fervor! Focou sua atenção em Santiago, pensando nas palavras certas que aliviassem seu coração.

– Meu querido, pense em tudo o que ganhou com tudo isso, não no que perdeu! Nossa vida é uma escola de aperfeiçoamento e aqui estamos para aprender as lições. De que valerá abrigar a mágoa e o rancor, envenenando sua alma? Apesar de todo o mal causado, ofereça aos envolvidos o perdão que liberta. Você sabe que todas as ações praticadas acarretam consequências inevitáveis, e cada um terá de arcar com a responsabilidade de seus atos.

– E aqueles que já não se encontram entre nós? E todo o mal praticado? Ficará impune?

– Nada fica impune aos olhos de Deus. O que para nós pode parecer impunidade, aos olhos misericordiosos do Pai significa justiça, seja neste mundo ou onde estivermos. Todas as dívidas contraídas serão quitadas. Jamais duvide dessa verdade! Só não podemos determinar o tempo das cobranças, pois isso não cabe a nós! Acalma teu coração!

– Fui enganado todo esse tempo, confiei minha vida a um ser que desprezou todos os códigos de honra, manipulando e tirando vidas. E mesmo assim eu o amei demais! Isso me torna semelhante a ele?

– De forma alguma. Não escolhemos quem iremos amar e

oferecer o melhor de nós. O amor nem sempre se justifica em fórmulas perfeitas. Amamos quem nosso coração determina, e isso não significa que somos iguais a eles. Se assim fosse, seríamos criaturas muito melhores, pois fomos criados à imagem e semelhança de Deus! No entanto, ainda abrigamos sentimentos contraditórios e inferiores, apesar de nossa origem divina! Amamos simplesmente, sem fórmulas nem explicações! – rebateu Nina. A jovem falava com tal clareza que ele foi se acalmando, permitindo que a dor amainasse em seu íntimo.

– Você ansiava pela verdade e ela foi colocada à sua frente. Assimile todas essas informações e somente depois tome alguma atitude. Siga em frente, aproveitando o prêmio que recebeu: uma nova família! Porém, não abandone aqueles que zelaram pela sua segurança todos esses anos. O que faria se descobrisse tudo enquanto seu avô era vivo? Você deseja justiça? Então faça, oferecendo o que tem em mãos: dedique seu amor àqueles que realmente te amam. Essa é a justiça que agrada a Deus. Não aquela que maltrata, fere, faz sofrer! Coloque uma pedra nessa história e siga seu caminho, pois só assim experimentará a paz, e a felicidade habitará seu coração.

Enquanto Nina falava, uma luz intensa a envolvia, atingindo o coração do jovem, que aos poucos recuperava a serenidade.

O mundo espiritual a tudo acompanhava com discrição e cuidado. Muitas vidas foram ceifadas, espíritos contraíram dívidas, muita dor e sofrimento, tudo em razão do orgulho exacerbado de D. Juan Manuel, que permanecia em total perturbação desde que retornara ao mundo espiritual. Pablo aceitara seu destino e já se encontrava em condições satisfatórias. Porém, Manuela, ainda perdida na dor e na revolta, vivia em sua própria prisão, pouco receptiva ao auxílio que tentavam ofertar. Naquele momento, Pablo e outros companheiros lá se encontravam. A emoção dominava o pai de Santiago, que envolvia o filho em energias de amor. Ele tentava conduzir o filho a que tivesse atitudes positivas, desprovidas de rancor, perdoando aos envolvidos na sua morte. Nina foi o instrumento utilizado para chegar ao coração do jovem, que insistia que os culpados mereciam punição.

Pablo ficou satisfeito pela cooperação de Nina e, antes de se despedir, fez-se visível à jovem. Com um sorriso afetuoso disse-lhe:

– Obrigado, minha amiga. Foi muito útil hoje e agradeço seu empenho e colaboração. Deus lhe pague! – em seguida, sua imagem foi desaparecendo até sumir por completo, sob o olhar atento de Nina, que não deixou escapar nenhum detalhe daquela surpreendente visão que se parecia muito com Santiago. Julgou ser Pablo, o personagem da história que acabara de ouvir.

Ficou silenciosa e pensativa, absorvendo as energias sutis que Pablo lhe deixara e aguardando Santiago se acalmar por completo.

– Posso ficar esta noite aqui com vocês? – questionou o jovem ainda confuso.

– Terá de enfrentar sua vida em algum momento e quanto mais rápido for, melhor será. Fique o tempo que quiser, depois reassuma o controle de sua vida. É o melhor a fazer!

Nina falava com propriedade e sabedoria. Era dotada de bom senso e lucidez, o que já era um diferencial comparado às jovens de sua idade. Sentia que podia confiar nela em qualquer situação e o quanto ela estava se tornando importante em sua vida.

Encarou seus olhos e viu tanta paz contida neles que o contagiou. Sorriu pela primeira vez desde que chegara e continuou com o olhar fixo nela, deixando-a encabulada. A jovem desviou o olhar, e Santiago pegou em seu braço, puxando-a para bem perto de seu rosto. E, no momento seguinte, a beijou. Nina se entregou confiantemente a ele, permanecendo abraçados como se nada mais existisse. Um mundo sem problemas, sem sofrimentos, sem injustiças! Era esse o mundo que eles desejavam que fosse real!

Ficou lá até o meio da tarde, quando decidiu retornar para casa e confrontar sua nova vida. Despediu-se e seguiu seu caminho.

Lívia olhou Santiago se distanciar e confidenciou à irmã:

– Ao vê-los juntos fiquei feliz. Mas quando o vi partindo, um arrepio tomou meu corpo e não gostei do pressentimento que tive. O que você sabe do passado de Santiago? Ele tinha alguém em sua vida?

Nina percebeu que nunca conversara com ele sobre sua vida afetiva e sentiu uma angústia invadir o peito. Será que ele deixara algum amor em sua antiga vida?

– Por que a pergunta, Lívia? Você sabe de algo que não sei? – questionou a irmã.

– Tive apenas um mau presságio, como se uma barreira fosse colocada entre vocês. Não sei explicar o que isso significa. No entanto, algo pode acontecer e perturbar o romance de vocês. Lola teria algum interesse que isso acontecesse?

Nina ficou pensativa... Qual o propósito de Lola interferir na vida dos dois?

– Não creio que Lola tenha motivos para isso. Ficarei atenta, Lívia – disse Nina, tentando desanuviar, no entanto, algo passou a incomodá-la sobremaneira.

Em breve descobriria a razão para o impedimento do romance com Santiago. Uma visita inesperada aconteceria nos próximos dias para perturbar os dois enamorados. Alice estava apreensiva com a ausência de notícias e decidiu ir ao encontro de Santiago. Ele era seu pretendente e algo poderia ter acontecido. Desde que partiu, não enviou nenhuma notícia que aplacasse sua ansiedade. Temia que a abandonasse. Sabia o destino do amado e decidiu ir ao seu encontro.

Santiago, por sua vez, esquecera-se totalmente da jovem. Com tanta reviravolta em sua vida em virtude das descobertas dos últimos dias, nem cogitava a presença de Alice para lhe cobrar o compromisso assumido tempos atrás. O jovem já tomara uma decisão e terminaria o relacionamento com a jovem. Nina surgira em sua vida e estava apaixonado por ela. As duas jovens eram tão diferentes, e Santiago queria viver uma vida plena de paz e amor, o que não conseguiria com Alice.

A vida, no entanto, prega peças àqueles que se descuidam do essencial! Alice chegaria nos próximos dias, e nem tudo sairia conforme os planos estabelecidos por Santiago!

Lupe aguardava ansiosamente o retorno de Santiago. Tinham muito a conversar. Não tinha gostado da reação do jovem ao sair intempestivamente. Ele sempre agia assim quando algo o oprimia. Nesses momentos D. Juan deixava o neto sozinho, apaziguando seu mundo íntimo, e somente depois retornava ao assunto em questão. Ele amara muito o neto! Fizera tudo por ele, tentando se redimir dos equívocos do passado. Ela fora testemunha desse empenho em se modificar. Porém, não podemos mudar o passado. O que podemos é reavaliar os erros e tentar corrigi-los. Oferecer perdão, arrependimento, ações renovadoras, isso é o que realmente importa!

D. Juan Manuel cometera delitos imperdoáveis, porém tentou se redimir. Lupe foi testemunha disso. Presenciou muitas vezes o senhor chorando sozinho, lamentando sua existência repleta de erros e corrompida pelo orgulho. Perdera a filha por sua própria negligência, perdera o respeito da amada companheira, perdera a dignidade! Era um pobre infeliz! Porém amava mais que tudo aquele garotinho sorridente, que o abraçava de forma tão intensa e amorosa! Somente Santiago conseguia oferecer a paz que a vida lhe negara por causa de suas próprias condutas! Lupe sabia o quanto aquele amor era verdadeiro e queria que Santiago tivesse essa certeza!

No fim da tarde, Santiago retornou para alívio de Lupe. O jovem não estava disposto a conversar e foi direto ao seu quarto, lá permanecendo até a manhã seguinte.

Santiago acordou cedo e saiu para caminhar. Lupe decidiu acompanhá-lo, e seguiram em silêncio por alguns minutos.

Embaixo de uma árvore frondosa, Santiago iniciou a conversa tão esperada:

– Pensei muito sobre tudo o que ouvi e o que poderia fazer para amenizar essa dor em meu peito. Sei que você e Ramiro sempre estiveram ao meu lado, me oferecendo paz, sustentação e amor. Jamais vou me esquecer do quanto são importantes em minha vida, mas no início me senti traído. Jamais pude supor que minha vida fosse essa grande e pavorosa mentira.

– É sobre isso que preciso lhe falar. Sua vida não foi uma mentira, pois tudo o que viveu e compartilhou com seu avô foi real e verdadeiro. Nunca duvide do amor dele por você. Fui testemunha de toda a transformação dele em razão desse nobre sentimento – interrompeu Lupe.

– Não sei se foi assim tão verdadeiro. Como ele conseguiria

me amar e ser tão cruel com aqueles que se colocaram em seu caminho? – questionou o jovem com a voz embargada.

– Cada sorriso, cada gesto de afeto, cada palavra doce, tudo o que você conseguiu extrair dele foram verdadeiros, pois o amor que ele nutria por você era tão real como o ar que você respira! Depois que você demarcou um espaço em seu coração, ele pautou sua vida em atitudes generosas e nobres para redimir-se do passado e provar que era digno de seu amor. Ele fez tudo isso por você existir em sua vida! Todos os momentos de felicidade ao seu lado lavaram sua alma e a transformaram em terreno fértil para as boas ações, que posso garantir estiveram presentes durante sua existência. Você conseguiu transformá-lo em outra pessoa, meu filho. Não queira que todo esse esforço seja perdido, desvalorizando seu empenho e luta para se modificar. Esteja onde ele estiver, sua opinião sobre ele será fundamental para que ele possa encontrar a paz que lhe foi negada em vida!

Santiago derramava lágrimas ouvindo o relato de Lupe. Naquele momento tudo parecia tão claro novamente! O sonho que tivera na noite anterior tinha um real significado. Só agora conseguia entender!

Olhou Lupe nos olhos e a abraçou, deixando que as lágrimas lavassem seu coração tão conturbado! A mulher agradeceu a Deus intimamente pelo ocorrido, resgatando Santiago do turbilhão de emoções em que ele se colocara. Permaneceram assim por alguns instantes, quando o jovem se afastou e perguntou:

– Lupe, você acredita que minha mãe ainda esteja sofrendo por tudo que viveu?

– Meu desejo é que ela esteja em paz, porém sinto que seu sofrimento ainda impera. Espero que Deus a conforte, pois ela foi a grande vítima dessa triste história. Ela merecia ser feliz e isso lhe foi negado.

– Creio que ela ainda não encontrou a paz! Tive um sonho e só agora entendi o real significado dele.

Lupe ficou curiosa e pediu que lhe contasse.

– Eu a vi em meu sonho. Estava muito triste e com o coração cheio de revolta...

Capítulo 16

Reencontro

Santiago narrou, então, o sonho da noite anterior que tanto o perturbara.

– Estava confuso, com meu coração partido. Queria acordar daquele pesadelo e ter a certeza de que jamais tivesse ocorrido.

O jovem contou que, assim que adormeceu, sentiu-se conduzido a algum lugar. Viu a mesma casa do outro sonho e caminhou até ela. Abriu a porta e viu a mesma mulher sentada numa cadeira de balanço, num movimento lento e contínuo. Tentou se aproximar, porém algo o impediu. Ficou observando a mulher em prantos, repetindo a frase: "ele não podia ter feito isso, não o perdoarei jamais". Seu desejo era abraçá-la, porém não conseguia sair do lugar, até que uma mão pousou em suas costas. Ao virar-se, viu a figura sofrida do avô. Não sabia o que fazer, mas D. Juan se encarregou de iniciar a conversa.

– *Perdoe-me! Não tenho ninguém mais a recorrer a não ser você. Todos me viraram as costas e muitos me perseguem dia e noite. Tenho pouco tempo disponível, apenas para conseguir sua intercessão nesta terrível história, pela qual sou o responsável por tanto sofrimento. Sei que fui um crápula, destruí muitas vidas, porém você me fez entender que havia redenção para mim. Não me negue isso, meu neto querido!*

Preciso que confie em mim e me perdoe! Manuela, sua mãe, se encontra nessa condição por minha culpa! Ela precisa de ajuda! Sem o perdão dela não conseguirei prosseguir minha jornada de recuperação e reajuste perante todos com quem falhei! Você foi o único que conseguiu me mostrar a vida como ela deve ser vivida. Seu amor puro, generoso, alimentou minha existência e me fez renunciar ao meu passado vergonhoso. Tentei refazer meu caminho, porém não fiz o suficiente enquanto encarnado. Devo retornar tantas vezes quantas forem necessárias para reabilitar-me perante os que feri. O caminho será longo, e preciso enfrentar meus inimigos com as armas da esperança, perdão, humildade! Para isso, necessito que me perdoe para que eu tenha a força necessária para seguir em frente.

O homem parecia exausto e fragilizado, deixando Santiago confuso. Queria lhe pedir explicações, porém não conseguia proferir palavra alguma. Sentiu piedade por aquele ser, que um dia amara mais do que tudo na vida. Percebeu que esse sentimento ainda prevalecia. No entanto, não conseguia dizer nada a ele.

– O que quer de mim? – disse o jovem com compaixão e amor.

– *Ajude sua mãe a sair dessa fixação nefasta. Ela não aceita a ajuda de ninguém e assim permanece desde que retornou ao mundo espiritual. Ela me odeia e não me perdoa pelo que fiz a Pablo. Ele já me perdoou. É um espírito de muita grandeza e percebeu que meu arrependimento é verdadeiro. Mas ela reluta em confiar em quem dela se aproxima. Sua presença será de suma importância para o resgate de sua mãe. Agora preciso ir, meu tempo acabou. Pedi aos mentores de luz que providenciassem esse encontro tão especial. Perdoe-me, meu filho dileto! Jamais duvide de meu amor, que foi meu único legado genuíno na vida! Que Deus abençoe seu caminho!*

O velho senhor desapareceu em seguida, deixando Santiago atordoado. Sua mãe ainda permanecia no mesmo lugar, alheia a tudo o que lá se passara. Lágrimas corriam pelo rosto do jovem, arrependido de não ter se despedido do avô.

– Mamãe! Olhe para mim só uma vez! – dizia Santiago com a voz embargada.

A mulher parou o balanço contínuo, virou-se e deparou

com a figura esguia de um jovem, que lhe pareceu tão familiar que a fez abrir um discreto sorriso.

– *Você me chamou de mãe? Mas eu não o conheço* – disse Manuela com o olhar distante.

– Sou Santiago. Lembra-se de mim?

– *O Santiago ainda é uma criança. Está tentando me enganar? Vá embora!* – disse em tom de súplica.

– Eu vou embora depois que você me der um abraço. Está bom assim? – disse o jovem.

A mulher ficou confusa, mexendo as mãos em total desconforto, sem saber o que fazer. Ele dizia ser seu filho, isso não era possível. Entretanto, sentia confiança naquele jovem. Que mal haveria em lhe conceder um abraço.

– *Vou te dar um abraço com uma condição. Você volta para me visitar? Sinto-me tão sozinha e não tenho ninguém para conversar.*

– Voltarei assim que puder, estamos combinados? – afirmou o jovem sorrindo.

Manuela sorriu confiante e levantou-se para abraçá-lo, assim permanecendo por algum tempo. Santiago chorava lágrimas de emoção, sentindo a mãe tão perto. Era um sentimento inexplicável e lhe trazia uma paz jamais sentida. Era tudo o que ele sempre quis! Manuela sentiu-se renovada e disposta. Estava com vontade de trabalhar e, olhando a peça de tear ao lado, disse:

– *Tenho muito o que fazer. Até sua próxima visita. Vou esperá-lo!* – e voltou-se para o tear, puxando os fios com destreza.

Pablo a tudo observava, porém ainda não era o momento de se aproximar do filho. Olhou os amigos espirituais e disse:

– Manuela logo recuperará a consciência há tanto tempo perdida. A presença de Santiago vai ajudá-la. Juan Manuel fez sua parte e seu caminho será menos doloroso. O resgate será inadiável, porém contará com o apoio daqueles que o estimam. Nosso maior problema é Manuela, que se recusa a libertar-se da prisão na qual se colocou. Porém, confio em Deus! Ficarei para cuidar dela!

Os demais companheiros se despediram e partiram confiantes de que a solução estava prestes a ocorrer. Pablo suspirou profundamente, observando a amada e esperando que a lucidez retornasse a conduzir sua jornada!

Foi esse o sonho de Santiago, que se recordava de todos os detalhes. Lupe estava com os olhos repletos de lágrimas pela narrativa do jovem.

Santiago relembrava cada momento do sonho, que mais parecia um encontro real com duas pessoas tão amadas! Arrependeu-se de não falar o quanto amava o avô!

– Você pode estar magoado, porém uma verdade não pode ser desprezada: seu amor por ele. Não escolhemos quem amamos! O amor estabelece laços intensos e eternos, sem permitir que a razão dê seu argumento contrário. Você ama seu avô, independentemente de tudo o que ele fez. O que perturba você é que, apesar de tudo o que ouviu sobre ele, ainda consegue nutrir o mesmo sentimento de antes. Esse é o verdadeiro amor! – disse Lupe com a voz carregada de emoção.

Santiago ficou a refletir sobre as palavras sábias da amiga. Percebera que algo se modificara em seu íntimo. Suas emoções estavam mais equilibradas. O encontro, durante o sono, fora o responsável pela transformação. Apesar de constatar que seu avô e sua mãe não haviam encontrado a paz, sentiu que poderia colaborar para que ela se tornasse real. Olhou Lupe com carinho e a puxou para oferecer-lhe um abraço.

– Sei que pensou em minha segurança quando me ocultou essas informações. Nada tenho contra você, minha querida amiga! – disse o jovem abraçado à ama.

Lupe suspirou e agradeceu a Deus ter novamente Santiago em seus braços. O jovem parecia mais calmo.

– Santiago, a presença de Anita em sua casa não é conveniente. Ela fala com todos e insiste em fazer longas caminhadas. Fale com ela ou leve-a embora.

O jovem a encontrou nas proximidades da casa-grande:

– Estamos nos empenhando em mantê-la em segurança! Pedi que permanecesse dentro de casa, pois pode atrair a atenção de alguém menos confiável.

– Não consigo ficar presa entre quatro paredes por muito

tempo. Fui apenas tomar um pouco de ar fresco – disse a jovem contrariada.

– Procure ser mais discreta ou a prisão será o seu lugar definitivo em breve! Seja mais cautelosa, Anita. Assim não podemos ajudá-la!

O médico pegou o braço da jovem e dirigiu-se rapidamente em direção à casa, sob o olhar divertido de Lupe. Ao chegarem perto, avistaram uma carruagem suntuosa.

Santiago estremeceu, pois percebeu quem tinha chegado. Alice desceu e seu olhar se fechou ao ver o noivo de braços com outra mulher.

– Boa tarde, Alice! É uma surpresa revê-la! Posso saber o que faz aqui? – inquiriu o jovem, ainda segurando Anita pelo braço.

– Eu que peço explicações, meu querido! O que significa essa mulher ao seu lado?

– Façamos as apresentações. Alice, esta é Anita, filha de um amigo, e está se recuperando de alguns problemas de saúde. O clima do campo favorece a recuperação.

– Meu pai solicitou sua ajuda e ele foi muito prestativo. Muito prazer, sou Anita.

Alice sentiu ímpetos de questionar outras coisas, porém o olhar penetrante que Santiago lhe ofereceu a impediu de tal gesto.

– Sou Alice, noiva de Santiago. Eu estava preocupada com a ausência de notícias e decidi vir pessoalmente saber o que estava acontecendo. Muito prazer!

– Minha querida, o que faz aqui? Fez boa viagem? – disse Lupe abraçando a jovem.

– Uma viagem pavorosa! O calor está me consumindo. Não gosto deste clima, prefiro lugares mais frios. Como suporta esta temperatura, Lupe? – questionou a jovem.

– Nos acostumamos a tudo nesta vida. Não esperávamos vê-la por aqui! Aconteceu algo?

– Apenas preocupação e saudade de meu amor! – disse a jovem, enlaçando Santiago, que não conseguiu se afastar.

Era uma situação constrangedora para o jovem. Havia tempos não a via, e não sentia saudade alguma dela. Suas suspeitas se confirmaram: não sentia mais nada por ela! Como dizer isso era outra questão! Esquecera-se totalmente do compromisso assumido com Alice. Enquanto seu avô era vivo, conversara com ele sobre desfazer o compromisso, pois a jovem não correspondia aos seus anseios de felicidade. O avô pediu-lhe que refletisse um pouco mais sobre a questão e, quando tivesse se certificado de seus sentimentos, abordasse o assunto com Alice. Porém, tantos fatos ocorreram desde então, sepultando o assunto. Ele não queria se unir a uma jovem fútil, ciumenta e voluntariosa para o resto de sua vida! Encontraria o momento propício para lhe falar.

Anita percebeu que o clima não era dos mais agradáveis e decidiu se recolher, alegando precisar de repouso. Depois perguntaria a Lupe sobre aquela jovem.

Alice notou a frieza com que foi recepcionada e pensou que o jovem a estava traindo:

– Não gostei da forma como você me recebeu. Parece que não apreciou a surpresa! Pensei que estava com saudade, pelo visto tinha outras coisas em mente! Não gostei da presença dessa jovem aqui. Quem é ela? Alguém com quem eu deva me preocupar?

Santiago pensava o quanto ela estava equivocada. Nina deveria ser sua maior preocupação, pois era por ela que estava apaixonado! Entretanto, esse era um problema complexo demais para ser tratado naquele momento.

– Anita é filha de um amigo e estou cuidando de sua saúde apenas. Se até então não lhe enviei notícias foi porque tudo está muito complicado. Meu avô me deixou grande herança e preciso cuidar do patrimônio. Não me decidi sobre o que fazer com tudo isso. Ia lhe escrever e contar tudo – disse o jovem com entonação grave na voz.

– Você me conhece e sabe que não tolero longas esperas. Vim para levá-lo de volta.

– Quem disse que pretendo voltar para minha antiga vida?

A jovem estremeceu assustada com a forma como ele se dirigiu a ela.

– Você pensa em se estabelecer aqui? Sua vida é onde nossas famílias se encontram. Não gostei do clima, não gostei do lugar, não gostei de nada!

– Não estou lhe pedindo nada, Alice. Com relação à família, não tenho ninguém para quem voltar, muito diferente de você!

– O que quer dizer com isso?

– Não decidi ainda se volto para o lugar de onde saí. Gostei da região, do clima, das pessoas, de tudo o que encontrei aqui! Porém, não lhe pedirei nenhum sacrifício. Fique alguns dias, descanse da viagem e depois tome o caminho de volta. Eu ficarei, pois tenho muito o que fazer e organizar.

– Meu pai quer que oficializemos nossa união e não posso fazer isso sozinha. Precisamos voltar juntos! – disse Alice em prantos.

Santiago não pretendia estender a conversa para esse caminho, mas foi inevitável. Foi até a jovem e pegou suas mãos, dizendo:

– Alice, muita coisa mudou desde que aqui cheguei. Vou ser franco com você como sempre fui em minha vida. Não tenho mais certeza dos meus sentimentos. Tanta coisa aconteceu que me distanciaram do homem que você idealiza. Não sei se toleraria mais suas atitudes insensatas, seu gênio irascível, sua intolerância, seus ciúmes. Você tem para quem voltar. Eu tenho todos os motivos do mundo para ficar, pois descobri uma família que eu desconhecia. Quero redescobrir minhas raízes, estreitar laços. Muita coisa se modificou e me tornaram um homem diferente do que aquele que conheceu.

– Como assim? Uma nova família? – questionou a jovem surpresa.

– Não creio que aceitará essa nova família.

– Assim você está me assustando. Que família é essa que você descobriu?

– Uma família que você nunca aceitará. Sei que me obrigará a fazer uma escolha e não pretendo escolher o que você quer – disse Santiago prestes a lhe confiar seu segredo.

– Eu quero saber de toda a verdade. Você me deve isso! –

disse a jovem confusa.

Santiago, então, contou-lhe sobre suas descobertas, omitindo os detalhes sórdidos. Falou de Pablo, Inês, Consuelo, Ramon, sua origem cigana que desconhecia. Conforme o jovem falava, as feições de Alice iam se modificando. Ele a conhecia e sabia que tudo isso a chocaria, e essa era a intenção.

– Seus pais jamais apoiarão nosso enlace. Sei que tudo isso a chocou, porém não posso fingir ser quem não sou! Vou compreender qualquer atitude que tiver, Alice – disse Santiago, olhando firmemente nos olhos da jovem.

Alice permaneceu quieta, pensando em tudo. Em seguida, proferiu sua sentença.

– Ninguém precisa saber dessa história. Vamos voltar para casa e tudo ficará como sempre foi!

– Quem disse que desejo ser quem eu era? Agora que conheci minha origem, não tenho pretensão alguma de esconder quem eu sou – disse em tom firme.

– Você quer terminar nosso compromisso simplesmente por isso? – disse Alice furiosa.

– Como você diz "simplesmente por isso"? Tem ideia do que deseja que eu faça com minhas memórias? Você não sabe o que está pedindo, isso não está em meus planos.

– E quais são seus planos, meu amor? – inquiriu a jovem temerosa da resposta.

– Tenho certeza apenas de uma coisa: não quero mais viver fingindo ser alguém que não sou! Sou filho de um cigano, quero conhecer tudo sobre minha família! Não sei se existe um lugar para você em minha nova vida. Sinto muito, Alice!

A jovem contorcia as mãos em total desespero. Como ele podia desprezar a oportunidade de se unir a ela? Tantos desejavam estar em seu lugar! Trocaria tudo por uma família sem posses, sem títulos? E o amor que ela nutria por ele?

O jovem estava exausto com toda aquela conversa e sentiu que teria de ter cautela com Alice. Ela já tinha percebido que sua história de amor se encerrara.

Santiago respirou fundo, foi até a jovem e tocou em seu rosto delicadamente.

– Alice, sei que isso não estava em seus planos. Eu não tinha a intenção de fazê-la sofrer, no entanto, não posso omitir esses fatos. Você irá encontrar alguém que a faça feliz!

– Não quero ninguém que não seja você! – disse a voluntariosa jovem. – Eu o amo e não saberia viver sem você! Tudo ficará bem, eu prometo.

A súplica da jovem tocou-o profundamente, porém sua decisão fora tomada.

– Alice, não pretendo voltar para minha antiga vida! Não pretendo me casar com você! Não pretendo me humilhar para ser aceito por uma sociedade que eu desprezo! Além do mais, meu coração não lhe pertence mais! – finalizou o jovem com ênfase.

– O que quer dizer com isso? Você conheceu alguém? É a jovem que hospeda em sua casa? Você não pode ter feito isso comigo!

Santiago respirou fundo.

– Acalme-se! Sempre honrei nosso compromisso. Antes de conhecer outra pessoa, já tinha planos de terminar nosso relacionamento, apenas não tive oportunidade de falar pessoalmente. Perdoe-me! Anita é apenas filha de um amigo. Ela não tem nada com isso.

A jovem chorava copiosamente, sem saber se de raiva ou tristeza! Ele traíra sua confiança, oferecera seu coração a outra mulher! Olhou a figura do homem que tanto amava à sua frente e percebeu que ele não estava mais lá! O que fazer? Não podia ser deixada de lado. Tinha de encontrar uma alternativa!

– Quem é essa mulher? – questionou Alice com a voz entrecortada pelo choro.

Santiago respirou fundo, pensando se seria uma boa ideia falar sobre Nina.

– O que importa? Vá descansar um pouco. Depois nos falamos!

– Você tem razão, é o que pretendo fazer! – disse secamente e entrou na casa.

Diego a tudo observava e sabia que a situação estava crítica para o patrão.

– Sei que não é hora apropriada, porém devo alertá-lo sobre algo que ouvi na cidade hoje à tarde. Podemos conversar?

– Será você o portador de mais notícias desalentadoras? – perguntou o médico.

– Estive com um dos homens do capitão Escobar. Ele disse que o capitão está furioso e quer pessoalmente procurar por Anita. O pai dela está sendo vigiado, e é pouco provável que consiga retirá-la daqui. O mais provável é que seja preso e forçado a contar o paradeiro da filha. Encontrei o senhor Adolfo e lhe contei tudo o que ouvi. Ele me disse que tem um plano para levar Anita para bem longe e vai precisar de ajuda, então me dispus a auxiliá-lo no plano de fuga.

– Agradeço seu empenho, porém não quero comprometer mais ninguém. Vou até Adolfo e decidiremos o melhor a fazer. Você tem sido um bom amigo, Diego.

O jovem sorriu e finalizou:

– Faço apenas o que minha consciência me dita. Ficarei vigilante quanto a possíveis visitas indesejadas.

– Faça isso, Diego – disse Santiago, pensativo em tudo o que acontecera. A presença inesperada de Alice mudaria seus planos. Chamou Lupe e pediu-lhe que não lhe revelasse nenhuma informação sobre Anita.

Pressentia que novos problemas surgiriam. Falaria com Adolfo sobre isso.

Capítulo 17

Mudança de planos

Enquanto isso, na cidade, o pai de Anita estava sendo vigiado. A possibilidade de fazer algo pela filha era nula, mediante as medidas adotadas por Escobar, que fechava o cerco sobre ele. O capitão estava de ânimos alterados após suas investidas insatisfatórias para reencontrar a fugitiva. Ele só descansaria depois de encontrar Anita.

Adolfo viu seus temores se concretizarem ao ouvir o relato de Santiago e Diego, que foram conversar com ele. Gabriela observava Diego.

– O que pensa, minha filha? – perguntou o pai a Gabriela.

– É um homem de bem. Será bem-vindo em nossa família – disse a jovem.

– O que quer dizer com isso?

– Ora, papai, está muito desatento e não percebe os olhares que Lívia e ele trocam quando se encontram – disse Gabriela com um sorriso nos lábios.

Adolfo gostava do jovem desde que o conhecera ainda criança. Era honrado e trabalhador. Agora entendia as visitas constantes à família, sob a justificativa de acompanhar Santiago.

Miguel a tudo escutava, tentando encontrar uma alternativa para impedir a prisão de Anita. Lembrou-se de uns amigos que haviam partido para Portugal fazia alguns anos. Poderia levar a jovem até lá em segurança.

Chamou o pai e contou-lhe a ideia. Adolfo não queria ver o filho metido naquela história, porém era uma saída estratégica. Poderiam partir durante a noite.

– Eu posso levá-la em segurança, meu pai – disse Miguel insistindo na ideia.

Adolfo refletiu alguns momentos e, em seguida, disse:

– Façamos assim: leve sua irmã de volta à fazenda e de lá vá ao encontro de Santiago. O melhor a fazer é partir hoje mesmo, pois a situação está se complicando – disse Adolfo.

Quando se preparavam para sair, depararam com uma visita inesperada. Escobar entrou na loja de Adolfo e caminhou na direção de Gabriela. A jovem foi ao seu encontro com a firmeza no olhar:

– O senhor está melhor? – disse Gabriela, encarando-o fixamente.

– Está de partida? – inquiriu Escobar.

– Apenas retornando para minha casa. O clima da cidade não me é saudável. Prefiro o campo – disse calmamente Gabriela, sem se intimidar. – Algum problema?

Escobar ficou olhando o estabelecimento detalhadamente. Andou pelo lugar, entrou numa sala e verificou cuidadosamente. Tudo sob o olhar atento dos três presentes.

– O senhor está à procura de algo? Se disser o que deseja, podemos ajudá-lo!

– Parecem preocupados? Estão a esconder algo? – questionou o capitão.

– Nada temos a esconder. Este é meu escritório. A mercadoria se encontra nos fundos. Se me permitir, o acompanho até lá – disse Adolfo calmamente.

Escobar olhou Adolfo com ares de superioridade e, quando ia retrucar, algo o impediu. Ficou atônito com sua reação e olhou Gabriela, que lhe fixava o olhar. Por uma fração de segundos teve a nítida sensação de que ela dominava sua mente por completo. Era um olhar intenso e profundo e, ao mesmo tempo, cheio de ternura e paz, que durou poucos instantes. Queria falar, porém nenhum som saía, como se as palavras não existissem! Tossiu tentando recuperar a voz e ela saiu rouca e fraca.

A jovem foi até ele e colocou sua mão sobre a dele dizendo amorosamente:

– O senhor está bem? O que está sentindo?

– Preciso visitar um médico. Algumas sensações perturbadoras insistem em me visitar. O curioso é que só acontece na sua presença.

Gabriela sorriu e disse com a serenidade na voz:

– Talvez isso aconteça na minha presença porque posso ser útil, não crê?

– Não sei por que isso ocorre, mas irei descobrir – e continuou a revista.

– O senhor poderia me informar o que busca aqui? – inquiriu Adolfo.

– O senhor tem conhecimento da fuga de uma jovem, a qual estive em suas terras procurando. A informação não procedeu, mas pensei: por que não vasculhar um lugar menos provável.

– Sinto decepcioná-lo, capitão, não estou dando abrigo a nenhuma fugitiva. Pode constatar com seus próprios olhos – disse ele sério.

– Faço apenas o meu trabalho, espero que compreenda – Escobar estranhamente sentiu-se mais calmo. Olhava a jovem de maneira curiosa e recebia de volta um olhar plácido e sereno. A presença de Gabriela alterava seu estado de espírito para melhor, isso ele tinha de convir. Como ela fazia isso?

– Compreendo sua tarefa e não interferirei – falou Adolfo confiante.

Os homens disseram que tudo estava em ordem. Escobar, antes de partir, disse:

– A menina vai voltar para a fazenda?

– Sim. Ou estou impedida de retornar à minha casa?

– De forma alguma. Peço que me permita visitá-la para uma conversa amigável.

– Faça isso quando desejar. Espero que nos tornemos amigos – disse a jovem.

Poucos acreditariam, mas aquelas palavras provocaram algo inusitado no coração de Escobar, que conseguiu esboçar um leve e torto sorriso.

Gabriela retribuiu com um sorriso genuíno, que tocou mais intensamente as fibras do coração de Escobar, que experimentava sensações jamais sentidas. Em seguida saiu, levando consigo a paz que sempre lhe fora negada.

Quando todos saíram, Adolfo olhou a filha e perguntou:

– O que está acontecendo, Gabriela? Poderia me explicar?

– O mundo precisa de pessoas generosas, benevolentes e compreensivas. Infelizmente, as pessoas devolvem ao mundo o que dele recebem. Se quisermos que o mundo se transforme, cabe a nós iniciarmos a mudança em nós. Poderia reagir conforme a ação do outro sobre mim, porém posso devolver o que trago em meu coração. Escobar é um homem rude que desconhece princípios básicos de educação e respeito ao próximo, porque sempre agiram assim com ele. Quando a vida lhe negou facilidade e amor, seu coração reagiu conforme sabia. Eu não sou como ele, pois felizmente tive amor em abundância. Preciso distribuir o que recebi! Não posso cruzar os braços e me omitir! Escobar ainda se nega a esse sentimento tão mágico que é o amor!

– E você acredita que ele pode um dia entender a dimensão desse sentimento?

– Todos um dia entenderão! O mundo ainda será um oásis de puro amor, porém, se eu ficar apenas observando a vida seguir seu rumo, não terei dado minha contribuição.

Adolfo olhava a transformação que se operava na filha. Ela estava certa em seus argumentos, mas era uma batalha inglória que empreenderia!

– Entendo, porém será um longo caminho a percorrer para que essas ideias sejam implantadas um dia. Fique certa de que a apoiarei em qualquer circunstância – disse Adolfo com lágrimas nos olhos.

Gabriela foi ao seu encontro e, enquanto o abraçava, dizia:

– Eu sei, meu pai. Seu apoio incondicional é meu maior trunfo. Sinto-me abençoada por partilhar minha vida com você!

Os dois continuaram abraçados, até que Miguel os chamou:

– Temos de ir antes que anoiteça. Vamos!

Os dois se despediram e seguiram, sob o olhar atento de Adolfo. Ao vê-los partir, seu coração ficou apertado e elevou seus olhos para o alto, numa prece silenciosa a Deus, pedindo que abençoasse seu maior tesouro: seus filhos. Aquele momento de elevação e recolhimento lhe trouxe conforto e paz. Seu desejo era de que tudo caminhasse dentro dos planos estipulados, porém essa certeza não lhe pertencia.

Miguel chegou ao entardecer à fazenda e deixou Gabriela sob os cuidados das irmãs, e, em seguida, partiu até a fazenda de Santiago, onde encontraria Anita. Seu coração estava ansioso para rever a jovem.

Santiago estava com Alfredo e Ramiro quando viu Miguel entrar pelo portão principal. Conversaram sobre o plano de levar Anita para local seguro. Poucos instantes depois ela chegou e estranhou a presença de Miguel por lá.

– O que faz aqui? Está tudo bem com meu pai? – perguntou apreensiva.

– Por enquanto sim, mas precisamos nos apressar – disse o jovem com firmeza.

– Nos apressar para quê? – inquiriu Anita com a voz preocupada.

Miguel contou-lhe tudo o que estava acontecendo em Córdoba, constatando que sua presença poderia colocar o próprio pai em perigo iminente. Não queria fugir como uma criminosa, porém percebeu que era a única possibilidade de manter sua integridade física preservada, assim como a de seus amigos.

Santiago entregou a Anita um saquinho contendo muitas moedas:

– Leve isso. Será um empréstimo! Tenham cuidado! – disse Santiago.

Miguel estava otimista, apesar de reconhecer que a viagem tinha seus perigos. Instantes depois, tudo estava preparado. Anita foi até Santiago e deu-lhe um abraço, dizendo:

– Sou grata pela hospedagem! Um dia voltarei para este lugar de cabeça erguida!

– Prometa que vai acatar tudo o que Miguel lhe pedir. Faça como ele orientar!

– Fique tranquilo. Eu e Miguel nos entendemos muito bem – disse, dando uma piscadela.

Assim que partiram, Santiago retomou a conversa com Alfredo e Ramiro. O que não perceberam foi que a aia de Alice, Suzana, observava toda a movimentação e foi direto relatar o que lá ouviu.

Assim que partiram, Anita pediu ao amigo que a levasse para a cidade para se despedir do pai. Quando estava prestes a entrar na casa, viram os guardas de Escobar levando o pai, Estevam, preso. A jovem ficou em pânico com a perspectiva de o pai ser preso e torturado. Quando os homens se distanciaram, Anita tomou uma decisão:

– Não posso fugir e deixar meu pai pagar por algo que não cometeu. Ficarei e enfrentarei as consequências – disse a jovem resoluta.

– Se ficar, será presa! Escobar nada fará contra seu pai – disse Miguel preocupado.

– Você não o conhece! Não dará trégua até me encontrar, pois crê que eu seja a mentora de tudo. Porém é Domênico quem idealiza tudo. Vou tentar falar com ele e pedir orientações. Vá para sua casa, não quero que se comprometa numa ação que não lhe diz respeito.

– Compartilho seus ideais e quero ajudá-la – disse o jovem, olhando-a fixamente.

– Não quero que nenhum mal se abata sobre você, que está sendo um grande amigo.

– Já tomei minha decisão. O que faremos? – disse convicto.

A jovem olhou o rapaz de forma diferente pela primeira vez, sentindo-se atraída pelo seu discurso e, principalmente, pelo seu gesto corajoso. Em outros tempos, teria se apaixonado por ele, porém talvez não tivesse mais tempo para isso.

– Se quer me ajudar, façamos o seguinte...

Contou-lhe seus planos e pediu que contatasse Domênico, marcando um encontro.

Saíram do beco escuro e percorreram as ruas silenciosas de Córdoba. Anita ficaria nos fundos do estabelecimento de Adolfo, cuja casa ficava perto. Assim que Miguel entrou, encontrou o pai ainda acordado.

– O que faz aqui? Era para estarem longe a esta hora! – perguntou surpreso.

– Mudança de planos, meu pai – e contou-lhe os últimos acontecimentos.

Adolfo não estava gostando dos fatos apresentados. Ao ouvir sobre o esconderijo da jovem, ele fechou o semblante:

– Sabe do risco em que está colocando nossa família com essa atitude?

– Não posso deixá-la sozinha numa hora dessas. Sei que faria o mesmo se estivesse em meu lugar. Agora está feito! Onde posso encontrar Domênico?

O pai conhecia a fama do italiano, que chegara havia alguns anos na cidade, fugindo de sua terra natal e perseguido por suas ideias revolucionárias. Tinha um pequeno comércio de joias e vivia de sua profissão, ourives. Sabia que ele tinha um grupo organizado, porém não apreciava seus métodos, usando da violência em suas ações. O grupo de Adolfo não partilhava das técnicas usadas, porém os ideais eram os mesmos, por isso se respeitavam.

A preocupação maior de Adolfo era o amigo preso, cuja saúde estava debilitada. Se fosse submetido a um interrogatório, talvez não resistisse.

Já era madrugada e toda a cidade dormia!

Porém o plano espiritual estava cuidando de cada detalhe daquele conturbado momento.

Não podem interferir, transgredir leis, mas podem inspirar ações positivas nos que estão receptivos. Dessa forma colaboram para a implantação da paz nos corações, incentivando cada ser a buscar o seu melhor, contribuindo para que o progresso se instalasse, mesmo que de forma lenta e gradual. Assim é necessário!

Assim ocorre!

Tudo caminha conforme a onipotência do Criador que, através dos seus emissários de luz, auxiliam os irmãos que se encontram em lutas ferrenhas contra tudo o que simboliza o mal. Mesmo que ele ainda impere na maioria dos corações, cabe afirmar que o bem tem força suprema e consegue se inserir lentamente nos irmãos mais receptivos, transformando atitudes, fazendo que percebam o quanto vale caminhar dentro dos preceitos que nosso mestre Jesus nos legou!

Enquanto a cidade dormia, inclusive nossos companheiros desta história, algumas providências foram tomadas para que não se perdesse o foco nas tarefas que cada um planejou antes de retornar à vida na matéria densa. Esta é uma das existências que escolheram viver, outras as antecederam, nas quais laços de afeto foram selados definitivamente, de forma que nem o esquecimento do passado, nem as dificuldades da jornada pudessem macular a conquista obtida. E as conquistas jamais se perdem! Os afetos verdadeiros jamais se corrompem!

Encontros, reencontros, desencontros, tudo ocorre para que a dinâmica da vida estabeleça as linhas de conduta de cada viajante dessa longa jornada! A vida pede ação, revisão, reformulação, renovação!

Naquela noite, após todas as ações empreendidas, de toda tensão pela visita inesperada de Alice, Santiago se encontrou exaurido e decidiu dormir mais cedo.

Na casa das três irmãs, o mesmo sucedeu. Estavam tensas pelos últimos eventos. Parecia que a vida não as poupava e os problemas se avolumavam.

Assim que adormeceu, Nina se viu em um majestoso jardim. Havia muito não sonhava com aquele lugar que tanta paz lhe trazia. Desta vez, porém, não foi sua amiga espiritual que lá se encontrava, mas sua mãe. Ela estava sentada num banco feito de pedra e a olhava com um lindo sorriso. Nina correu para seus braços e lá permaneceu, até que Letícia se afastou e iniciou a conversa:

– *Também tenho muita saudade, minha filha. Ainda me encontro em recuperação e um pouco cansada. Quero que saiba que meu coração está em paz pela primeira vez em tanto tempo. Sei que pode parecer estranho o que vou lhe dizer, mas não fui uma mãe exemplar.*

A jovem colocou o dedo em seus lábios e disse com todo o amor:

– Não diga isso, minha mãe. Eu não poderia imaginar uma mãe melhor do que foi! Tenho tantas saudades sua!

– *Permaneci com vocês tempo demais pelo que me contaram. Minha tarefa seria mais curta, porém devo ter executado a maternidade, desta vez, com louvor, o que me foi concedido méritos e, consequentemente, mais tempo.*

Nina não estava entendendo nada do que a mãe lhe dizia e Letícia explicou:

– *Foi me dada mais uma oportunidade de estar com você e seu pai, pessoas a quem causei intensos sofrimentos pelo meu total descaso em outra vida. Não cumpri nenhuma das tarefas que me foram confiadas. Não fui uma esposa fiel, tampouco uma mãe zelosa e amorosa. Ao retornar ao mundo espiritual, lamentei amargamente pelos erros cometidos e pedi que me fosse concedida uma oportunidade para não mais falhar. Abracei a tarefa com todo o meu amor e consegui me redimir com seu pai, esse ser dotado de inúmeras virtudes, e com você, minha filha querida! A benevolência de Deus é infinita e me ofertou mais três espíritos a quem me afeiçoei, estabelecendo laços de afeto que nada será capaz de destruir. Minha tarefa foi cumprida, minha querida, e agora posso continuar minha jornada evolutiva, pedindo a esse Pai Misericordioso que permita nos reunirmos em outra oportunidade. Algum dia isso ocorrerá, tenho certeza! Seu pai deve retomar seu caminho, permitindo que o amor, chama que alimenta a vida, possa novamente ser vivido por ele. Quanto a você e seus irmãos, saiba que jamais poderia conceber uma felicidade tal qual eu experimentei. Só posso pedir a Deus que os abençoe, confiante que estarei acompanhando cada passo dessa estrada. Nina, cuide de seus irmãos. Se conseguir ter a lembrança deste encontro, fale que meu amor seguirá com todos, eternidade afora!*

Letícia abraçou a filha, que chorava copiosamente, e fez uma recomendação:

– *Sua luz brilhará sempre, porém as sombras momentaneamente a visitarão; cabe a você não deixá-las estabelecer morada em seu coração. Não julgue pelas aparências, minha filha. Olhe a essência de tudo, verifique com serenidade e critério, não tome decisões por impulso. Acredite que os reencontros acontecerão, mas é necessário estar atento aos sinais que a vida oferece. O meu amor estará sempre presente!*

Nina queria falar algo, porém a emoção a dominava! Queria ficar abraçada com sua mãe, mas sentiu-se conduzida novamente para sua cama, ficando a lembrança daquele inconfundível sorriso!

Quando acordou, as irmãs estavam ao seu lado preocupadas. Ainda chorava, quando abriu os olhos e deparou com elas.

– O que aconteceu? Foi um pesadelo? – questionou Lívia preocupada.

Nina respirou profundamente, tentando guardar a lembrança maravilhosa do sonho com sua mãe. Limpou as lágrimas e sorriu dizendo:

– Não foi um pesadelo, foi um sonho lindo e emocionante.

Gabriela sorriu também e perguntou:

– Mamãe está bem? Sei que sonhou com ela. Conte-nos como foi.

Nina queria que as lembranças não se apartassem dela, procurando reter as palavras que sua mãe proferira. Contou exatamente o sonho e no fim disse:

– Sei que ela está bem agora. Pediu-nos que levássemos seu amor conosco, agradecendo a oportunidade de ser nossa mãe. Tenho tanta saudade dela! – disse Nina com lágrimas.

As três irmãs se uniram num afetuoso abraço, realimentado do mesmo amor que Letícia queria que chegasse a elas.

A vida continua... Mesmo que a saudade seja intensa e constante, devemos seguir o curso da vida, pois as tarefas nos pedem ação...

Capítulo 18

Caminhos obscuros

Na manhã seguinte, Santiago despertou preocupado. Decidiu que faria uma visita à sua avó e depois iria até a cidade falar com Adolfo. Logo cedo, pediu que Diego fosse ter com ele.

– Preciso de sua ajuda. Eu gostaria que fosse até a cidade oferecer sua colaboração a Adolfo. Faça isso como um favor pessoal.

– Irei agora mesmo. Agradeço a confiança – respondeu Diego.

Antes que Santiago saísse, Alice foi ao seu encontro.

– Precisamos conversar, meu querido – disse a jovem.

– Bom dia, Alice. Conversaremos outra hora, tenho tarefas inadiáveis a realizar – e saiu, deixando a jovem furiosa com seu desdém.

Alice, inconformada, foi até Lupe.

– Bom dia, não tive uma noite tranquila. Preciso de algumas informações – disse Alice imponente.

Lupe conhecia a jovem o suficiente para saber que ela não aceitaria ser colocada fora da vida de Santiago. Havia muito tempo ele tinha planos de encerrar esse compromisso, assumido pelas famílias, a contragosto de Santiago. Ele não estava feliz ao lado dela. A jovem era voluntariosa e ciumenta, insistia em atitudes inconvenientes. Isso contrariava Santiago além da conta, o que foi deteriorando a relação deles.

– O que deseja saber, minha jovem? – perguntou Lupe cuidadosa.

– Creio que Santiago esteja se relacionando com outra mulher. Pode me dizer quem é?

– Sinto muito, nada sei sobre isso – respondeu a senhora também curiosa, afinal ela não sabia nada acerca de outro relacionamento. Por que ele não lhe contara?

– Ele lhe conta tudo! – disse a jovem desconfiada. – Você sabe e não quer me dizer?

– Realmente nada sei sobre esse assunto. E se isso aconteceu, deve ser muito recente.

– Será alguma moça da cidade? – questionou a jovem.

Nos últimos dias percebeu que Santiago estava diferente. Talvez uma das filhas de Adolfo a quem visitava regularmente.

– Lupe, não me esconda nada. Você precisa descobrir quem é a mulher que o roubou de mim! – disse Alice com raiva.

– Não fique assim, minha filha. Muitas coisas aconteceram nesses últimos meses que perturbaram Santiago. Talvez ele esteja apenas confuso. Volte para sua família e aguarde a poeira baixar. Ele irá refletir sobre tudo e possivelmente voltará atrás em suas decisões. Você o conhece bem e sabe que não adianta querer demovê-lo à força. Confie em mim! – disse, tentando apaziguar os ânimos.

– Não irei embora até descobrir o que está acontecendo. Ele me deve explicações, Lupe. Não deixarei o caminho livre para essa jovem usurpadora de corações! – disse indignada.

Lupe conhecia a jovem e sabia que ela não desistiria fácil! Tempos difíceis estavam por vir e Santiago precisava se acautelar da ira de sua ex-noiva.

Santiago chegou ao acampamento e foi direto ao encontro da avó, que parecia estar à sua espera. Os dois se abraçaram afetuosamente e entraram na tenda para conversar.

– Problemas o afligem, meu querido. Como posso ajudá-lo? – disse a avó. Ela percebera uma sombra escura ao lado de seu neto, o que a deixou aflita.

– Vocês, mulheres, parecem me desnudar cada vez que me aproximo. Com Nina ocorre o mesmo. De que forma isso acontece? – disse sorrindo, desanuviando seu semblante.

– Somos mais sensíveis, percebemos coisas que passam despercebidas a vocês. Nina é uma jovem especial, dotada de uma sensibilidade acima da média, conhecendo o que você sente e até o que pensa na maioria das vezes. Eu já sou uma mulher mais vivida, e as experiências me conferem um pouco mais de sabedoria para olhar e perceber o que se passa, sem que as palavras estejam presentes. O que não significa que muitas coisas ainda não me surpreendam. Veja o que ocorre com Lola, mesmo a conhecendo tão profundamente, ela ainda consegue fazer coisas inimagináveis!

– Creio que a senhora é quem não deseja ver!

– Pode ser, pois não queremos aceitar que algumas pessoas sejam capazes de pensar e fazer o mal pura e simplesmente! Mas conte-me o que o aflige.

– Vamos lá! – disse o jovem, relatando primeiramente sobre seu envolvimento com Nina e depois sobre a presença indesejável de Alice, tumultuando sua vida.

Inês ouvia atentamente o relato do neto, no início com alegria pela notícia sobre Nina. Quando falou de Alice, sentiu um desconforto, entendendo as sombras sobre ele. Era uma situação delicada que exigia ações sensatas. Contou que Nina era a eleita, porém não sabia o que poderia acontecer quando soubesse sobre Alice.

– Santiago, você precisa ser honesto com ambas, esclarecendo os fatos. Já tomou sua decisão e precisa enfrentar as consequências inevitáveis de suas escolhas. Nina é uma jovem sensata e saberá entender. O mesmo, talvez, não ocorra com Alice. Peço cautela e tato com essa jovem, pois pressinto que você irá deparar com sérias barreiras. Fale com Nina e conte-lhe tudo, antes que a situação fuja ao controle.

Santiago ia questionar, mas a avó foi até ele e deu-lhe um carinhoso abraço.

– Vá, meu querido. Teremos tempo para estreitar nossos

laços. Espero notícias suas! – disse Inês, despedindo-se do neto.

O jovem sorriu e acatou a orientação da avó. Santiago seguiu em direção à casa de Nina.

Consuelo conversava com as moças quando o jovem chegou. Nina viu a preocupação estampada nos olhos de Santiago e perguntou:

– Fico feliz com a visita, porém sinto que as notícias não são alentadoras. Algum problema com meu irmão e Anita? Não gosto desse olhar!

– Boa tarde! Não é nada com seu irmão. É com você que preciso conversar. Podemos caminhar um pouco?

Lívia lembrou-se da sensação do dia anterior e concluiu que algo dizia respeito ao passado de Santiago. Pediu a Deus que os envolvesse em muita luz e compreensão.

Nina estava aflita e queria que o jovem iniciasse a conversa.

– O que aconteceu? Não gosto de rodeios, Santiago. Quero que seja franco e objetivo.

– Estou pensando qual a melhor forma de lhe contar isso, sem que pense que eu tenha sido desleal – iniciou o jovem, sob o olhar aflito de Nina.

Santiago iniciou contando o quanto estava feliz na companhia da jovem, querendo estabelecer um relacionamento sério. Prosseguiu dizendo que antes de conhecê-la tivera um compromisso com outra jovem. Porém, antes mesmo de viajar já tinha a intenção de encerrá-lo. E, finalmente, contou sobre Alice.

Nina a tudo ouvia entendendo a preocupação da irmã no dia anterior. Ele tinha deixado alguém em sua outra vida. O ápice da conversa foi quando ouviu que Alice se encontrava em suas terras desde o dia anterior. A jovem sentiu uma angústia imediata.

– Você não tinha intenção de falar sobre ela? Ela tem todos os motivos do mundo para vir ao seu encalço, afinal você a deixou sem notícias todo esse tempo. O que esperava? Você diz que sua intenção é séria, no entanto, pretendia fazer isso ainda estando de compromisso com ela? Não esperava isso de você! – disse Nina com a voz embargada.

Santiago se aproximou com a intenção de abraçá-la, porém foi barrado. O rapaz ficou inconsolável, desejando que Nina o compreendesse. Tanta coisa acontecera! Pensara em contar-lhe sobre Alice, mas não tivera oportunidade para tal, seguindo sua vida como se a outra jamais existisse. Na verdade, não fora leal com Nina. Contava com a lucidez da jovem, porém sentia que ela estava magoada e pouco receptiva.

– Tem todo o direito de estar brava comigo. Eu não tinha a intenção de ser desleal, porém assim agi, ocultando fatos importantes. Conto com sua compreensão. Não tenho nada mais com Alice e minha decisão já havia sido tomada antes de chegar a esta cidade. É a mais pura verdade e espero que acredite em mim! Nina, dê-me tempo para me desvencilhar de Alice e, depois, retomaremos de onde paramos! Estou apaixonado por você e sei que está por mim! Você é a mulher que desejo para seguir comigo! Jamais tive tanta certeza em toda minha vida! Acredite em mim!

Nina ouvia atentamente o jovem falando coisas que ela sempre desejou ouvir. Seu coração se enterneceu! Queria seguir com ele, estar com ele, amá-lo intensamente, porém Alice era uma pedra em seu caminho. Santiago precisava afastá-la e, só assim, teriam caminho livre para viver juntos aquele amor! Precisava, primeiramente, acreditar na sinceridade de suas palavras. E, num ímpeto, foi até ele e o abraçou! Queria que ele soubesse que estaria ao seu lado em qualquer circunstância e assim fez!

– Sei que pode parecer loucura e até insensatez de minha parte, mas não posso perdê-lo por nada neste mundo. É como se o conhecesse há muito tempo pela confiança que sinto em suas palavras. Sei que são verdadeiras!

Santiago a segurava em seus braços fortemente, receoso que esse momento escapasse por seus dedos. Nina acreditara nele e isso lhe bastava!

Em seguida, a beijou suavemente. Momentos de paz em meio à tempestade que se anunciava! Momentos de recompor as energias necessárias para os entraves a combater! E estavam juntos na tarefa!

– Vá até Alice e seja convincente. Ela não poderá obrigá-lo a permanecer ao seu lado. Esperarei tudo se acalmar! – disse Nina com a determinação na voz.

Os dois se despediram e Santiago retornou à sua casa. Encontrou Alice conversando com Suzana, sua aia, que relatou sobre a saída intempestiva de Anita na noite anterior.

– Alice, precisamos conversar – disse Santiago de forma incisiva.

– Sobre o que iremos falar? Sobre a jovem fugitiva e um desconhecido? – disse Alice sem pestanejar. Encontrara um trunfo e não abriria mão.

– Não sei do que está falando, Alice. Não sei de fugitiva alguma e não entendo esse tom comigo. Sobre o que se refere? – disse Santiago sentindo a ameaça velada da jovem.

– Sei que abrigou uma fugitiva em sua casa. Sabe que pode ser punido por suas ações, mas nada direi, fique tranquilo – disse a jovem com um sorriso vitorioso no rosto.

Santiago pensava em como ela era ingênua em suas artimanhas. Como poderia provar a alguém que uma fugitiva estivera lá?

– Creio que esteja equivocada, Alice. Não posso imaginar quem seja essa fugitiva, apenas posso esclarecer que a jovem que esteve aqui, filha de um grande amigo, já se encontra em sua casa, a pedido do pai. O desconhecido era o empregado que veio buscá-la. Algo mais a dizer sobre o assunto?

A jovem estava furiosa! Sabia que ele abrigara uma fugitiva, porém não tinha como provar. Precisaria encontrar uma alternativa para que Santiago ficasse em suas mãos.

– O assunto que me trouxe é simples, Alice. Já lhe disse que meus planos se alteraram. Vou me estabelecer nesta região e não tenho intenção de contrair bodas com você. Descanse alguns dias e volte para sua família. Espero que encontre alguém que a faça feliz, Alice. É meu desejo sincero.

Santiago usava de toda franqueza, o que não foi suficiente para aplacar a ira que a consumia por dentro. Ela o amava demais! Pensou que uma chantagem poderia fazê-lo mudar de ideia, mas nem isso fora capaz de arquitetar!

– Meu querido, sei que está confuso. Se quiser irei embora, porém não se afaste definitivamente de mim! Eu o amo demais! Tínhamos tantos planos, o que aconteceu?

– Meu coração não mais lhe pertence. Tenho tentado dizer isso de todas as maneiras possíveis, porém você não quer aceitar. Não a amo e não pretendo me casar com você!

– Meu amor é suficiente por nós dois! Não me deixe, eu lhe peço! – Alice suplicava.

– Pense como seria viver ao lado de alguém que não te ama?

– Não vou suportar viver sem você! Prefiro a morte! – disse Alice indignada.

– Pare de se menosprezar! Encontrará alguém que a faça feliz!

Alice estava transtornada com a separação, tudo faria para permanecer com Santiago.

– Ou você retorna comigo ou tiro minha vida! – disse a jovem com convicção.

– Fique calma e analise com critério o que está falando. Não faça nada de que possa se arrepender, Alice. Se você se amar, nada fará que comprometa sua vida.

– Amo você mais do que a mim mesma!

– Pois isso está errado! Você precisa se amar em primeiro lugar! Acalme-se, descanse e depois conversaremos! – disse o médico, preocupado com o destempero da jovem.

Naquele momento, espíritos infelizes se aproximaram, emitindo pensamentos afins sobre a mente de Alice, que, receptiva, recebia os estímulos inferiores. Nossa mente entra em afinidade com aqueles que se identificam com nossos pensamentos e ideias. Essa é a lei de atração!

Alice estava transtornada! Não aceitaria a derrota e preferia a morte ao desprezo que ele lhe oferecia! Ela não seria feliz, ele também não! Esses mórbidos pensamentos não saíam de sua tela mental e estava decidida!

Santiago não poderia imaginar o quanto ela estava desesperada e propensa a isso. Decidiu sair e caminhar um pouco, quando percebeu a presença de Diego ao seu lado.

– Você não estava na cidade? O que aconteceu?

O jovem contou sobre a fuga frustrada dos jovens, a prisão de Estevam e a preocupação de Adolfo em solucionar o impasse. Tudo se complicara, era fato!

Santiago decidiu ir até Córdoba àquela mesma hora. Não deixaria o amigo só nessa hora. Havia muita coisa em jogo. Pediu que Diego permanecesse por lá e ficasse observando Alice, monitorando seus passos, e partiu em seguida.

Na cidade, tudo estava em clima de tensão. A prisão de Estevam pegou todos desprevenidos, e era isso que Escobar pretendia: que dessem um passo em falso. A fugitiva ainda estaria por lá e ele descobriria, de uma forma ou de outra. Tinha um trunfo nas mãos e sabia que poderia tirar proveito. O velho era muito respeitado e querido por todos e, certamente, fariam algo para tirá-lo da prisão. A primeira providência foi interrogar o prisioneiro acerca da localização de Anita.

O capitão era tinhoso e sabia como alcançar seu objetivo, extraindo em poucos instantes a preciosa informação. Ela estava a caminho de Portugal e teria de encontrá-la antes que cruzasse a fronteira. Chamou alguns guardas e ordenou a busca.

Naquela mesma manhã, a qual Adolfo sequer conseguira pregar os olhos, encontrou o filho andando de um lado a outro, ansioso com o futuro de Anita. Aconselhou-o a retornar às suas atividades. Não era momento de vacilar e dar motivos a que desconfiassem deles.

Pai e filho trabalharam durante todo o dia, tentando fazer parecer que tudo estava normal. No fim da tarde, Santiago chegou com o semblante preocupado.

– Diego me contou as novidades e vim assim que pude. O que pretendem fazer?

Adolfo contou-lhe como tudo aconteceu, confidenciando ao amigo seu temor pelo futuro da jovem e de seu pai, agora nas mãos de Escobar. O filho marcara um encontro com Domênico, com o intuito de pedir orientação sobre a destinação de Anita.

– O tratamento na prisão já é conhecido e pode imaginar

como ele está. A intenção do capitão é chamar a atenção de Anita, para que ela se entregue às autoridades. E ela está bem? Quando irá encontrar esse Domênico?

– Hoje à noite. Espero que tudo termine de forma a que ninguém se exponha ainda mais ao perigo. Vivemos momentos difíceis, e essa situação ainda vai perdurar por um bom tempo – afirmou Adolfo com tristeza.

– Vim para oferecer meu apoio e préstimos. Tenho de voltar, pois também estou vivendo um momento conflituoso, outra hora lhe conto os detalhes.

Os amigos se despediram. Quando a noite chegou, Miguel e Anita saíram para o tal encontro. Adolfo estava com maus pressentimentos. Queria que Consuelo estivesse ao seu lado, ela sabia como acalmá-lo! Estava se tornando dependente dela e apreciava isso, sentindo que poderia contar com ela em qualquer situação. A tensão o dominava e somente relaxaria quando o filho retornasse, preferencialmente sozinho.

Passava das onze horas, quando Miguel e Anita entraram na sala, deparando com a presença aflita do pai.

– O que decidiram? Anita, o que pretende fazer?

A jovem ostentava um olhar desalentado e tristonho. Encarou-o firmemente e disse:

– A situação está crítica e não vejo outra saída a não ser me entregar. Domênico disse que será difícil fugir com todo o cerco ao redor da cidade. Uma ação fadada ao insucesso e ele não pode arriscar seus homens nisso. Estou por minha conta! Pediu que continuasse escondida, porém sou um perigo para vocês. Prometo pensar em algo esta noite. Além do mais, não posso ficar de braços cruzados em relação à prisão de meu pai. Ele deve estar sofrendo por minha causa. Eu não queria que isso acontecesse!

Adolfo ficou penalizado com a fragilidade de Anita, abandonada à sua própria sorte. Ele não agiria dessa forma com nenhum dos seus! Foi até a jovem e a abraçou, deixando que as lágrimas abrandassem seu coração angustiado. Era apenas uma jovem idealista, que poderia ser sua filha! Não poderia negar-lhe auxílio.

– Fique calma, pensaremos numa solução juntos.

A jovem chorava copiosamente, arrependida de colocar a vida daquele que mais amava em perigo. Não podia conceber a ideia de ver o pai preso e interrogado por Escobar.

– Não faça nada de que se arrependa depois. Já agiu impulsivamente e viu o que aconteceu. Mantenha a serenidade, pois só assim a solução para esse impasse aparecerá. O importante é mantê-la distante das garras desse capitão. Tente descansar um pouco.

– Não sei como agradecer! Desculpe todos os problemas causados – disse a jovem.

Miguel a acompanhou a um dos quartos da casa e, ao retornar, encontrou o pai com a expressão grave no olhar.

– O que faremos, meu pai?

– Ainda não sei! Aqui ela não poderá permanecer por muito tempo. Pensaremos em algo!

O filho abraçou o pai sem dizer palavra alguma. O abraço já dizia tudo! Adolfo sabia que Miguel tinha outros interesses na jovem e faria qualquer coisa para vê-la em segurança. Não iria reprimir o filho, pois em seu lugar faria o mesmo.

O problema seria solucionado no tempo certo, e ele ainda não chegara...

Adolfo estava cansado e precisava repousar. Naquele momento, apenas o temor imperava e isso não traria respostas objetivas e acertadas. Precisava readquirir a confiança e a fé nos desígnios divinos, estando receptivo às boas ideias.

O dia seguinte traria novas opções e novas possibilidades de solucionar a questão. Assim sempre pautou sua vida e não seria diferente agora...

Capítulo 19

Momentos de tensão

O dia amanheceu sob tensão! Um futuro sombrio se delineava! Anita acordara cedo, disposta a resolver os problemas por ela criados.

– Já tomei minha decisão. Irei até Escobar e me entregarei – disse a Adolfo e Miguel.

– Não creio que seja uma escolha acertada, minha jovem.

– Se Escobar me prender, libertará meu pai – ponderou a jovem com tristeza no olhar.

– Quem lhe garante que ele o soltará? Não tome nenhuma iniciativa por impulso – disse Adolfo serenamente.

– A saúde de meu pai é frágil e ele não irá suportar mais um dia naquela prisão.

– Farei uma visita ao capitão e tentarei apelar pelo seu bom senso. Fique aqui e ore, pois é isso que está em suas mãos no momento – disse Adolfo e saiu.

Miguel aproximou-se da jovem e segurou-lhe as mãos, dizendo:

– Confie em meu pai. Ele sabe o que faz. Tudo se resolverá, creia.

– Farei o que me pedem. É o mínimo que posso fazer em

retribuição a tudo que estão fazendo por mim – disse Anita sensibilizada.

No meio do dia, Adolfo recebeu a visita de Escobar em seu estabelecimento.

– Precisa de algo? – questionou Adolfo – pensando em perguntar sobre Estevam.

– Onde está a menina Gabriela? Não a vejo – disse decepcionado.

– Ela está com as irmãs na fazenda. Posso ajudá-lo?

– Responderei com outra pergunta. Posso ir até lá falar com ela?

Adolfo sentiu seu sangue gelar nas veias.

– O que deseja de minha filha? – perguntou Adolfo receoso.

– Preciso dar uma palavrinha com ela sobre certo assunto. Espero que não se oponha.

Adolfo não sabia o que dizer àquele homem à sua frente:

– O senhor pode visitar minha filha, desde que suas intenções sejam pacíficas. Minha filha tem uma saúde frágil e necessita de muita atenção.

– Não se preocupe, nada farei que a perturbe – disse o capitão com um sorriso.

Antes que o capitão saísse, Adolfo fez a pergunta entalada em sua garganta.

– Como está Estevam? Ele é um homem digno, um pilar de nossa comunidade e sua única responsabilidade foi ser pai dessa jovem. O senhor irá encontrá-la, porém Estevam tem saúde frágil e não pode passar por tanto constrangimento.

Escobar olhou firmemente para Adolfo e proferiu:

– Ele é responsável por essa jovem e a protege. Ficará na prisão até que ela apareça. Até mais ver – e saiu a passos firmes, deixando Adolfo com rugas de preocupação.

Pensou rápido e pediu a um garoto que fosse até o acampamento dar um recado a Consuelo. Uma hora depois, ela chegou preocupada. Contou-lhe sobre a visita de Escobar e sobre suas intenções. Consuelo ouviu atentamente as informações e disse:

– Escobar é inflexível em suas condutas e impiedoso com

seus desafetos, no entanto apenas obedece ordens. Por detrás dessa couraça existe um ser humano sofrido, que desconhece a paz. Tenho muita pena dele. Ele me procurou por diversas vezes com problemas de saúde, solicitando unguentos e chás que amenizassem seus sofrimentos. Não vejo motivos para se preocupar. Gabriela é doce e sensível, deve ter tocado as fibras de seu coração.

Adolfo não se sentia confortável! Seus instintos o orientavam a ser cauteloso e atento às ações de Escobar. Ainda mais agora, abrigando em sua casa a jovem fugitiva.

– A situação se complica a cada dia. Minha mãe já o alertou sobre o perigo que corre protegendo a jovem em sua casa. Resolva a questão antes que seja tarde!

– Não tenho alternativa, Consuelo. É temerário, porém necessário – disse Adolfo.

– Não deve se esquecer de que tem uma família a zelar.

– Peço que fique com as meninas. Perdoe-me solicitar tantas vezes sua ajuda, não tenho ninguém mais a quem recorrer. Sua amizade é meu grande conforto. Não sei quando quitarei essa imensa dívida contigo.

Consuelo abriu um belo sorriso e pegou as mãos de Adolfo entre as suas dizendo:

– Conte comigo em qualquer situação. Não me deve nada, tudo faço pela imensa estima que tenho por você. Ficarei em sua casa enquanto for necessário.

– Obrigado, minha amiga! E sua mãe, resolveu-se com Lola?

– Ninguém consegue se resolver com Lola! – disse desalentada. – Tenho poucas esperanças de que ela tome jeito! Peço a Deus não ser necessário conviver com ela novamente em outra vida!

Adolfo ficou pensativo quando ela se referiu a outra vida. Seria isso real e certo? Nasceríamos e morreríamos inúmeras vezes? Era uma questão que o intrigava!

– Você fala com tanta convicção que me leva a pensar que isso seja possível.

– Pelas minhas crenças isso é verdadeiro e certo, porém não

posso provar-lhe. Quem sabe o que nos aguarda? – disse Consuelo com o olhar perdido, carregado de emoções contraditórias. Já pensara infinitas vezes no sentimento que nutria por Adolfo, e isso só se explicaria se tivessem se encontrado em algum lugar do passado. Sentia tanto afeto, um desejo contido, que apenas a experiência desta encarnação não poderia ter-lhe conferido. Olhou Adolfo profundamente e viu um olhar de cumplicidade e respeito, mesclado com doçura e leveza. Os dois permaneceram calados por alguns instantes, cada um tentando desvendar os segredos contidos no recôndito de sua alma.

– Creio que um dia descobriremos esse misterioso segredo! Até lá, cumpre-nos viver a existência com seriedade, valorizando cada oportunidade que a vida oferece! – disse a mulher e saiu calmamente, deixando Adolfo perdido em questionamentos confusos.

Consuelo era uma mulher interessante. Jamais olhara para ela com olhos de cobiça ou outro sentimento indigno, no entanto, parecia que tudo se alterara. Talvez a carência, a solidão, os infinitos problemas a solucionar, tivessem impactado sobremaneira seu emocional. Sentiu um calor percorrer seu corpo, como se algo fosse ativado, mas não conseguia descrever em palavras o que sentia. Precisava tanto dela! Imediatamente lembrou-se de Letícia. Sentiu uma angústia a lhe invadir o peito e a saudade corroer-lhe as entranhas. Jamais pensara em outra mulher que não em Letícia! Porém, ela se fora e ele estava sozinho, precisando de alguém que o apoiasse! Seria trair sua memória contar com a ajuda de Consuelo?

O trajeto foi curto e solitário, porém Consuelo sentia-se vigiada, como se olhos ocultos a acompanhassem, fazendo que ela se virasse repetidas vezes para averiguar se estava sendo seguida. Lola estava à espreita, observando cada passo de seu caminhar. Ela estava impaciente e decidida a colocá-la novamente no foco de Escobar. Queria a todo custo tirá-la de seu caminho! Sabia que a família de Adolfo escondera a jovem, porém os homens não a encontraram. Queria averiguar pessoalmente se a fugitiva estava ainda entre eles. Esperaria a noite chegar e desvendaria aquele mistério. Consuelo não iria se safar desta vez! Faltava muito pouco para dar o bote definitivo em Inês e na família que tanto a humilhara!

As jovens ficaram radiantes com a chegada de Consuelo.

– Posso imaginar os motivos de sua permanência conosco. Papai está apreensivo comigo, mas não precisa se preocupar; sei o que fazer – disse Gabriela em tom sereno.

Consuelo olhou firmemente nos olhos da jovem e afirmou:

– Você deve ter seus motivos, Gabriela, mas não se esqueça de que cada gesto seu será observado, podendo colocar em perigo toda a sua família.

Nina e Lívia entreolharam-se confusas. Indagou com o olhar a Consuelo, que contou o motivo de sua presença, as intenções de Escobar e o receio de Adolfo, preocupado com o comportamento da jovem nos últimos encontros com Escobar.

Gabriela olhava fixamente para as irmãs, esperando que elas a compreendessem.

– Sinto que esse senhor necessita de mim, não do meu julgamento, pois não me cabe julgar os atos de ninguém. Acho que suas ações se baseiam na real ignorância das Leis Divinas. Aqui chegamos como crianças sedentas de aprendizado. Cada oportunidade que a vida oferece é aproveitada ou desprezada conforme nossas escolhas. Sinto que Escobar ainda não teve a chance de observar o verdadeiro significado da existência, pois muito lhe foi negado. Ninguém o tratou com respeito e carinho, os seus olhos denunciam a mágoa que ele traz em seu íntimo. Isso me tocou e senti um imenso desejo de colaborar com ele na compreensão de seu papel.

– Minha querida, a vida não lhe responderá conforme seus anseios. Nem todos estão aptos a compreender sua tarefa. Estão em condições inapropriadas para esse entendimento. Ele responde conforme sabe e não podemos julgá-lo. Podemos compreendê-lo, mas tentar mostrar-lhe o real sentido da vida e sua responsabilidade perante ela não é pedir o impossível? – questionou Consuelo.

– Não posso lhe responder; porém, se estamos de posse de

uma verdade e excluímos os demais dessa oportunidade, estaremos sendo justos? – inquiriu a jovem.

– Compreendo, porém peço-lhe cautela. Ele persegue todos os que se oponham à Igreja. É contra os hereges e assim os condena sem lhes oferecer oportunidade de defesa. Temo pela sua segurança. Você desabrochou subitamente, como se estivesse adormecida. Parece que toda a fragilidade era aparente, ou talvez seu corpo físico estivesse em processo de adaptação. Peço que direcione esse amor a quem realmente o compreender.

– Tenho muito a realizar e preciso redirecionar minhas energias para colocar em ação as tarefas planejadas. Confiem em mim, é o que peço – disse Gabriela confiante.

Nina foi ao seu encontro e a abraçou, sentindo uma angústia inexplicável dominando seu ser. Queria que a irmã se certificasse de que estaria sempre ao seu lado, em qualquer circunstância. Gabriela era diferente dos demais irmãos. Tinha uma luminosidade que oscilava entre luz e sombra. Muitas vezes observou ao seu lado seres nimbados em luz, como a lhe oferecer proteção constante. Outras vezes, quando as crises ocorriam, sombras tenebrosas a envolviam. Essa dubiedade sempre lhe causava admiração e temor. Agora seu semblante se transformara, assim como tudo o que estava ao seu redor. Gabriela estava lá, mas parecia que sua alma estava entre essas duas realidades, material e espiritual. Alguma coisa acontecera! Pediu a Deus que a cobrisse de bênçãos e de muita luz, pois sentia que iria precisar muito disso!

As duas irmãs permaneceram abraçadas, e Lívia se uniu a elas, garantindo que essa união jamais seria comprometida, mesmo em face de qualquer acontecimento!

Consuelo percebeu que o ambiente se iluminou por completo. Jatos coloridos de luz eram derramados sobre as irmãs, proporcionando indizível bem-estar a todas. Sentiram-se amparadas por companheiros de luz!

Do lado de fora Lola percebeu que o ambiente se transformara, como se elas estivessem sob uma redoma de luz. Aquela família possuía uma força extrema e isso a perturbava! Queria

Adolfo para si, mas essas jovens seriam um problema! Isso dificultaria seus planos e precisava afastá-las definitivamente! Pensamentos tenebrosos pairaram em sua tela mental e deu vazão a eles, permitindo que irmãos de categoria inferior se ligassem a ela, potencializando a energia negativa que a dominava. Sentiu-se poderosa e imbatível! Ela teria tudo o que sempre desejara, e Consuelo, dessa vez, seria derrotada! Lola delirava de tanto prazer, imaginando sua vitória! Enquanto ela se deleitava em seus mórbidos pensamentos, companheiros espirituais a tudo observavam e, com olhar triste, verificaram que Lola era receptiva apenas aos irmãos das trevas.

Pablo e companheiros tinham conhecimento que tempos de paz estavam ainda distantes.

A aparência de Lola era de total perturbação. Ela decidiu permanecer por lá e se certificar se haveria algum indício de Anita. Faria isso quando todos estivessem dormindo.

Consuelo continuava inquieta, sentindo-se vigiada. As jovens conversaram um pouco mais e foram se deitar. Nina contou à amiga a conversa que tivera com Santiago.

– Não pense no pior, minha querida. Ele conseguirá resolver esse impasse mais cedo que imagina. Não alimente a dúvida. Agora vá dormir!

– E você, não vem? – perguntou Nina.

– Em alguns instantes. Vou verificar se tudo está fechado – disse Consuelo.

Nina sorriu e finalizou:

– Parece minha mãe. Ela agia assim todas as noites. Era a última a se recolher. Tenho tanta saudade dela! – disse com a tristeza estampada no olhar.

– Sua mãe era uma grande mulher e um exemplo a ser seguido. Toda vez que sentir a saudade querendo explodir, envie-lhe uma mensagem que ela receberá. Ela precisa sentir que você está seguindo o curso da sua vida, aplicando tudo o que ensinou. Ela terá paz e você também!

– Boa noite! – disse a jovem, abraçando carinhosamente Consuelo.

– Durma bem, Nina.

Consuelo foi até a varanda e ficou a observar se havia algum movimento suspeito em derredor. Tudo estava silencioso. Os animais estavam tranquilos e nada denunciava a presença de algum intruso. Entrou, fechou portas e janelas e se recolheu.

Lola aguardou que o movimento na casa cessasse e saiu de seu esconderijo, efetuando sua busca, porém, nada encontrou. Nenhuma prova ou indício de que alguém lá estivera. Percebeu que não iria encontrar nada e foi embora, ruminando novos planos para afastar a paz daquele lugar. Eles não a conheciam para pensar que seria facilmente enganada!

A noite foi longa e perturbadora para muitos dos nossos personagens. Todos acordaram mais tensos que o habitual, prenúncio de contratempos no caminho.

Alice, no entanto, dormiu a noite toda. Chamou Suzana, sua aia, dizendo que iriam até a cidade fazer algumas compras.

Santiago estava tomando um café forte, quando ela adentrou sorridente, beijando seu rosto como se nada tivesse acontecido.

– Bom dia, querido! Você tem razão, este lugar é maravilhoso. Nunca dormi tão bem! Estou ansiosa para conhecer Córdoba. Papai falou que é uma cidade onde se respira cultura. Deve ter muitos lugares para visitar e é isso que farei hoje. Se estiver disponível, será um imenso prazer ter sua companhia. O que acha?

– Alice, você está bem? – Santiago não entendia; onde estava toda a fúria e revolta do dia anterior?

– Por que não estaria? – respondeu a jovem.

– Você se esqueceu de nossa conversa? – questionou Santiago.

– Sobre qual assunto você se refere?

– Você sabe! Ainda tem alguma dúvida? – perguntou o jovem já impaciente.

– Você tomou essa decisão sem me consultar, o que me dá o direito de recusar. Você está confuso e não deve decidir nada nessas condições. Ficarei um tempo por aqui, sei que não me negará hospitalidade. Enquanto eu descanso, mudo de ares, você pode também mudar de ideia. Não creio que possa estar tão apaixonado por outra mulher num curto espaço de tempo. Eu sou a mulher de sua vida!

– Alice, pare de ser tão insistente! Eu já lhe disse que não vou me casar com você. É tão difícil entender? As pessoas mudam todos os dias, alteram seus caminhos, buscam outros interesses. Pare de se enganar e aceite a realidade como ela se apresenta. Arrume suas coisas e retorne para sua família. É o melhor a fazer! Não existe a menor possibilidade de ficarmos juntos e você precisa aceitar esse fato. Estou apaixonado por outra mulher. Siga seu caminho e seja feliz!

Alice pensou em implorar-lhe seu amor, porém seria humilhação demais. Também não se conformaria em ir embora. Santiago sempre seria seu!

– Se é isso que deseja, vou partir. Porém, ainda não voltarei para casa de meus pais. Estou envergonhada, triste e nessas condições não pretendo retornar. Vou ficar um tempo em uma estalagem e, quando estiver mais calma, pensarei numa forma de contar a eles que me abandonou.

– Sei que é difícil enfrentar essa situação, porém não adianta protelar. Volte para seus pais, lá encontrará o apoio de que necessita. Além do mais, não é um lugar seguro para uma jovem desacompanhada. Existe um clima de tensão na cidade. Tempos difíceis!

Ela ergueu a cabeça em atitude desafiadora e respondeu:

– Sei cuidar de mim, Santiago. Ficarei na cidade alguns dias apenas, não se preocupe.

E saiu para arrumar suas coisas, sob o olhar desconfiado de Lupe:

– Não estou gostando nada dessa história. Ela não é criatura de recuar assim tão facilmente. Estou temerosa por você, meu filho!

– Foi melhor assim! Eu não poderia iludi-la ainda mais! Que ela siga seu rumo!

– Assim espero. Agora precisamos ter aquela conversa que

você tem adiado. Quem é a felizarda? Qual das filhas de Adolfo? – questionou Lupe.

– Nina. Como descobriu?

– Só poderia ser uma delas. Vamos, conte-me tudo – Lupe estava ansiosa para saber.

Santiago contou-lhe como tudo aconteceu. Nina era o alento necessário para prosseguir com sua existência. Sua vida se modificara radicalmente e parecia que ela se tornara seu ponto de apoio, em meio a tantas zonas movediças e instáveis. Descobrira uma flor rara em meio ao deserto que se transformara seu coração. Ela era especial!

– Você está apaixonado! Eu gostaria de conhecê-la. Peço a Deus que abençoe esse amor e os livre de todo o mal que Alice poderá lhes causar. Vamos torcer para ela voltar para sua família! Só assim os deixará em paz! – disse Lupe com a preocupação no olhar.

Santiago sentiu um arrepio. Achou melhor mudar o rumo dos seus pensamentos. Assim que Alice saiu, Santiago foi ao encontro de Inês. Mal colocou os pés no acampamento, deu de cara com Lola, que, sorrindo, foi ao seu encontro:

– Já decidiu com qual das duas vai ficar? Devo alertá-lo de que corre perigo para qualquer lado que se proponha a seguir. As duas mulheres são poderosas e podem lhe causar sérios problemas. Posso ajudá-lo se confiar em mim! Afasto todo mal que se colocará em sua frente, porém preciso de uma ajuda sua...

Ela ia continuar a falar quando Santiago disse:

– Não quero que se meta em minha vida! Conheço suas artimanhas e não vai me envolver mais! Agora, me deixe passar! – disse Santiago, deixando Lola furiosa.

Quando entrou na tenda, Inês viu que ele estava pálido e perguntou:

– O que aconteceu, meu querido? – e tomou-lhe as mãos, que estavam geladas.

– Não sei o que me deu, falei coisas que sequer poderia imaginar dizer a alguém. Lola é perigosa e hoje percebi a dimensão do perigo. Não gosto dela! – e contou a avó o que acontecera.

Capítulo 20

O clamor da consciência

Inês ouvia atentamente o neto contar-lhe sobre o encontro explosivo com Lola. Enquanto ele falava, ela percebia a semelhança com o filho.

– A cada dia vejo particularidades em você que me lembram de seu pai, e não são apenas semelhanças físicas. Pablo era um jovem excepcional e adorável. Seria um excelente condutor de nosso povo. Quis o destino que isso não se concretizasse.

– Eu gostaria muito de tê-lo conhecido – disse o jovem abraçando a avó. – Quero que se cuide, pois pressinto que ela esteja tramando algo contra a senhora.

– Infelizmente, Lola escolheu caminhos escusos e será responsável por suas atitudes levianas. Cada encarnação é uma oportunidade de refazer equívocos de passado. É a chance de quitar pendências e escolher novos caminhos. E nem sempre assim agimos. Lola não se deu conta de quantos débitos está acumulando nesta encarnação...

– A senhora fala com tanta propriedade sobre essa questão.

– Nosso povo acredita que um ser possa renascer num outro corpo, dando continuidade à sua evolução, refazendo caminhos antes percorridos de maneira indevida. Para nós isso é algo natural, já inserido em nosso comportamento.

– Lola também pensa assim? – questionou o jovem.

– Ela é um caso à parte, meu filho. Lola deverá arcar com o ônus de suas escolhas, seja nesta ou em outra existência. Infelizmente, ela responsabiliza o mundo pelos seus sofrimentos. No afã de buscar a felicidade, escolheu desvios que fatalmente a conduzirão a despenhadeiros de lágrimas. Sinto que falhei com ela. Sobre o que Lola lhe disse acerca dessas duas mulheres, peço que fique vigilante. Uma mulher ferida é sempre perigosa!

– Minha maior preocupação é Nina. Não quero magoá-la!

– Nina é ponderada, não irá se prostrar facilmente. Tenho muita estima por ela e fico tranquila que tenha sido a eleita, pois o fará muito feliz!

Santiago sorriu aliviado e despediu-se da avó com um terno abraço.

Assim que ele saiu, Inês entrou em profunda prece, conectando-se aos amigos espirituais, pedindo a intercessão em tão conturbado assunto. Enquanto orava, a tenda se preencheu de luz e os amigos lá compareceram, procurando apaziguar o coração da cigana, que aos poucos foi se sentindo confiante e serena.

Santiago seguiu para a casa de Nina sem perceber que Alice, de longe, o acompanhava. A jovem viu o encontro dele com Nina, o beijo que se seguiu, e suas feições se contraíram de raiva. Como ele pôde desprezá-la? Isso não ficaria assim!

Alice ficou à espreita por alguns minutos. Suzana, sua aia, a acompanhava preocupada.

– A senhora pode ser vista aqui, o que não a favorecerá! Vamos embora! – implorou.

– Do que tem medo? De ser descoberta? Se quiser partir, pode ir! – disse Alice petulante.

– Vamos para a cidade e lá poderá se informar sobre estas terras e quem é a moça.

– Você está certa desta vez! Vamos para Córdoba – e saíram cuidadosamente.

Santiago e Nina nem sequer desconfiavam de que estavam sendo observados.

– Já está tudo resolvido. Alice partiu e espero que seja definitivo.

– Uma mulher não desiste assim tão fácil, meu querido.

– Fui bem claro. Espero que ela tenha a dignidade de nos deixar em paz.

– Eu gostaria de ter essa certeza, porém sinto que ainda teremos notícias.

Santiago abraçou Nina e assim permaneceram, tentando juntos reencontrar a paz e a confiança. Consuelo estava por perto e sentiu um calafrio, o que a deixou tensa. Fixou seu olhar no horizonte e percebeu uma movimentação perto de algumas árvores. A mesma sensação do dia anterior. Sentia-se observada, mas por quem?

Gabriela estava sentada num banco sob uma frondosa árvore, quando avistou ao longe a figura de Escobar vindo em sua direção. Seus sentidos ficaram em alerta.

– Boa tarde, capitão! Que bons ventos o trazem? – perguntou a jovem com um sorriso.

Era tudo o que ele mais queria ver! Quando ela lhe sorria, a paz o visitava, companheira arredia em sua existência.

– Vim conversar um pouco com você, caso não se oponha – disse Escobar.

– Venha, sente-se um pouco. Creio que nossa conversa será proveitosa e poderá encontrar a resposta que veio procurar – disse Gabriela com suavidade.

Escobar acompanhou a jovem, constatando, de imediato, que seu coração se enternecia ao contato com ela. Era uma sensação jamais vivenciada! Isso o intrigava sobremaneira e queria cada vez mais estar ao lado da jovem, absorvendo as energias reconfortantes que ela irradiava. Poderia até dizer que seus olhos materiais viam a luz, tamanha era a sensação de bem-estar que ela proporcionava. Sentiu que a emoção o dominava e custou a conter as lágrimas.

Gabriela percebeu o quanto Escobar estava sensibilizado e pegou em sua mão dizendo:

– Por que insiste em permanecer abrigando em seu coração esses sentimentos tão rudes, que nada contribuem para sua felicidade? Nem tudo é exatamente como nossos olhos físicos podem observar. Há muito mais, oculto àqueles que ainda se comprazem em ver apenas o mal! Nossa criação é divina, abrigamos em nosso íntimo todas as virtudes de que necessitamos para conquistar a felicidade, porém ainda se encontram em semente, precisando que o terreno de nosso coração propicie sua germinação. Para isso é necessário que cultivemos com terra fértil esse terreno, que significa pautarmos nossa existência em ações no bem e na luz. Só assim poderemos oferecer à vida o que temos de melhor! Você é fruto do amor de Deus, meu amigo, por mais que se recuse a aceitar. Quanto mais oferecer ações negativas à vida, mais ela lhe devolverá na mesma intensidade. Você reluta em aceitar que a vida é fruto de nossas escolhas. O que tem oferecido? Boas ações? Compreensão? Solidariedade? Paz?

Escobar derramava lágrimas nesse momento, libertando emoções contidas. O contato da mão da jovem estimulou que isso ocorresse, sentindo uma energia diferente a percorrer-lhe o corpo. Nunca ninguém lhe falara com tamanha doçura, fazendo-o sentir-se em paz, mesmo que por breves momentos. Sentia um peso infinito em seus ombros, como se carregasse o mundo em suas costas. Sentia uma culpa inexplicável, uma dor que jamais o abandonava. Seus pais jamais exerceram o papel que lhes foi confiado, vivendo de um lar a outro, mendigando amor e atenção. Teve uma infância infeliz, endurecendo seu coração. Tornou-se um adulto frio, insensível à dor alheia, assim como foi tratado por toda a vida. Porém tudo tem um preço! Isolou-se de todos, dedicou-se apenas a seu trabalho, galgando a confiança daqueles que compartilhavam os mesmos ideais. Seu corpo físico, no entanto, sempre se ressentiu pelas escolhas efetuadas.

Gabriela observava com o coração apertado, sentindo que necessitava ajudar aquele companheiro, caso contrário ele jamais se reabilitaria perante a vida e a seus devedores. Fechou os olhos por breve instante e visualizou as sombras que o envolviam, impedindo-o de conquistar a paz interior. Precisava fazer algo para aliviar seu sofrimento e, num átimo, sentiu sair de seu corpo uma energia brilhante e potente, direcionando àquele ser seus mais puros sentimentos.

O capitão começou a sentir uma corrente elétrica que levava a cada ponto de seu corpo sensações indescritíveis de paz e aconchego. Respirou profundamente, sentindo-se leve e apaziguado, como jamais vivenciara antes. Fechou os olhos, usufruindo daquele momento o máximo possível. Quando abriu os olhos novamente, viu a jovem com seu contorno luminoso, como se algo sutil e brilhante a envolvesse.

– Você é um anjo? – perguntou timidamente Escobar ainda emocionado.

– Não, sou uma pessoa comum, igual a tantas que o senhor já encarcerou e entregou a seus algozes. Uma pessoa apenas diferente. Causo-lhe temor? – questionou a jovem.

O homem não sabia o que responder, preferindo o silêncio. Gabriela insistiu:

– O mundo está em constante processo de transformação, visando à instalação do progresso entre os homens. Deus, Pai de amor e misericórdia infinita, envia a todo instante seres dotados de maior sensibilidade e com potencialidades ainda distantes de serem compreendidas à luz da razão. Apenas o coração é capaz de entender e, por não serem compreendidos, são julgados como frutos do mal que precisam ser eliminados para não contaminar os outros. E assim, de perseguição em perseguição, companheiros enviados para semear luz e entendimento entre os homens têm sua vida ceifada e suas potencialidades desprezadas. O que pensa sobre isso?

O capitão estava hipnotizado pelas palavras da jovem!

– Sabe o que estás dizendo? Suas palavras podem ser mal interpretadas e as consequências incalculáveis. Não tem medo? Sabe que pode se comprometer, menina – suas palavras eram mansas e diretas.

– Do que eu teria medo? Da verdade? De mostrar-lhe um ângulo dessa história que jamais quis observar? – disse a jovem serena e confiante.

O capitão aproximou-se de Gabriela e disse com a gratidão no olhar:

– Não fale assim com mais ninguém, eu lhe peço. Esta conversa jamais ocorreu! Não quero que nenhum mal possa se abater sobre você. Sinto que é especial, carregando dons ainda incompreensíveis aos olhos do mundo. Tenho de alertá-la sobre o perigo que corre se essas palavras caírem em lugares inapropriados. O sofrimento não pode fazer morada em seu coração, tão puro e generoso, capaz de espargir tanto amor!

A jovem segurou as mãos do capitão entre as suas e confiou-lhe:

– Não precisa percorrer esse vale de lágrimas, pode caminhar por lugares iluminados e repletos de paz. É sua escolha! Reconcilie-se consigo enquanto é tempo. Procure seu lugar no mundo. Ouça sua consciência e lute por aquilo que crê. O orgulho ainda é sombra que não se aparta de nós! Lembre-se de que apenas Deus é capaz de decidir o futuro de seus filhos bem-amados. Pense sobre isso e decida como deseja caminhar: na companhia da luz ou das sombras! Cabe a você a decisão!

Escobar derramou algumas lágrimas e fez seu derradeiro pedido:

– Cuide-se, minha menina! Agradeço seu interesse por mim, mesmo não sendo merecedor. Não se exponha aos olhos do mundo como fez nesta tarde, talvez não encontre uma plateia tão compreensiva como hoje. Posso visitá-la outras vezes?

– Será um imenso prazer! – disse Gabriela despedindo-se do capitão, que saiu renovado após os poucos momentos que compartilharam.

A jovem observou Escobar se afastar, sentindo, mais uma vez, o quanto era responsável por ele. Sabia que caminhar ao seu lado era temerário, porém sua decisão já fora tomada. O capitão seria seu aliado, essa era sua única certeza. Isso faria toda a diferença!

Santiago e Nina a tudo observavam. Aos que tiveram acesso ao mundo espiritual, puderam constatar o que lá ocorreu, o que não passou despercebido a Nina. Entidades luminosas se achegaram ao capitão, recolhendo os sofredores que o envolviam, conduzindo-os amorosamente ao auxílio de que necessitavam. Retornariam para perturbá-lo novamente? Dependeria das ações que ele empreenderia dali em diante. Escobar teria de rever sua conduta se quisesse conquistar a paz. Refazer caminhos, redimindo-se de suas faltas, quitando seus débitos, esse era o caminho a seguir. Porém, a escolha teria de partir exclusivamente dele!

– Sinto que esse senhor nos visitará mais vezes! – disse Nina com o olhar perdido no infinito.

– Por que diz isso? Acredita que ele desconfia de nosso apoio a Anita?

– Penso que tudo isso é uma grande incógnita! Nem tudo nos é concedido conhecer, meu querido. Cada coisa a seu tempo! Agora, aproveitemos o pouco tempo de paz, antes da tempestade – disse enigmaticamente.

– O céu está limpo! – disse Santiago olhando o céu sem nuvens.

Nina abriu um largo sorriso e o abraçou carinhosamente.

– Não é a esse tipo de tempestade que me refiro.

E saíram a caminhar ao encontro de Gabriela, que parecia distante de lá.

– Uma moeda por seus pensamentos! Ou serão devaneios? – perguntou Nina.

– Não faça perguntas que não saberei responder, minha irmã. Eu apenas gostaria que confiasse em mim. Preciso ajudar Escobar, é tudo o que sei. Não entremos no mérito de julgar se ele assim o merece. Auxiliamos os que necessitam, assim aprendemos. É um sofredor, e por esse motivo merece nossa atenção – disse Gabriela de forma solene.

– Ajudamos os que desejam ser ajudados; caso contrário, de que serviria todo seu empenho em fazer chegar ao coração dele tanto bálsamo? Nem sequer sabe se ele deseja sua ajuda – disse Nina enfática.

– Minha intuição me orienta a assim proceder. Escobar será nosso aliado e posso lhe afirmar que todos serão beneficiados com isso – disse a jovem confiante. – Ele necessita apenas de mais tempo para refletir sobre a nossa conversa.

Santiago, calado até então, finalizou:

– Você deve saber o que faz, Gabriela. Eu gostaria que soubesse que sinto o mesmo em relação a ele. Não é uma pessoa essencialmente má, vejo muita mágoa em seu olhar. Porém, quando ele está próximo de você, tudo se modifica. Confio em seu julgamento.

– Agradeço a confiança, meu amigo. Nina, conheço você e sei que seu coração irá amolecer. Esqueça o destempero dele em sua estufa e tente olhar com olhos misericordiosos. Sei o quanto é generosa e compreensiva.

Nina pegou suavemente as mãos da irmã e disse:

– O que me move é minha extrema preocupação com seu bem-estar. Se algo lhe acontecer, não sei o que sou capaz de fazer! Tenha muita cautela com ele, eu lhe peço.

– Nossos caminhos já estão traçados e nada há que possa fazer por mim. Cada um vive sua própria história e arcará com a responsabilidade de suas escolhas. Preocupe-se apenas em viver sua vida. Minha vida é minha escolha! Serei cautelosa em minhas futuras ações. Estou confiante de que existe uma explicação para tudo o que estou vivendo. Você foi minha maior incentivadora a olhar a vida e usufruir cada oportunidade que ela oferece. Estou seguindo seus conselhos, que, aliás, sempre foram muito sábios – afirmou Gabriela, abraçando a irmã, envolvendo-a em fluidos tranquilizantes.

Nina absorveu as energias, sentindo-se novamente confiante e serena. Era inacreditável o que Gabriela era capaz de fazer! Precisava confiar nela!

– Creio que entendi o recado. Santiago, fique conosco para um lanche.

Os três caminharam abraçados sentindo dissipar todas as dúvidas e receios. Contavam com um recurso valoroso: o poder da fé que tudo transforma, esclarece e conforta. A fé que já estava sedimentada naqueles corações, fruto de muitas vivências, muito trabalho e muitas lições aprendidas. Com ela, as dificuldades seriam vencidas facilmente!

Escobar, já de volta à cidade, recebeu uma notícia inesperada. Estevam, pai de Anita, estava em sua cela e sentiu-se mal, vindo a falecer em seguida. Sentiu a culpa corroê-lo! Não colocara as mãos sobre o velhote, nem o torturara, porém seu interrogatório havia sido duro, permeado de muitas ameaças. O coração não suportara!

O capitão sentou-se e não proferiu palavra alguma. O guarda esperava que ele desse alguma ordem, porém ele ficou em silêncio. Jamais sentira tal desconforto em sua vida! Apenas obedecia ordens, e seus superiores queriam alguma informação sobre a jovem fugitiva. Ele apenas o interrogara, e agora sentia-se responsável pelo que ocorrera. Carregava tantas culpas em seu íntimo, por tudo que praticara, por tudo que poderia ter evitado, por ser esse ser miserável que era! As palavras de Gabriela vieram à sua mente, cabia a ele efetuar as escolhas! Sentiu que precisava refletir sobre a questão...

– Alguma notícia da jovem? – perguntou ao guarda.

– Nada ainda, capitão. O que fazemos com o corpo do velho?

O desrespeito deixou-o furioso, mas não respondeu. Aquele homem haveria de ter alguém que cuidasse de seu funeral. Pensou em Adolfo e pediu que o chamassem. Eram amigos e se encarregaria de providenciar tudo. Ficou novamente só, e a figura de Gabriela se delineou em sua mente. Sentiu vergonha e não sabia como encará-la novamente. Ela o julgaria por suas atitudes?

Não percebeu quanto tempo ficou naquela sala, até que Adolfo entrou com o semblante contraído de raiva e o confrontou.

– O que fez com ele? A prisão já havia sido injusta. Não contente, ainda teve a ousadia de torturar um inofensivo senhor, cuja saúde era frágil? Vou reclamar com seus superiores pelo abuso cometido – Adolfo estava indignado com o que acontecera.

– Pode fazer o que quiser. Nada fiz que contribuísse para isso. Comprove com seus próprios olhos. Não lhe devo explicações sobre meus atos, porém foi uma fatalidade. Se alguém tem culpa, é a filha, que só lhe deu desgostos e preocupações. Ela é responsável por tudo isso e irei encontrá-la mais cedo que supõe – proferiu o capitão com o olhar frio.

– O senhor é responsável pela sua morte. Espero que essa jovem esteja bem distante daqui e não seja testemunha dessa crueldade. Houve abuso de poder nesse interrogatório e darei parte à Coroa por sua atitude desumana com um senhor que nenhum perigo oferecia. Posso ver o meu amigo, agora? – perguntou Adolfo.

– Pode – disse secamente Escobar, chamando um guarda para acompanhá-lo.

Adolfo entrou na cela e deparou com a figura já rígida do velho amigo. Suas feições ostentavam perturbação e tristeza, o que fez Adolfo derramar algumas lágrimas. Esse mundo era muito cruel, pensava ele. O que mais estaria fadado a acontecer? Pensou no sofrimento da jovem ao saber da notícia. Estevam tantas vezes tentou demovê-la de seus propósitos, porém sem sucesso. Anita ouvia apenas a voz de sua consciência, lhe cobrando atitudes contra tudo o que corrompia os princípios de liberdade que trazia em seu âmago. Como acreditava na justiça de Deus, deveria haver uma causa justa para tudo o que estava ocorrendo.

Enxugou as lágrimas e pediu que chamassem outros companheiros que estavam lá fora para auxiliar no transporte do amigo.

Assim que tudo foi resolvido, Adolfo passou pela sala de Escobar, que estava de cabeça baixa, como a refletir.

– Espero que sua consciência lhe cobre todos os atos indignos que tem cometido ao longo de sua vida. Que Deus se compadeça de sua alma – e saiu sem olhar para trás.

O guarda que estava presente esperava que o capitão respondesse no mesmo tom as ofensas recebidas, mas o silêncio permaneceu.

Escobar apenas respondeu após a saída de Adolfo.

– Assim espero... Sei que vou arder no inferno, e peço que Deus tenha complacência por todos os meus pecados – e uma tristeza infinita se apoderou do homem.

O guarda não entendeu nada e continuou seu trabalho. O

capitão o instruíra a ficar de guarda na casa onde seria realizado o velório. Caso a filha resolvesse aparecer, seria imediatamente presa. Ele convocou alguns homens e seguiram para a casa.

Capítulo 21

Reatando laços

A notícia da morte de Estevam se espalhou rapidamente. O corpo seria velado em sua casa e os amigos haviam sido avisados. Todos estavam consternados com o doloroso desfecho e queriam se despedir do amigo.

– Por que choras? – perguntou Miguel assim que chegou em casa.

– Estou preocupada com meu pai.

Miguel pegou em seu braço suavemente e pediu que ela se sentasse. Só depois contou a triste notícia. A jovem não queria acreditar no que ouvia e chorou copiosamente toda a dor que sentia. Culpa, remorso, raiva, tristeza, todos os sentimentos se misturavam.

– É tudo minha culpa! Eu preciso ver meu pai uma última vez.

– Os guardas estão à espreita, esperando por isso. Seu pai era um bom homem e será amparado – Miguel lembrou-se da mãe e o que a irmã lhe falara acerca desse momento.

– Como pode ter certeza? Ele morreu sem se despedir, seu coração deveria estar atormentado com todos os problemas que causei. Será que ele me perdoou? – Anita se dera conta de quanto tempo perdera, esquecendo-se do essencial.

– Seu pai a amava e isso lhe bastava. Fez tudo para vê-la em segurança. Perdoá-la de quê? De lutar pelo que acreditava? Ele a compreendia e sabia dos riscos que corria, por isso tentava demovê-la dessas ideias – Miguel tentava pacificar o coração da jovem. – O melhor a fazer é permanecer aqui. Será mais prudente!

– Eu quero me despedir dele. Até isso me será negado?

– Pense nele com todo o seu amor e isso o acompanhará nessa nova jornada. Não conheço suas crenças acerca da destinação humana. Existe um céu, um inferno? Não posso conceber a ideia de que tudo o que fazemos nesta existência seja relegado ao esquecimento. Deve haver algo mais... Nina e Consuelo poderão falar melhor acerca desse assunto. Onde estiver, seu pai levará consigo o imenso amor que nutria por você.

Anita ouvia atentamente o amigo falar-lhe sobre um assunto que jamais se deteve a pensar. Sempre acreditou na morte como fim de tudo. Haveria algo mais? Observava Miguel falando de forma tão sensata e serena, que sentiu imenso carinho por ele.

– Agradeço suas palavras consoladoras e pensarei sobre isso. Não vejo saída alguma para minha liberdade. Creio que seja o fim!

Miguel a abraçou e assim ficaram por alguns instantes.

– Não pense sobre isso. Fique calma! Voltarei assim que puder! – e saiu ao encontro do pai, que cuidava dos preparativos para o funeral.

Diego se encarregou de contar às jovens a triste notícia.

– Anita não pode continuar em nossa casa, pois o risco é grande. Espero que ela não se exponha indo ver o pai. Vamos até lá! – Nina foi a primeira a se manifestar.

– Passaremos antes no acampamento, preciso falar com minha mãe e contar-lhe tudo – disse Consuelo.

Gabriela estava calada até então, pensando em tudo e numa possível solução.

– Acho que temos um aliado, mesmo que ele ainda nem saiba – disse sorrindo.

Todos se entreolharam, não entendendo o que a jovem dizia.

– Escobar será nosso aliado, creiam! Ele nos auxiliará – insistiu Gabriela.

– Irmãzinha, creio que o sol tenha afetado seus miolos. O que está dizendo? – Nina tentava entender o raciocínio da irmã, que parecia um grande enigma.

– Não posso lhes dizer nada antecipadamente, porém peço que confiem em mim. Vamos?

Inês já soubera da notícia. Pediu à filha para lhe falar em particular:

– A situação está se complicando, Consuelo. Adolfo precisa tomar conhecimento do risco que está correndo. Essa jovem precisa sair da cidade e sei como fazer. Neste fim de semana teremos a festa anual de celebração da padroeira, e a cidade estará repleta de visitantes. É a oportunidade de levá-la para fora. Converse com Adolfo e dê-lhe essa ideia – Consuelo sorriu e abraçou a mãe, seguindo à risca suas orientações.

Lola, por sua vez, correu à cidade, indo ao encontro de Escobar.

– Se fosse menos desatento, não estaria nessa situação tão constrangedora.

Escobar olhou a cigana com desprezo, finalizando:

– Não lhe devo explicações. Não sei o que pretendia envolvendo aquela família e Consuelo, talvez apenas sua insistência em comprometer vidas alheias, mais felizes que você. Quanto a Estevam, foi uma fatalidade. Agora, saia que tenho mais o que fazer.

Lola olhava furiosa para o capitão. Colocou as mãos na cintura e disse com toda a soberba:

– Você é mais tolo do que eu pensava! Não quis me ouvir, agora irá arcar com as consequências. Se precisar de ajuda, sabe onde me encontrar! – e saiu.

Escobar não queria aceitar que a família de Gabriela estivesse por trás de tudo isso. Estava dividido pela primeira vez em sua vida. Estaria ficando covarde? O que aquela jovem havia feito com seus sentimentos? E por que daria ouvidos a Lola, que vivia a ludibriar tantos? Ela não era confiável e decidiu não se fiar no que dizia. Tinha problemas demais a solucionar, entre eles, explicar a fatídica morte do homem a seus superiores. Isso lhe traria sérias complicações! Queria que a paz o visitasse novamente. A mesma que experimentou quando visitara Gabriela...

Os preparativos para o funeral estavam prontos. Na manhã seguinte, o cortejo seguiria pelas ruas de Córdoba, com os amigos a acompanhar a derradeira viagem. A noite foi longa para todos os que lá se encontravam. E para Anita, impossibilitada de comparecer à despedida do próprio pai. O remorso a consumia! Chorava sozinha, quando Nina entrou:

– Ficarei um pouco a seu lado! É um momento difícil e eu gostaria de compartilhar com você. Peço que deixe seu pai seguir sua nova jornada. Ele foi um homem bom, generoso e a amava demais. Deixe-o partir e se sentirá mais confortada. Não o retenha neste local que já não lhe pertence mais – enquanto falava, sentia que o ambiente se preenchia de luz e se direcionava para o coração de Anita.

A jovem sentira uma emoção profunda, como que abraçada por mãos invisíveis. Sentiu até o calor das mãos suaves, que a fez lembrar-se de sua mãe que partira quando ainda era muito jovem. Aquele abraço durou pouco, porém inundou-a de novas energias, fortalecendo-a para a nova jornada que enfrentaria.

Nina viu a presença de uma jovem senhora que abraçou Anita, assim permanecendo por poucos instantes. Antes de partir, endereçou um sorriso a ela, dizendo apenas a palavra "obrigada". A emoção tomou conta de Nina, que agradeceu intimamente a Deus ser emissária do consolo e do amor. Decidiu nada relatar à jovem, pois talvez ela não a compreendesse. Poucos a entendiam!

– Obrigada por estar aqui neste momento tão difícil. Senti uma paz que há muito não experimentava e a sensação de que meu pai ficará bem e em paz. Não sei como explicar...

– Nada está perdido e tudo se resolverá a seu tempo. Confie e espere! Haverá uma solução para seu problema e em breve a liberdade será sua companheira. Importa, portanto, saber esperar, e o tempo lhe oferecerá a resposta certa às suas indagações.

– Agradeço sua atenção e carinho. Sei que não mereço, porém se tiver uma chance para recomeçar, prometo abraçar a oportunidade.

Em casa de Estevam reinava um silêncio sepulcral. O que

mais os aguardaria?

Adolfo estava inconsolável perante sua impotência. Sentia que era o começo do fim! Teria de sepultar seus ideais, sua causa, para manter sua família em segurança. Tudo tinha um preço! Estava prostrado e Consuelo tentou consolá-lo:

– Não há nada que possa fazer por hora. Creio que seja conveniente falar com Miguel e apaziguar seus ânimos. Ele precisa ser paciente, minha mãe teve uma ideia – e contou o que Inês propusera.

Adolfo ouvia o plano atentamente, sentindo que era uma estratégia que poderia dar bons resultados. Foi até o filho, que ostentava uma calma aparente.

– Existe uma forma de levarmos Anita para bem longe daqui, porém precisamos agir com toda a discrição. Até lá, seja paciente!

O jovem baixou o olhar. Seu pai estava certo!

Gabriela surgiu naquele instante, com a aparência serena:

– Acalmem-se todos! Escobar não fará mal nenhum a Anita, posso lhes garantir. Miguel, se pretende ajudar, comece a orar fervorosamente Àquele que é todo amor e justiça. É o que pode fazer! Vejo Anita serena e confiante. Você deveria fazer o mesmo!

A jovem irradiava uma luminosidade jamais percebida aos olhos de seus familiares. Consuelo sentiu uma brisa suave envolvendo todo o seu ser, sentindo que a paz estava presente edificando possíveis ações. Não era momento de agir, apenas de esperar...

Adolfo olhou com carinho e gratidão para a amiga, mestra em solucionar seus problemas nas últimas semanas. E saiu da casa que o sufocava com todo o clima fúnebre, para dar uma volta. Precisava relaxar a tensão dominante. Era madrugada e a cidade toda dormia. Consuelo o acompanhou e ficaram a sós.

– Uma moeda por seus pensamentos – brincou Consuelo, tentando quebrar o clima.

– Você é uma mulher admirável. Eu pensava nos motivos de estar sozinha até hoje. Tem uma explicação? – questionou Adolfo sorrindo.

– Talvez obra do destino – respondeu vagamente a cigana,

sentindo-se analisada.

– Que destino tramaria contra sua felicidade? Você é uma mulher especial, merece ser feliz ao lado de alguém que a ame profundamente.

– Creio que estou à espera de um grande e verdadeiro amor. E talvez não o mereça!

– Acho que tem sido seletiva demais. Vejo os olhares que os homens lhe enviam. Vou acreditar que não tenha simpatizado com nenhum até agora ou, talvez, tenha medo de se apaixonar. Posso afirmar que um amor correspondido é algo tão intenso e pleno, que todos mereceriam vivenciar. Fui muito feliz com Letícia e guardo lindas recordações. Deus quis levá-la, coisa que ainda não consigo compreender. Procure viver um amor em toda a sua essência, você merece toda a felicidade pela pessoa maravilhosa que é – disse Adolfo, olhando nos olhos de Consuelo.

– Como eu lhe disse, estou esperando a pessoa certa chegar – disse sem desviar o olhar.

E assim permaneceram por um tempo que não souberam definir. Trocaram um olhar profundo e esclarecedor, embalado pela afeição que os unia. Foi um momento mágico! Não precisavam de palavras para definir o sentimento que se fez presente! Simplesmente a conexão se efetivou, como num piscar de olhos! Um olhar que carregava toda a emoção contida por tanto tempo, como se tudo já estivesse determinado a acontecer! Sem culpas, sem julgamentos! O olhar de Consuelo era doce e repleto de paz! O de Adolfo era sereno e explicitamente cúmplice! Não planejaram nada, no entanto, tudo ali ocorrera. Naquele instante, descobriram o que realmente significava a ligação que havia entre eles. Era muito mais que uma amizade, mais do que laços de afeto e carinho! Era um sentimento profundo e nobre, que não nascera naquele instante, mas amadurecera ao longo do aprendizado que as almas se sujeitam nas sucessivas encarnações, forjadas no trabalho incessante de eliminar as imperfeições, aparando as arestas que os impediam de ser felizes! Foi necessária uma longa espera para que isso se concretizasse!

Adolfo foi ao encontro de Consuelo e pegou sua mão depositando nela um beijo. Ela sorriu-lhe e delicadamente passou a mão em seu rosto, demonstrando o carinho que sentia. A magia foi quebrada com a chegada de Lívia, que, olhando a cena, percebeu o que já se estabelecera. Amava o pai mais do que tudo na vida e não podia conceber a ideia de vê-lo sozinho após a morte prematura da mãe.

– Fico feliz por vocês! – e se afastou, temendo ter perturbado o momento idílico.

Ambos sorriram e saíram de mãos dadas. Mais tarde teriam tempo para conversas, questionamentos, projetos... Agora queriam apenas ficar juntos, mesmo que apenas por breves instantes para readquirirem a confiança e a coragem de prosseguir com suas jornadas. Os problemas se avolumavam e as dificuldades eram iminentes. O importante era manter a paz e a união entre todos para que as escolhas que empreendessem fossem as mais apropriadas.

Adolfo e Consuelo entraram na casa, compartilhando com os presentes a despedida do amigo. Quando o dia raiou, o cortejo seguiu pelas ruas da cidade. O dia estava ensolarado, com uma brisa leve a ungir os presentes, como a lhes garantir que tudo estava nos desígnios do Pai, que já estava a receber de volta um filho muito amado.

Anita permanecera sozinha durante o sepultamento, seguindo as orientações de Nina, que lhe pedira para deixar o pai seguir seu novo destino. Seu coração estava apertado, sentindo não poder sequer se despedir do seu grande e verdadeiro amigo. Só ele a compreendia! Sentiria saudades!

Escobar apareceu no derradeiro momento, sob o olhar de acusação dos presentes, permanecendo poucos instantes. Tentara fazer o que seu coração lhe orientara, porém sentiu-se escorraçado de lá, partindo em seguida. Tudo sob o olhar atento de Gabriela. Definitivamente, o capitão havia sido tocado nas fibras do seu coração. Ela acreditava que não existiam casos perdidos, e Escobar era o maior exemplo. Com toda a sua rudeza, autoritarismo e inflexibilidade, Gabriela encontrara uma brecha em seu coração. Ele seria um grande aliado, era sua grande certeza!

No caminho de volta, Nina observou o pai e Consuelo muito próximos, como se uma conexão estivesse estabelecida, e sorriu intimamente. As irmãs estavam ao lado e lhe contaram a cena observada por Lívia na noite anterior. A vida corre célere, as ações acontecem simultaneamente, entre alegrias e tristezas embalando os momentos!

Já em casa, encontraram Anita ainda em prantos, e Consuelo ofereceu-lhe um chá.

– Descanse um pouco – disse Consuelo que colocara algumas ervas com poder calmante.

Adolfo estava pensativo, refletindo sobre o plano que seria colocado em prática nos próximos dias. Miguel queria dizer ao pai que acompanharia a jovem em sua nova jornada. Ela não tinha mais ninguém no mundo e queria assumir os riscos de viver no ostracismo. Seu pai não aprovaria, mas sua decisão já havia sido tomada.

Consuelo preparou um pequeno lanche para a família, sob o olhar sorridente das irmãs que a tudo acompanhavam. A cigana ficou constrangida com as meninas, lançando sobre elas um olhar de censura. Adolfo percebia a cena, constatando o quanto suas filhas eram especiais e observadoras. Um raro momento de paz se instalou!

– Consuelo, faça meu pai feliz e estará fazendo a todas nós também! – disse Nina com os olhos cheios de lágrimas.

– Você é uma mulher especial, pois conseguiu guardar esse segredo por tanto tempo! Nossa mãe iria ficar feliz por ser você a escolhida – disse Lívia emocionada.

A última a falar foi Gabriela que, com a expressão séria, como se estivesse distante de lá, proferiu com a voz embargada:

– *Agora posso ficar tranquila, meus amores queridos! Sei que ficarão em excelentes mãos. Esse reencontro estava planejado fazia muito tempo, dentro da programação por eles estabelecida. Porém, antes me permitiram aqui estar e edificar minha estrada de luz, libertando-me das sombras que me acompanhavam. Vou ser eternamente grata pela oportunidade de me redimir perante meu passado, usufruindo das energias santificantes que a maternidade me concedeu. Hoje posso seguir meu caminho com a companhia da paz e da alegria, meus queridos. Que o amor continue iluminando os passos de todos vocês, hoje e sempre. Agora posso seguir meu destino, confiante que ficarão bem amparados. Amo vocês! Até breve!*

Gabriela encerrou seu discurso e, como se voltasse de um transe, olhou a todos os presentes, ainda sentindo a energia que a entidade lhe transmitira, e apenas disse:

– Mamãe está bem e é isso o que importa! Que ela siga seu caminho de aprendizado, assim como todos nós também o faremos.

As três irmãs se abraçaram emocionadas, e desta vez puxaram para junto delas Consuelo, que não se continha de felicidade pela mensagem recebida. Adolfo estava com os olhos marejados, sentindo que um novo ciclo se iniciava em sua vida. Letícia os abençoava, desejando que cada um seguisse seu caminho. Ele sentia-se liberado para viver uma nova experiência afetiva com Consuelo e com a anuência das filhas.

Santiago, também presente, sentiu que presenciara algo que sua razão certamente não aprovaria, porém seu coração se encontrava sensibilizado. Relutava em aceitar a possibilidade de comunicação daqueles que partiram deste mundo. Não conseguia compreender como isso podia ser possível! No entanto, Gabriela falara não como ela mesma, mas como se fosse outra pessoa, pois até suas feições mudaram, traduzindo um sentimento que não era dela! Incrível tudo aquilo, precisaria entender melhor. Lembrou-se de seu sonho com sua mãe e sentiu uma angústia inexplicável. Será que ela estaria melhor? Desejava ardentemente reencontrá-la, porém não sabia se isso seria possível. Percebeu que admitia a possibilidade de os mortos interagirem com os vivos, mesmo que através dos sonhos, esses, mais significativos do que a própria ciência poderia conceber. Algo em seu mundo interior lhe dizia que deveria seguir seu coração, aceitando tais fatos como naturais. Não poderia se esquecer de que corria sangue cigano em suas veias e já era hora de se inteirar sobre sua origem e crenças. Sua vida estava tão complicada que nem sequer tivera tempo para estreitar laços com seus familiares, especialmente com sua avó. Gostara dela desde o primeiro encontro e desejava muito conhecê-la melhor.

A noite havia sido longa e todos pareciam exaustos. Santiago despediu-se, retornando à sua casa, sem antes conversar com Nina.

– Não sei exatamente o que presenciei há poucos instantes, porém senti que algo mágico aconteceu. É muito confuso e não tenho condições de fazer qualquer julgamento.

– Isso não nega seu temperamento racional e certo ceticismo. Mas sua origem cigana lhe confere uma sensibilidade mais apurada, talvez seja isso que o incomode tanto. O tempo se encarregará de ensinar como tudo se processa. É necessária a paciência do lavrador, que sabe exatamente a hora de cada fase do processo de maturação do grão. Cada coisa a seu tempo, meu querido! Temos problemas mais urgentes a resolver e não podemos desperdiçar momentos preciosos. E Alice? Já a encontrou depois que ela saiu de suas terras? Ela deve ser sua maior preocupação no momento.

O jovem lembrou-se da orientação da avó sobre a mesma questão. Sentia-se observado a todo instante, como se olhos invisíveis o seguissem. A cautela seria a garantia de que nada sairia do seu controle. Despediu-se e partiu para sua casa, sentindo o ar quente da manhã invadindo os pulmões. Seria mais um dia quente!

Adolfo decidiu não abrir seu comércio, assim como todos os amigos de Estevam, em luto. A casa silenciou com todos aproveitando o dia para descansar.

Alice seguira Santiago até lá e ficara à espreita. Observaria cuidadosamente a família que parecia esconder algum segredo. Até imaginava qual seria e, se assim fosse, acabaria de vez com todos. Precisaria ser paciente e esperar o momento certo...

Tempo era o que não lhe faltava. Sua mente agia rapidamente, já antevendo o desfecho inevitável. Suzana a acompanhava e não compactuava com as ideias infelizes de sua ama. Teria de fazer algo, porém ela temia Alice e seus arroubos. Alguém teria de interceder ou...

Capítulo 22

Sonho revelador

Escobar decidiu não comparecer ao funeral e pediu aos guardas que ficassem atentos. A jovem ainda não fora encontrada! Desde que ele estivera em casa de Estevam não se sentia bem. Algo o perturbava e a mesma dor no peito o incomodava. Naquela ocasião, a menina Gabriela fizera cessar por completo as sensações sufocantes. Pediu a Deus que a dor fosse embora. Ao pensar isso, não pôde conter o riso. Não se lembrava de quando fora a última vez que recorrera a Ele! Seria prenúncio de morte próxima? Percebia-se sentimental nos últimos dias, especialmente após a morte do pai de Anita. Não conseguia se esquecer do interrogatório. Havia se excedido, porém não tocara em nenhum fio de cabelo dele. Apenas dissera a Estevam que se revelasse onde a filha estava, ela seria poupada. O velho, pensando ajudar, contou seu destino. Mas agora era tarde, pois o coração do homem não resistira a tantas emoções. Essa morte seria mais um dos pecados que teria de responder!

Certamente diante de uma vida repleta de ações comprometedoras, seu destino seria o inferno. Iria arder nas chamas de todos os seus erros! Era um ser desprezível e o inferno seria sua morada eterna! Sorriu ante a imagem que se delineou em sua mente.

Não bastasse seu estado de espírito conturbado, recebeu uma visita que acirrou ainda mais seus ânimos. O inquisidor recém-chegado a Córdoba, Pedro Fuentes, queria saber notícias da fugitiva. Era um senhor de meia-idade, franzino, porém ostentava tanta energia no olhar que se tornava impossível não dar crédito a ele. Suas ações cruéis eram conhecidas e sua fama corria por toda a Espanha. É certo que sua passagem pela região, ainda uma das menos conflituosas, deveria ser encarada como rebaixamento de posto. Havia se indisposto com um nobre de Sevilha e sua saída fora realizada sem muitas explicações, o que o deixou furioso. Escobar não gostava dele e não permitia que se intrometesse em seu trabalho. O inquisidor queria informações sobre a jovem e saber como ocorreu a morte de Estevam.

– Creio que isso não lhe diz respeito. Foi uma fatalidade, é o que posso afirmar. É um problema nosso e não seu! – disse Escobar irritado.

– Tudo é problema nosso, capitão. Acho que ainda não entendeu – disse o inquisidor.

– Essa jovem é uma rebelde, assim como os demais que já estão trancafiados. Não é um problema religioso, por esse motivo, isso não lhe concerne.

– O capitão ainda insiste em dividir os problemas. Estamos do mesmo lado, mesmo que pense o contrário. Vim apenas lhe dizer que ela será interrogada por mim. Eis a ordem – e mostrou-lhe um papel timbrado pela Coroa, designando-o a assumir a tarefa.

Escobar espumou de raiva, sentindo-se pior do que já estava. Olhou o papel e percebeu que, apesar do timbre da Coroa, não existia assinatura alguma que pudesse comprovar a sua legalidade. Sorriu e, assumindo novamente o comando, disse:

– Quando esse papel estiver devidamente assinado, mostrando de quem partiu tal ordem, serei o primeiro a acatar qualquer orientação. Visto que não vejo nenhuma assinatura, devo pedir-lhe que providencie isso com a máxima urgência, pois terei a jovem em minhas mãos em questão de dias.

O homem ficou rubro de indignação e tomou o papel das mãos de Escobar, que lhe sorria ironicamente. Assim que o homem saiu, o capitão concluiu:

– Tem muito a caminhar para se aproximar de mim! – seus ânimos já estavam melhores e a dor parecia ter cessado por completo. Agora precisava encontrar a jovem. Era questão de honra! Faria novamente as visitas que planejara. Iria ter com Adolfo e Inês. Lola lhe lançara algumas dúvidas e teria de verificar.

O dia passou rápido para todos, menos para Alice, que montara guarda nas proximidades da casa de Adolfo. Saiu sozinha logo cedo, vigiou a casa durante toda a tarde. Procurou ser o mais discreta possível, porém nada passava despercebido a Lola.

– Vejo que tem algo importante a velar, escondida aqui.

Alice levou um susto com a presença da cigana, que a olhava com desdém.

– Creio que isso não lhe interessa, aliás nada do que faço lhe interessaria – disse a jovem com desprezo na voz.

– Sei quem você é e o que deseja fazer. Posso ajudá-la! Queremos a mesma coisa! Você quer de volta algo que lhe pertence e eu também.

Os olhos de Alice faiscaram! Ficou curiosa com as pretensões daquela cigana...

– Quero apenas o que é meu por direito. E você?

– Quero afastar alguém do meu caminho, o que por sinal é exatamente o que você deseja. Afastando-a, eu conseguirei colocar em ação meu plano.

Em seus delírios, Lola acreditava que Consuelo e Nina seriam um entrave em seu caminho e queria afastá-las. Uma de cada vez! Tinha um plano engendrado e Alice poderia ajudar. Lola ostentava um sorriso aterrorizante nos lábios, que fez Alice sentir um arrepio pelo corpo. Não sabia se seria uma ideia sensata se unir àquela mulher. Porém, se ela pudesse ser útil em seus propósitos, que mal teria? Santiago seria seu novamente!

– Não me interessa seus métodos. Quero essa mulher longe de meu noivo. O que pode fazer? – disse Alice, encarando a cigana com firmeza.

As duas confabularam por instantes e pareciam otimistas quanto aos resultados. Lola foi a primeira a sair, sem antes estender a mão, esperando que Alice colocasse a soma prometida.

– Não tenho tudo comigo agora. Amanhã estará em suas mãos. Confie em mim!

– Ninguém me engana e sai ileso. Você tem muito mais a perder que eu, portanto faça como combinamos e terá seu noivo de volta. Senão... – disse Lola.

Despediram-se e cada uma rumou para um lado. Alice voltou à estalagem e assim que chegou foi questionada por Suzana.

– Não lhe devo explicações. Estou cansada e faminta. Providencie algo – ordenou.

Suzana estava desconfiada que a ama estivesse aprontando das suas. Santiago deveria se precaver de suas loucuras e iria alertá-lo quanto a isso. Ela não tolerava mais as grosserias e os desmandos de sua senhora. Se ainda a aturava, era em respeito aos pais de Alice que sempre a trataram bem. Havia escrito para eles relatando tudo e pedindo que viessem buscá-la o mais rápido possível, antes que o pior sucedesse. Depois de atender Alice, Suzana deixou-a, embalada em seus pensamentos indignos. Perguntou ao dono da estalagem como faria para chegar às terras de Santiago e saiu em seguida.

Lupe estranhou a visita àquela hora e foi chamar Santiago.

– Aconteceu algo com Alice? – perguntou preocupado.

– Desculpe a visita inesperada, porém é de seu interesse – Suzana contou sobre a visita de Alice às terras de Nina e de suas atitudes desde o rompimento do noivado. A jovem perdera totalmente a lucidez. Temia pelas suas ações insensatas e sentia que ele e Nina deveriam se acautelar, pois ela estava tramando algo.

– Agradeço sua preocupação, Suzana. Sinto muito o que aconteceu e gostaria que tivesse sido diferente.

– Eu o estimo e sei que sempre agiu com decoro com minha senhora. Seu coração, entretanto, é quem decide quem deve ser objeto de seu amor. Merece alguém que o faça feliz. Isso não iria ocorrer se permanecesse ao lado dela. Vim para alertá-lo.

Santiago pegou as mãos da mulher e as beijou, deixando-a comovida.

– Tem aqui um amigo para toda a vida. Se precisar de algo, não se acanhe em pedir.

– Não tenho familiar nesta vida a quem recorrer, agora sei que não estou sozinha. Penso em me estabelecer por aqui e ficaria feliz se pudesse me ajudar com um emprego.

– Quanto a isso, conte comigo! Agora deve voltar antes que ela descubra sua ausência.

Suzana assentiu e partiu, deixando Santiago tenso com o que poderia advir. Sabia que Alice não desistiria facilmente e agora tudo se comprovava. Lupe ouvira a conversa e já iniciara suas preces ao Criador, pedindo que intercedesse por ele.

Naquela noite Santiago demorou a dormir. Estava tenso, e a imagem de Alice não lhe saía da cabeça. Assim que adormeceu, se viu caminhando por um lugar conhecido. A mesma casinha que visitara estava à sua frente e, num impulso, entrou. Sua mãe estava exatamente como da última vez, na mesma cadeira de balanço, com o olhar perdido no infinito, alheia a tudo ao seu redor. Caminhou até ela e a chamou:

– Mamãe? Sou eu, Santiago, seu filho. Eu estava saudoso e queria muito vê-la. Vamos dar um passeio? – não sabia por que assim falava.

– *Não é meu filho, não tente me enganar. Saia daqui!* – disse ela num sussurro.

– Confie em mim! Ele não virá buscá-la, você precisa ir ao encontro dele. Não tenha medo, cuidarei de você – as palavras saíram de sua boca sem que pudesse organizar seus pensamentos, sem entender o que dizia...

Manuela ouvia a voz que lhe soava tão familiar, tão confiável, que não conseguia negar-lhe um pedido. Levantou-se e foi ao encontro do filho, que lhe sorria.

– *Aonde irá me levar? Vou ver meu Pablo? Pensei que o encontraria quando a morte me trouxe a este lugar, porém ele se esqueceu de mim! Estou há tanto tempo esperando por ele! Você diz que é meu filho, não o reconheço, mas confio em você!*

– Pode confiar em mim, quero apenas seu bem.

Os olhos de Manuela brilharam. Em seguida, deu um grito comovente. Apertou as mãos de Santiago e o abraçou em um pranto incontrolável e desesperador.

– *Ele o matou! Eu descobri tudo! Meu próprio pai foi capaz dessa crueldade! Não o perdoarei jamais! Pablo foi meu único amor e ele o tirou de mim! Como poderei encontrá-lo? Você pode me ajudar?* – seu lamento sensibilizou o jovem, que estava confuso.

Santiago fechou os olhos por um instante e, ao abri-los, sentiu que o quarto se iluminara, espantando as sombras que lá fizeram morada por tanto tempo.

– Pablo é meu pai e ele irá encontrá-la, assim que se sentir mais calma e com o coração em paz. Você terá a eternidade para viver seu lindo amor, porém ele quer que você o perdoe – disse o jovem inspirado.

– *Perdoá-lo de quê?* – perguntou Manuela ainda confusa.

– Ele quer que o perdoe por tê-la deixado sozinha todo esse tempo. Você o perdoa?

– *Ele não teve culpa em nada do que aconteceu. Foi meu pai o responsável e não o perdoarei!*

– Ele só poderá encontrá-la se oferecer o perdão a seu pai. A senhora já sofreu demais remoendo esse passado, com a mágoa enraizada em seu coração. É tempo de ser feliz, minha mãe. Deixe que o perdão lave sua alma e a liberte dessa prisão na qual se instalou como um refúgio para sua dor. Meu pai a espera e juntos seguirão o caminho que lhes foi negado.

Manuela chorava abraçada ao filho, sem nada dizer.

– Faça isso por mim! Seja feliz, é o que eu mais desejo nesta vida! – lágrimas escorriam pelo rosto de Santiago, sentindo o contato que sempre desejou: um abraço de mãe!

Ela permaneceu abraçada, mais serena. Em seguida, o olhou com carinho, dizendo:

– *Agora tenho certeza de que é meu filho. E você, pode me perdoar?*

Antes que ele pudesse responder, a porta se abriu e a figura luminosa de Pablo entrou.

Ele caminhou até Manuela e a abraçou, assim permanecendo fortemente ligados, como se nada mais existisse! Ele esperara tanto por esse momento!

Santiago não sabia o que dizer perante a cena que se desenrolava, apenas sentia a emoção daquele reencontro há tanto tempo planejado.

Após alguns instantes, Manuela se afastou e olhou com profundo amor para os dois homens à sua frente. Foi ao encontro do filho e perguntou entre lágrimas:

– *Meu filho, me perdoe! Não consegui prosseguir minha jornada sem a presença de meu amor. Sei que fui covarde, fraca, deixei você tão pequeno e não o vi crescer. Perdoe-me!* – segurou-lhe as mãos e as manteve entre as suas.

– Não me deve nada, minha mãe, e não tenho nada a perdoar. Quero apenas sua felicidade – disse o jovem com a voz embargada.

Pablo, até então calado, disse ao filho:

– *Agradeço sua ajuda, meu filho. Tenho muito orgulho de você. Tornou-se um homem bom, compassivo, de ideais nobres. Tenho seguido seus passos, mesmo que a distância. Siga a luz, e seu caminho jamais abrigará a sombra. Tenha cuidado com aqueles que ainda preferem a companhia do orgulho e da soberba. Manuela ainda terá um longo caminho para sua reabilitação completa e estarei junto dela. Sem seu apoio, isso não teria sido possível. Voltaremos a nos reencontrar!* – e abraçou-o com todo o amor.

Santiago não sabia o que dizer a Pablo, a não ser retribuir o terno abraço. Ia dizer algo, porém um forte estrondo ribombou nos céus, prenúncio de uma tempestade, e o trouxe de volta a seu quarto. Lembrava-se nitidamente do sonho, ou teria sido um encontro real? Queria manter as imagens gravadas em sua mente, lembranças que não queria perder...

Chovia torrencialmente e agora perdera completamente o sono. Encontrou Lupe sentada na sala vendo a chuva que caía do lado de fora.

– Perdeu o sono também? – perguntou o jovem.

– Tenho pensado muito em Manuela e não consegui dormir. Estava angustiada e resolvi orar por ela. Ando com meu coração oprimido desde que chegamos aqui. Confidenciei ao Ramiro que minha vontade inicial era estar bem distante de tudo o que faz lembrar esse passado doloroso. No entanto, com o passar dos dias, sinto que algo mudou. Se você ficar, aprovarei sua decisão. Nunca o vi tão feliz, talvez porque tenha encontrado a eleita do seu coração. Aquela que você esconde de mim! – disse rindo, conseguindo fazer Santiago abrir um largo sorriso.

– Estou muito feliz aqui por saber que tenho uma família que eu desconhecia. O passado não pode mais governar nossa vida, e devemos seguir em frente. Nina é a mulher que sempre sonhei ter ao lado. Tenho certeza de que gostará dela. É uma jovem especial, você verá com seus próprios olhos – disse solenemente Santiago.

– Manuela ficaria muito feliz se soubesse a joia que ela gerou – uma sombra rondou seu olhar, fazendo Santiago lembrar-se do sonho e da despedida inesquecível.

– Ela está muito feliz, pode acreditar.

– Tenho orado muito por ela, pois sei o quanto necessita de paz em seu coração.

– Suas preces foram atendidas, minha amiga. Minha mãe ficará em paz, tenho certeza. Agora vamos nos deitar, o dia logo amanhecerá. Quer nos acompanhar às celebrações da cidade? Sei que não é momento adequado, perante tantos problemas, mas acho que será uma pausa necessária. Você irá conhecer Nina e ficará encantada com ela.

Na manhã seguinte, nem sinal da forte chuva que havia caído durante a noite. O dia prometia ser ensolarado e propício para se aproveitar as festividades na cidade, que já sepultara a tristeza do dia anterior.

Tudo havia sido preparado com esmero pelos moradores em homenagem à padroeira da cidade. Havia várias missas programadas, porém o povo queria mesmo era se divertir.

Adolfo estava tentando encontrar uma forma de retirar Anita da cidade, e o momento era apropriado. Miguel pediu ao pai para ficar em casa acompanhando a jovem. Os demais saíram para as comemorações, mesmo com o coração apertado pela perda de Estevam.

Escobar ainda não tinha informações da jovem, o que o deixava cada dia mais intransigente com seu pessoal. A fugitiva não poderia ter ido tão longe, a não ser que ainda estivesse na cidade. Tinha algumas visitas a realizar, mas as festividades tinham atrapalhado seus planos de dar uma busca mais detalhada.

Pensou em sair pessoalmente em busca de informações e aproveitaria para relaxar a tensão. Sabia de algo que o acalmava: a presença de Gabriela. Precisava vê-la e relatar-lhe tudo o que se passava com ele. Será que ela viria para as festividades?

Inês e Ramon decidiram permanecer no acampamento, recomendando aos demais que a acompanhassem em sua decisão, o que foi atendida, com exceção de Lola, que não perderia uma festa por nada. Além do mais, tinha uma tarefa a realizar...

Consuelo chegou com as filhas de Adolfo para a missa sob olhares depreciativos. Ela não se abalou e entrou altiva e confiante, sentando-se ao lado das jovens. Adolfo chegou em seguida e não deixou de reparar nos olhares sobre sua família, que estava acompanhada de uma cigana. Fez questão de sentar-se ao lado de Consuelo.

Santiago chegou com Lupe e Ramiro quando a missa estava sendo encerrada e juntos saíram para um passeio pela cidade.

Tudo era festa e alegria... O povo precisava daquela descontração. Desde a prisão e morte de Estevam havia um clima de tensão no ar.

Após a missa, toda a família de Adolfo passeava pela cidade. Lupe quis conversar com Nina com o intuito de conhecê-la. Era inegável que todos simpatizavam com ela, e Lupe não seria exceção. Aprovou a escolha de Santiago percebendo o quanto eles se completavam. Era a escolha perfeita! A jovem era espirituosa, amável, de olhar sincero que irradiava um brilho intenso.

Santiago se aproximou das duas e brincou com Nina:

– Após tantas perguntas, creio que Lupe já conhece sua vida inteira.

– Gostei de você, Lupe. Espero que você também! Sei que

sua maior preocupação é saber se o farei feliz. Quanto a isso, fique tranquila! – disse Nina com um adorável sorriso.

Lupe ficou comovida com a declaração da jovem e a abraçou com carinho.

– Agora posso relaxar!

Santiago pegou Nina pelo braço e a enlaçou. Tudo parecia tranquilo e em paz! Não muito distante, um olhar duro e implacável os observava. Alice estava à espreita, acompanhando as manifestações de afeto entre os dois enamorados. Estava furiosa, pois era ela quem deveria estar ao lado de Santiago!

Seu coração batia acelerado; a mente, em completa desarmonia, não a deixava pensar objetivamente. Ao lado dela, companheiros espirituais que compartilhavam os mesmos pensamentos e sentimentos conturbados insuflavam-na com ideias absurdas e ignóbeis. A jovem estava prestes a agir, porém foi contida por Suzana, sua aia e fiel protetora.

– Acalme-se e procure refletir sobre seus atos. O que irá obter deixando seu coração falar por si? – disse a aia, tentando apaziguá-la.

– Cale-se! Como ousa me enfrentar? Quem pensa que é? Deixe-me em paz. Fique longe de mim e jamais fale comigo nesse tom! – disse Alice, espumando de raiva.

A aia conhecia profundamente a jovem e sabia de seu tom insolente, seus destemperos, de sua incapacidade em aceitar ser preterida e desprezada. Mas tinha de falar com ela!

Capítulo 23

Uma nova chance

– A senhora está com a razão, não posso contradizê-la, porém quero apenas o seu bem. Sua mãe solicitou que eu a protegesse de si mesma e assim farei, goste ou não! – Suzana falava-lhe com firmeza. – Sinto que não está em condições de fazer um julgamento mais acertado. Peço que não tome nenhuma atitude até que sua mente se equilibre e possa agir de forma razoável.

Alice foi se acalmando, percebendo que sua fúria poderia comprometer seus planos.

– Você tem razão. Ele não merece meu sofrimento!

Lola passeava pela cidade com seu melhor vestido e com os cabelos esvoaçantes, provocando olhares entre os homens da cidade. Ela conhecia seu poder de sedução, mas seu interesse era apenas Adolfo. Ao encontrá-lo na companhia de Consuelo, seu sangue ferveu.

Encontrou Alice no caminho e, com o olhar, pediu que a seguisse. A jovem disse que retornaria à estalagem, pois não estava em clima de festa.

– Meu pagamento! – estendeu a mão em direção à jovem.

Alice tirou uma joia de seus pertences e a entregou à cigana.

– É suficiente?

Ela observou a pulseira, cravejada de pequenos e graciosos brilhantes e esmeraldas.

– É suficiente por ora – colocou a joia em seu pulso. – Seu trabalho será fácil, deixe a parte difícil comigo. Venha comigo! – e saíram juntas conversando.

Enquanto ambas tramavam contra Nina, Adolfo e família passeavam pelas ruas da cidade. Nem sequer imaginavam que o perigo os rondava tão próximo!

Eis que Escobar surgiu à frente. Seu olhar foi ao encontro de Gabriela.

– O senhor está bem? – perguntou a jovem com um sorriso.

– Queria muito lhe falar, podemos sentar um pouco?

Os demais estavam curiosos perante a atitude do capitão. Gabriela viu o olhar de preocupação do pai e disse com serenidade:

– Papai, a festa está muito bonita. Aproveitem, ficarei em boa companhia.

Adolfo cumprimentou Escobar com um aceno de cabeça e se retirou acompanhado dos demais. Apenas Nina e Santiago permaneceram por perto. O capitão parecia tranquilo, porém era sempre uma incógnita...

– Em sua última visita o senhor parecia perturbado. Vejo que está diferente hoje. Porém, algo o incomoda – ela olhava fixamente para Escobar, que não conseguia desviar o olhar.

– A menina está com a razão. Estava me sentindo muito bem desde que a visitei outro dia. No entanto, todos aqueles sintomas me visitaram novamente desde que aquela fatalidade ocorreu. Sei que pensa que fui responsável pela morte de Estevam, porém nada fiz para que isso acontecesse. Não quero que sinta desprezo por mim. Desde que a conheci, algo aconteceu comigo. Estou menos propenso a irritações e tenho experimentado certa mansidão no trato com as pessoas. Fiquei surpreso por sentir comiseração pela situação de Anita e seu pai. Estou confuso e não sei o que está acontecendo nem por que estou falando isso à senhorita – disse Escobar com a voz tensa.

Gabriela sorria ante o depoimento dele, lembrando-se da

conversa com as irmãs, de que ele ainda seria aliado e conduziria o caso com mais brandura. Ela estava certa! Aquele homem à sua frente necessitava apenas de alguém que o reconduzisse ao caminho certo. Ele ali estava, sem arrogância, sem imponência, sem sarcasmo, trazendo apenas o desejo de transformar-se num novo homem. Ele estava renascendo para a vida, descobrindo as infinitas possibilidades de interagir com os que partilhavam com ele os mesmos, ou diversos, caminhos, aprendendo a difícil arte de compreender e aceitar os que dele divergiam. Uma luta interna ocorria, e caberia a ele escolher qual o caminho que deveria seguir dali em diante: a porta estreita ou a porta larga. Decisão difícil que definiria que frutos colher em sua jornada de aperfeiçoamento. Gabriela mostrou como sua luz poderia brilhar, oferecendo-lhe uma pequena mostra do que teria oportunidade de usufruir a partir do momento que fizesse escolhas mais acertadas.

Aquela frágil e sensível jovem era a responsável pelo que ora vivenciava. Escobar queria confessar-lhe que estava apreciando essa nova maneira de ser, porém isso ainda lhe causava temor e insegurança. Jamais se sentira assim! E não tinha ninguém a quem confidenciar suas dúvidas, pois não tinha amigos. Percebeu, então, quão miserável era sua vida! Um sentimento de abandono tomou conta de todo o seu ser!

Gabriela observava a luta que se travava em Escobar, porém não podia interferir. Somente ele teria de decidir abandonar de vez o caminho sombrio. Pensou em como poderia colaborar com ele e então tomou consciência dos motivos que a impulsionavam a querer tanto transformar a vida daquele homem. Tudo aconteceu rapidamente, em fração de segundos. Quando olhava o semblante de Escobar, viu outra imagem à sua frente, que a remeteu ao passado. Foi uma visão repentina, porém significativa. Ela compreendeu a importância do seu esforço na recuperação e redenção de um pecador. Alguém muito caro, a quem já confiara sua própria existência e que não soubera compreender e aceitar sua essência, perdendo-se nos lamaçais da intolerância, da raiva, dos desejos de vingança. Poder, riqueza, arrogância e orgulho estavam presentes, porém nada disso foi suficiente para que a felicidade e a paz acompanhassem seus passos. Finalizou sua existência sem auferir ganho algum! Chegou ao mundo espiritual em completa miséria, revoltado com tudo o que a vida lhe havia oferecido! E agora ele aqui se encontrava! Gabriela soube que nova tarefa lhe foi confiada, com vistas a não mais falhar. Entretanto, ele trazia consigo as mazelas ainda incrustradas em seu espírito, que impediam que sua compreensão fosse clara e objetiva.

A visão de Gabriela foi rápida e a perturbou. Ficou pálida, olhar distante...

– Senhorita, está bem? – perguntou o homem preocupado.

– Estou bem, não se preocupe. Apenas uma vertigem, talvez pelo calor.

– Seu olhar estava longe daqui. Viu alguma coisa que a assustou? Confio em você, sei que tem bom coração e quer ajudar os que se aproximam. Viu algo com o que devo me preocupar? – questionou temeroso.

– Por que tem tão pouca consideração com sua pessoa? As pessoas não são totalmente boas ou essencialmente más. Todos os seres estão numa longa estrada procurando conquistar virtudes e eliminar defeitos. Se ainda erram, necessitam caminhar mais, porém todos chegarão ao fim da jornada algum dia. Pode ser que seja breve, pode demorar um pouco mais. O importante é não ficar estacionado lamentando o quanto falta para chegar ao seu destino. Pense no quanto já conquistou e a visão da estrada se ampliará cada dia mais! – disse Gabriela docemente.

– Você fala coisas tão bonitas que me enternecem! Fico pensando nos motivos que Deus teve para enviar um anjo feito você em minha amarga vida!

– Posso lhe fazer uma pergunta? Já sabe o que irá acontecer com Anita?

– A situação dessa jovem é delicada. O interventor deseja que ela fique aos seus cuidados. A senhorita sabe que o futuro dela será funesto se cair nas mãos desse inquisidor.

Gabriela franziu o cenho, imaginando as infinitas possibilidades para obter informações. Anita precisava sair da cidade com a máxima urgência.

O capitão olhou a jovem com ternura e finalizou antes de partir:

– Sinto que algo a preocupa e posso imaginar o que seja. Espero que não esteja a esconder essa jovem. Eu não gostaria de me indispor com a senhorita. Tenho muito apreço por sua pessoa e não quero conceber que algo de ruim possa acometê-la – disse esboçando um sorriso.

– Desejo o mesmo para o senhor! Gosto muito de nossas conversas e espero que continuem se repetindo! – respondeu Gabriela com um sorriso cativante.

Enquanto ele saía a caminhar, a jovem ficou pensativa, organizando as ideias. Sentia o perigo rondando sua família e precisava entender de onde ele provinha. Ficou a observar o local e, ao longe, avistou Lola, percebendo o que realmente deveria ser sua maior preocupação. Ela estava acompanhada de uma jovem desconhecida. Nina e Santiago estavam a poucos metros e pensou em falar-lhes sobre isso.

Quando se aproximava, um grande tumulto ocorreu próximo a ela, e a correria se formou. A irmã saiu de seu raio de visão por breves momentos e, em seguida, foi empurrada com tamanha violência que caiu na rua com as pessoas pisoteando-a. Santiago percebeu a movimentação e se aproximou com Nina a seu lado. Empurrou os passantes e viu Gabriela caída com a testa sangrando. Pegou-a nos braços, tentando sair do tumulto. Nina tentou segui-lo, mas algo a deteve. Era o braço vigoroso de Lola que a prendia. Olhava a cigana com o espanto estampado no olhar.

– Me solte! – ordenou a jovem.

– Acalme-se, menina! Inês pediu-me que viesse procurá-la. Algo terrível aconteceu e ela precisa de você e de Consuelo, porém não a encontro. Sabe onde ela está?

– Está com meu pai. O que aconteceu com dona Inês?

– Ela apenas me pediu que buscasse vocês duas. Você sabe que ela não dá muitas explicações. Creio que seja algo de muita gravidade, pois estava chorando. Tem que ver com Santiago. Ouvi-a dizer que ele corria perigo! Pediu-me que viesse chamá

-las. Porém, se não deseja ir... – Lola sabia como atiçar a curiosidade de Nina.

A jovem não confiava em Lola, porém jamais recusaria um pedido de Inês.

– Vamos! No caminho encontramos Consuelo e seguimos juntas.

Lola assentiu e seguiram pela multidão. Não encontraram Consuelo, o que fez a cigana sugerir que fosse para o acampamento sozinha enquanto ela iria procurar a amiga.

– Vá logo, pois não quero que Inês pense que não lhe dei o recado.

Nina apressou o passo e seguiu em direção ao local desejado. Já estava distante da cidade, quando deparou com dois homens que a encaravam firmemente. A jovem acelerou a caminhada, mas eles a acompanhavam. Olhou ao redor e não viu ninguém a quem pudesse pedir ajuda.

– Onde pensa ir com tanta pressa? – perguntou um deles, colocando-se à frente de Nina.

– Não lhe interessa meu destino. Por favor, saia de minha frente!

– A menina é corajosa! Acho que seu caminho é outro. Pedimos que nos acompanhe por bem! Alguém deseja lhe falar!

– Não vou a lugar algum com vocês! Querem me dar licença, por favor?

– Sinto não poder atender ao seu pedido. Fomos bem pagos para levá-la ao encontro de uma pessoa que deseja lhe falar. Será melhor ir voluntariamente, não acha?

Nina ligou os fatos e percebeu que caíra numa cilada preparada por Lola. Mas qual o objetivo dela ao contratar aqueles homens para sequestrá-la? Estava começando a entrar em pânico quando decidiu se acalmar entrando em profunda prece.

– Foi Lola quem os contratou? – perguntou Nina apreensiva.

– Saberá em breve! – o homem estava enigmático, e Nina decidiu não contrariá-lo. Era ela contra dois homens, não teria vantagem alguma num confronto.

Os homens se embrenharam na mata fechada e caminharam por um bom tempo, até que depararam com uma velha cabana inabitada. Abriram a porta e entraram. Havia uma mulher de costas. Quando se virou, o que Nina viu em seus olhos era puro ódio.

– A entrega está feita. Pague o que nos deve!

– O serviço ainda não terminou. Fiquem de guarda até eu me decidir quanto ao destino dela. Agora saiam! – disse a jovem com energia.

Nina nada entendia. Quem era aquela jovem arrogante à sua frente? Seus olhares se cruzaram, e ela entendeu tudo!

– Surpresa? Imagine o que eu senti quando fiquei sabendo de vocês! Pensaram que me enganavam, só que fui mais esperta que todos! Santiago me pertence e ninguém irá tomá-lo de mim! – enquanto falava lágrimas escorriam.

Nina percebeu que era a antiga noiva de Santiago, com o coração repleto de mágoas! Ela não admitia a hipótese de ser trocada por outra.

– Creio que não fomos apresentadas ainda. Sei que é Alice, a antiga namorada de Santiago. Sou Nina. Sei que a situação é difícil e gostaria de tê-la conhecido em outras circunstâncias. Quero que saiba que não lhe desejo mal algum. Não entendo a necessidade disso tudo apenas para me conhecer. Mas aqui estou.

Alice espumava de raiva perante a franqueza de Nina. Ela era muito abusada!

– Acho que ainda não compreendeu o que está acontecendo. Não pretendo ser sua amiga nem tampouco quero sua piedade. Quero apenas que desapareça de vez do meu caminho! Entendeu agora? Já lhe disse: Santiago é meu! E assim será por toda a eternidade!

Nina não estava gostando do rumo da conversa, afinal aquela jovem estava ensandecida e numa situação assim pouco há que se fazer. Sua vida corria sérios riscos e tentou falar com bom senso.

– Nada há que faça que possa alterar os sentimentos de Santiago. Ele não a ama e isso você precisa encarar de uma vez por todas. Deixe-me ir e não falarei disso a ninguém. Vou esquecer o incidente e seguir com minha vida, assim como você também fará. Tente ser razoável – Nina percebeu que a situação não lhe era favorável e tentava argumentar com a jovem tresloucada. Os olhos de Alice estavam em brasas, ostentando toda a fúria que trazia no coração. Sentiu uma sensação ruim, arrepios percorrendo seu corpo como a avisá-la do perigo que corria. Em fração de segundos viu ao lado da jovem um ser do mundo espiritual cujo olhar denunciava ódio e sentimentos afins, prenúncio de uma fatalidade. Respirou fundo e pensou rápido, sentindo que o tempo não a favorecia. Olhou para a jovem e disse com toda a ternura que possuía, tentando falar-lhe ao coração:

– Alice, sei o quanto sofre e sinto ter colaborado para isso. Jamais foi minha intenção ser desleal com alguém, muito menos com você. O que aconteceu entre nós é fruto de um amor verdadeiro, que o tempo não foi capaz de apagar. Quando nos vimos pela primeira vez foi como se já nos conhecêssemos. Não me pergunte como isso é possível, pois não eu saberia a resposta. Tomei conhecimento de sua existência há poucos dias apenas. Ele não me falou de você, o que é represensível. Porém não posso mandar no meu coração. Eu o amo e sei que ele também! Nada há que possa alterar isso. Sinto muito! Por favor, não queira que sua vida seja comprometida por um ato impulsivo e insano. Você tem uma vida a viver, como conseguirá carregando a culpa e o remorso em seu coração?

Alice parecia confusa perante a sinceridade de Nina, mas aquela hesitação durou pouco. Ao falar em culpa, remorso, a jovem se enfureceu ainda mais:

– Ora, quem vem falar em culpa! Vocês dois tramaram contra mim nas minhas costas! Merecem a morte, porém Santiago será poupado pelo imenso amor que tenho em meu coração. Ele sofrerá com sua ausência, mas estarei por perto para consolá-lo. Isso bastará para ele voltar para mim e entender que eu sou a mulher da sua vida!

A situação estava se complicando ainda mais. Ela realmente pretendia afastá-la definitivamente da vida do médico. Alice perdera o juízo!

Um dos homens entrou no casebre trazendo Lola consigo. Ela sorria perante a cena:

– E agora, Nina? Como vai sair dessa? Você não é esperta, inteligente, sensitiva? Não contava com essa, não é mesmo? – e deu uma estrondosa gargalhada.

Nina olhou friamente para a cigana, percebendo que era ela a mentora de tudo. Que interesse teria? Lola nunca gostara dela e do seu envolvimento com a família de Inês. E, como Lola era invejosa e ciumenta, repudiava-a. Porém, seria só isso? Se estava com os minutos contados, tinha a intenção de conhecer todas as razões para sair da vida de forma prematura e por motivos tão banais!

– Não acha que desta vez foi longe demais? – questionou Nina.

– Tenho alguns planos para colocar em ação e quero você bem distante de todos eles. Foi reprovador o que fizeram com essa pobre jovem. Quanto a mim, devo dizer que Adolfo sempre esteve predestinado a ser meu e será; nada mais irá impedir que ele fique comigo. Consuelo vai ser desprezada e escorraçada de sua vida em breve! Pena que você não estará presente para ver! – e então tirou de uma sacola de pano umas ervas e esmagou-as num pilão. Encheu com água e, admirando a poção, disse: – Em algumas horas este chá fará o efeito que pretendo. Pensava que eu não conhecia o segredo das plantas? Vamos, tome tudo – e ofereceu o conteúdo a Nina, que conhecia o poder daquela planta venenosa.

Ela e Consuelo já tinham conversado sobre o poder curador daquela planta, que, se utilizada de forma inadequada, poderia causar sérios problemas físicos e até a morte. Não sabia qual a dose mortífera dessa planta, porém se ingerisse o conteúdo correria sérios riscos.

Lola pediu ao homem que a segurasse e jogou em sua boca todo o líquido. Nina ainda tentou cuspir fora, mas sentiu o líquido amargo escorrer pela garganta. Estava feito!

Nina percebeu que os dedos da mão começavam a ficar dormentes. Isso não poderia estar acontecendo com ela! Ninguém sabia onde estava nem o perigo que corria. Tinha que haver uma saída!

– Alice, é melhor que volte para a cidade. Sua aia dará por sua falta. Eu aviso assim que tudo finalizar – e Lola pediu que um dos homens a acompanhasse.

A jovem ficou contrariada, pois desejava estar presente e comprovar sua rival fora de combate. Quando percebeu que a infusão estava fazendo efeito, disse:

– Não deveria ter entrado no meu caminho! Fique tranquila que cuidarei de Santiago!

– Você sabe o que o destino lhe reserva? – perguntou Nina à cigana, assim que Alice saiu da cabana.

– Meu destino sou eu que faço! – disse com petulância.

– Sabe que não é assim que funciona. Pretensão sua acreditar que obterá o que deseja. Não conseguirá o amor de alguém mediante essas ações. A vida se encarregará de comprovar isso. Pode tirar a mim e Consuelo do caminho, mas você realmente acredita que meu pai vai olhar para você da forma como pretende? Ele não é tolo e a conhece bem demais! – Nina sentia que seu tempo era diminuto e precisava aproveitar o máximo possível.

– Cale-se! Não reconhece meu poder de sedução? Pena não viver para constatar do que sou capaz! – foi até a jovem e a empurrou ao chão.

Nina já sentia o efeito da infusão venenosa em seu corpo e decidiu guardar suas energias para uma possível fuga. Fechou os olhos, fazendo Lola acreditar que estava perdendo os sentidos. A pulsação estava fraca, mas sentia que havia uma esperança e decidiu abraçar a derradeira chance. A cigana foi até ela e a sacudiu para ter certeza de que estivesse desacordada. Chamou o homem que estava de guarda e pediu-lhe que ficasse com Nina até que ela expirasse. Depois, ele saberia o que fazer. Disse tudo com a máxima frieza e saiu da casa, rumo à continuidade de seus planos, deixando Nina com seu algoz. O que mais poderia acontecer?

Capítulo 24

Corações em conflito

Enquanto isso, na cidade, Santiago carregava Gabriela para longe do tumulto que se instalara. Nina estava ao seu lado e, de repente, se perdera na confusão. Em meio à correria avistou Lívia e Diego, que correram para ajudá-lo. Os dois homens levaram a jovem para casa para prestar o socorro necessário.

– O que aconteceu? – perguntou Miguel, vendo a irmã desacordada.

Santiago examinou o ferimento e constatou que era apenas um corte superficial. Gabriela abriu os olhos e olhou ao redor.

– Onde está Nina? – perguntou apreensiva.

– Ela se perdeu no meio do tumulto – respondeu Santiago. – Como se sente?

– Um pouco tonta. Procurem Nina, ela corre perigo!

– Por que diz isso? – o médico começou a ficar preocupado.

– Quando vi Lola ao lado de uma desconhecida, senti um arrepio e imediatamente veio a imagem de Nina. Ela corre perigo! – Gabriela estava apreensiva.

Uma hora inteira se passou e Miguel entrou na casa, acompanhado do pai, Consuelo e Diego. Nina não estava com eles. Demonstravam intensa preocupação no olhar.

Adolfo abraçou Gabriela, que desatou a chorar.

– Acalme-se, meu bem. Vamos encontrar sua irmã. Conte-nos o que viu.

E então relatou que viu Lola acompanhada de uma jovem, o suficiente para que seus sentidos ficassem em alerta.

– Quem era ela? Você a conhece? – questionou o pai.

– Não, e jamais a vi em Córdoba.

Santiago estremeceu. Só poderia ser Alice! O que ela pretendia? Sentiu um frio a lhe percorrer as entranhas. Não poderia supor que seriam capazes de algum ato reprovável, no entanto o desaparecimento de Nina parecia dizer o contrário.

– A jovem deve ser Alice, uma antiga namorada. Ela está em Córdoba. Sei onde está hospedada. – Santiago sentiu-se constrangido pelos olhares a ele endereçados. Se algo ocorresse, seria sua responsabilidade.

Adolfo olhou firmemente nos olhos do médico e finalizou:

– Tenho fé de que nada de mal irá acontecer à minha filha. Procure essa moça e a interpele sobre Lola. Deve haver uma explicação para as duas estarem juntas.

Gabriela encarou o pai e disse com ênfase:

– Papai, Nina corre perigo e precisamos encontrá-la antes que o pior aconteça!

Ela estava segura em seus temores. Consuelo, calada até então, falou:

– Gabriela, tente se lembrar de mais alguma coisa. Feche os olhos e procure olhar a mesma cena com calma, observando cada coisa que lhe chamou atenção.

A jovem fechou os olhos e permitiu que as lembranças aflorassem, atenta a cada detalhe.

– Aquele homem estava ao lado de Lola todo o tempo como sua sombra! – disse a jovem.

– Quem era? Você o conhece? – o pai já estava aflito.

– Não sei seu nome, sei que ele vive de pequenas tarefas, não tem um trabalho fixo. O senhor já utilizou seus serviços – e descreveu ao pai as características do homem.

Em segundos, Adolfo reconheceu quem era o acompanhante de Lola e suas feições se contraíram. Sabia que ele topava qualquer negócio para ganhar algumas moedas e depois gastar tudo em bebida. Era um pobre coitado!

– Sei quem é e vou atrás dele! Miguel, fique aqui! Consuelo, venha comigo! Santiago, encontre essa jovem e descubra qualquer informação que nos leve a Nina!

No caminho, Adolfo conversou com Consuelo.

– Preciso que encontre Lola o mais rápido possível. Gabriela pode estar certa e minha filha estar em perigo. Vá até o acampamento e descubra algo com Inês. Vou procurar Pedro em todos os lugares.

A cigana viu a angústia que ele portava e, num ímpeto, o abraçou.

– Não pense o pior, meu querido! Procure manter a serenidade. Nina saberá agir com equilíbrio e sensatez. Em breve estará em nosso convívio. Confie!

– Que faria sem você ao meu lado! – disse Adolfo abraçando-a.

– Você não pode imaginar o quanto esperei ouvir isso de você um dia...

– Quer dizer que sempre teve interesse em mim? – Adolfo ofereceu-lhe um sorriso doce. – Temos tanto a conversar! Será que encontraremos tempo?

– Temos a eternidade! Precisa de mais? – o olhar profundo que ela lhe enviou o enterneceu. Como podia esse sentimento ser tão intenso? Coisas do destino? Ou como Nina diria, coisas do passado! – deram-se as mãos e seguiram pelas ruas da cidade.

Adolfo procurou nas tabernas próximas, pensando que ele lá estivesse gastando as moedas que recebera. Ele desaparecera! Decidiu seguir até o acampamento.

Consuelo relatou à mãe o ocorrido e percebeu que ela cambaleou. Seu coração não suportaria que Lola cometesse alguma imprudência. Ainda mais com Nina! Todos sofreriam se algo ocorresse!

Lágrimas escorriam. Inês tivera em sua vida infinitas oportunidades de se revoltar, porém, mantinha-se forte e inabalável em sua fé de que a existência é aprendizado constante. Entretanto, a vida insistia em lhe proporcionar lições... Lola era seu grande desafio e sabia que ainda teria de retornar outras tantas encarnações para que ambas se perdoassem. Só assim seriam libertadas das correntes que as aprisionavam havia tanto tempo! Livres para seguir sua caminhada evolutiva! Inês sabia de seu passado delituoso e tentara se redimir, aprendendo as lições do amor e do perdão. Nesta vida era imprescindível que estivessem juntas, tentando construir um castelo de paz e harmonia, numa relação fraterna e amorosa, reconquistando a confiança perdida. Lola, no entanto, não ofereceu a receptividade necessária, mesmo com todos os seus esforços de mãe. Falhara mais uma vez! Não conseguira tocar o coração daquela que prometera acolher e cuidar como filha! Lola mantinha distância e não permitia que seu coração fosse tocado por alguém em quem ainda não conseguia confiar plenamente. Coisas que só um coração ferido pode compreender! Não lhe tirava a razão, porém fizera tudo o que podia para resgatar seu amor!

– Mamãe? Em que tanto pensa? – perguntou a filha preocupada.

– Infelizmente, Adolfo tem razão. Ela é capaz de tudo para ferir aqueles que julga serem responsáveis por sua infelicidade. Se estiver encrencada, logo saberemos!

Assim que a filha a deixou, elevou seu pensamento a Deus e pediu que intercedesse em hora tão difícil. Precisava encontrar Nina antes que fosse tarde!

Lola rumou para a cidade ao encontro de Alice, que ainda lhe devia pelo trabalho realizado. Próxima a estalagem, decidiu ficar à espreita. Pensava em quanto Alice era perigosa, capaz de qualquer ato para obter o que desejava. Sorriu, constatando o quanto eram parecidas. Se tivesse tudo o que Alice recebera, jamais estaria nesta vida mendigando afeto! Estava prestes a entrar, quando viu Santiago. Seu coração acelerou e pensou em fugir dali, porém precisava saber mais sobre a visita.

Santiago pediu ao estalajadeiro que chamasse a jovem.

– Que visita agradável! Saudades minhas, meu querido? – disse sorridente a jovem.

– Não é uma visita social. O que fazia com Lola hoje à tarde? – a pergunta saiu ríspida.

– Não sei de quem está falando. Quem é essa Lola? – respondeu de forma dissimulada.

– A mulher que a acompanhava. Viram vocês duas conversando.

– Deve ser a cigana que queria ler minha mão. Imagine que ela disse que poderia conhecer meu futuro! Acredita nisso? Por que o interesse?

Santiago sentiu que ela não estava sendo sincera. Seus olhares se cruzaram e viu neles uma frieza que o assustou. Como jamais percebera antes?

– Alice, se eu descobrir seu envolvimento em algo ilícito, eu a colocarei atrás das grades! E nem toda a sua nobreza vai impedir que arque com as consequências. Fui claro?

– Você está falando por metáforas, pode ser mais claro? – disse a jovem sem se abalar.

– Você sabe do que estou falando! Uma pessoa desapareceu e sei que está metida nisso – antes de sair, finalizou: – Entenda de uma vez por todas que eu não a amo. Nina é a eleita de meu coração, goste você ou não!

A jovem ficou rubra de raiva e indignação:

– Pois não a terá jamais nesta vida! – e virou as costas, saindo a passos curtos.

Santiago correu e a segurou com firmeza.

– O que está dizendo? O que fez a ela? – havia desespero em sua voz.

– Não fiz nada a ela. Já pensou que talvez ela não o queira mais?

– Não tente me envenenar com suas palavras maledicentes. Espero que volte para sua família brevemente e assim ficarei longe de você.

Alice estava furiosa! Seu plano não daria certo? Ele não seria seu novamente? Pelo menos não seria de Nina... Àquela hora ela já estaria no inferno!

Lola observava o casal gesticulando nervosamente e decidiu sair de lá para algum lugar que não a encontrassem. Pensaria numa saída...

Os rumos desta história ainda estavam distantes de um desfecho favorável. Entretanto, tudo se passava sob o olhar atento da espiritualidade, que acompanhava cada evento com discrição e imparcialidade. Não se pode interferir nas ações perpetradas pelos seres que detêm o poder de efetuar suas próprias escolhas. No entanto, ninguém está abandonado à sua própria sorte em nenhum momento de sua existência! Amigos espirituais são amealhados ao longo das existências e contribuem para que nossa felicidade seja conquistada.

Nina estava sendo acompanhada em sua jornada por irmãos de luz que, apesar de não poderem interferir diretamente, podiam emitir-lhe pensamentos de serenidade e paz.

Lola saíra, deixando a jovem aparentemente desacordada na companhia de seu algoz. Ela sentia que a cada momento mais o efeito se instalava em seu organismo e precisava agir. No início não se lembrara do homem que a acompanhava, porém sua expressão lhe era familiar. Precisava encontrar uma saída antes que desfalecesse e ninguém mais a encontrasse viva.

Pensou firmemente em Gabriela, enviando seu pedido de socorro. Elas costumavam ler o pensamento da outra. Concentrou-se e, com os olhos fechados, tentava conversar com a irmã. O formigamento estava crescendo, indício de que o veneno estava fazendo o efeito desejado. Haveria algo que cortasse o efeito mortal? Direcionou seu pensamento à irmã, pedindo-lhe que a encontrasse, indicando os locais que caminhara até chegar à cabana.

O homem acompanhava o desenlace, desejando que a jovem não sofresse. Quando viu de quem se tratava, quase desistiu do plano, porém temia Lola. Olhava Nina com sentimento de pesar, que não passou despercebido aos amigos espirituais. Era o que precisavam para demovê-lo de sua ação indigna, fazendo com que se contorcesse de remorso. Conhecia aquela jovem desde criança, assim como seu pai. Ele sempre o ajudara, e agora estava ali vendo a filha ir pelos caminhos sombrios da morte. Sua vontade era fugir! Ninguém sabia que a jovem estava lá! Morreria sozinha, sem que ninguém a amparasse! Foi quando teve a ideia de deixá-la onde pudesse ser encontrada. Depois fugiria para bem longe!

Ao pegar a jovem nos braços, Nina se debateu, tentando lutar contra seu agressor.

– Fique quieta, quero ajudá-la! – disse o homem. – Vou tirá-la deste lugar!

Nina não compreendia o que estava acontecendo. Nada respondeu, deixando que ele a conduzisse para fora da cabana. O homem caminhou por alguns minutos e a colocou cuidadosamente no chão.

– Me perdoe! – e em seguida correu dali para nunca mais ser encontrado.

Nina compreendera o gesto do homem e agradeceu a Deus o amparo naquela fatídica hora. Sentia-se fraca, mas mesmo assim tentou se levantar. O esforço, porém, foi infrutífero. Suas pernas nem sequer se moveram. Nina procurou, então, se arrastar para um local com maiores chances de ser encontrada. Lágrimas escorriam, lamentando não ter sido mais cuidadosa com Alice. Porém, como poderia imaginar que ela pudesse tramar algo tão sórdido em companhia de Lola? Precisava ser encontrada a tempo e enviou à irmã sua súplica. Sabia que estava próxima ao acampamento, porém a noite se aproximava, e suas chances de ser vista decresciam a cada minuto. Aos poucos, sua visão foi ficando mais embaçada, até que tudo ficou escuro. Nina perdera os sentidos!

Gabriela, em sua casa, já estava em pânico, sentindo a irmã em grave perigo. E então apareceu à sua frente um senhor, que lhe sorriu e disse:

– *Acalme seu coração e procure ouvi-lo! Nas condições de dúvida e desalento, dificilmente encontrará a resposta que procura! Lembre-se de que Deus jamais desampara os que Nele confiam! Se crê realmente, deve confiar que nada ocorre sem a permissão do Pai! Sua irmã necessita de sua ajuda, porém nestas condições o que poderá lhe oferecer? Busque a serenidade e encontrará a resposta aos seus anseios! Que Deus a proteja e a mantenha fiel a seus propósitos de espalhar o bem e a paz!* – a entidade do mundo espiritual, em seguida, desapareceu.

Fechou os olhos, respirando repetidas vezes, até sentir-se mais calma. Quando isso aconteceu, em sua mente apareceu a figura caída de Nina, no meio da estrada que ia em direção ao acampamento cigano. Chamou Miguel e Lívia, contando o que havia visto.

– Corra, Miguel! Encontre Nina antes que o pior aconteça! Vá!

O jovem saiu em direção ao local anunciado. As duas irmãs se abraçaram esperançosas!

Enquanto isso, Lola arquitetava uma boa explicação. Se Alice contara a Santiago sobre seu envolvimento, em breve todos estariam em seu encalço. Precisava de um lugar seguro para ficar e pensou em se abrigar na casa de Escobar. Ficaria escondida até tudo se acalmar... Fechou os punhos com raiva, lamentando seu destino! Por que a vida lhe era tão ingrata? Por que não conseguia concretizar seus desejos? Lembrou-se de Nina, acreditando que ela já estaria no mundo dos mortos, o que a fez esboçar um sorriso. Entrou na casa escura e vazia, sentindo um arrepio gelado. Pobre Escobar, pensara ela! Agora entendia por que ele estava sempre doente e assustado! Pudera, sua casa mais parecia um cemitério, onde os espíritos faziam sua morada!

Consuelo e Ramon procuraram Lola em todos os locais possíveis e não a encontraram. Ela sabia como desaparecer!

Adolfo voltou para casa frustrado, pois Pedro não estava em parte alguma. As filhas, então, contaram-lhe que Miguel talvez trouxesse boas notícias em breve. Ele estava desolado, andando de um lado a outro, inconformado com a falta de notícias de Nina. Seu coração estava apertado, pressentindo que algo grave estava acontecendo!

Miguel tentou seguir as orientações da irmã, caminhando pelo local com cuidado, com uma tocha a iluminar a estrada estreita. De repente, viu algo à beira do caminho. Aproximou-se e deparou com o corpo inerte de Nina. Ela respirava, porém a pulsação estava muito fraca. Pegou-a nos braços e se dirigiu ao acampamento, que estava próximo. Lá, Inês faria tudo para salvá-la, fosse qual fosse o perigo.

Ramon e Consuelo estavam chegando no exato momento em que Miguel apareceu com Nina nos braços. Levaram a jovem para a tenda principal, sob o olhar atento de Inês.

A jovem estava pálida e não tinha nenhum ferimento visível. Foi Consuelo que viu algo em suas mãos. Quando pegou a pequena folha, constatou o que acontecera. Pegou a planta e a entregou à mãe, que empalideceu.

– Você está pensando o mesmo que eu, minha filha?

– Ela só pode ter sido envenenada. Os sintomas são esses que apresenta. Temos de ser rápidas! – Consuelo conhecia a erva venenosa e sabia dos danos. Se ingerida como chá, os efeitos poderiam ser irreversíveis. Poderia causar não apenas a morte, mas um sono devastador e sem precedentes. Existia apenas uma forma de neutralizar seus efeitos, mesmo assim as chances eram mínimas, pois não sabiam quanto tempo o veneno se instalara em sua corrente sanguínea. Consuelo correu em busca do antídoto. Mãe e filha fizeram a infusão, ofereceram à Nina, ainda desfalecida e extremamente pálida. O líquido foi ingerido parcialmente, pois grande parte foi rejeitado. Os olhares estavam sobre a jovem, que parecia engasgada ao sorver a infusão, porém insistiram para que tomasse todo o conteúdo.

Os olhares de todos eram de apreensão!

Inês sabia quão devastador era aquele veneno, porém somente o tempo daria uma resposta. As feições de Nina permaneciam lívidas. O único sinal de vitalidade eram os lentos batimentos cardíacos.

Miguel olhava a irmã entre lágrimas, esperando que Inês lhe falasse algo alentador, porém ela permanecia calada, assim como os demais. Ninguém tinha uma resposta imediata e objetiva, dada a gravidade da situação. Consuelo segurava as mãos inertes de Nina, esperando que ela esboçasse uma reação, por mais diminuta que fosse. Ela estava imóvel na cama e não se sabia quando iria despertar, nem se isso iria acontecer!

– Preciso encontrar meu pai e Santiago. Eles precisam saber o que aconteceu! Cuidem de Nina, por favor! – sua voz mais parecia uma súplica. Ele amava a irmã e a perspectiva de ela não mais despertar o abalara profundamente.

– Vá, meu filho! Cuidaremos dela! Peça a seu pai e a meu neto que venham para cá e não tomem iniciativa alguma. Não sabemos o que ocorreu. Apenas Nina poderá nos dar uma explicação para esse doloroso episódio.

– A senhora acredita que ela se recuperará? – a pergunta do jovem era simples e direta, porém Inês não saberia responder. Seu olhar pousou no infinito e apenas disse:

– O tempo dirá, meu filho. Deus está no comando e saberá conduzir os eventos. Aguardemos.

Capítulo 25

Tudo a seu tempo

Adolfo e Santiago chegaram ao acampamento rapidamente.

O jovem estava inconsolável e, na condição de médico, queria saber a gravidade do veneno que ela ingerira. Adolfo abraçou Consuelo assim que chegou, chorando em seus braços.

O médico examinou Nina cuidadosamente. Suas mãos estavam frias e as pontas dos dedos arroxeadas, sinal de envenenamento.

– Quando administraram a infusão? Ela conseguiu ingerir o suficiente para anular o veneno? Que planta era essa? – eram muitos os questionamentos do jovem.

Inês abraçou o neto, contando tudo o que sabia a respeito da planta venenosa, que, apesar dos riscos, era utilizada com eficácia em certas enfermidades.

– Sabemos que foi essa planta, pois Nina segurava algumas folhas. Foi a maneira que encontrou de nos dizer o que lhe aconteceu. Confiemos que ela ficará bem. É jovem, tem saúde, seu corpo irá combater o veneno com energia e rapidez. Ela irá despertar e nos contar como tudo aconteceu. Como médico poderia fazer algo mais?

Ele não sabia responder a essa simples pergunta, pois já

perdera alguns pacientes por ingestão de infusões inapropriadas. Examinou a planta de coloração verde-escura e odor forte. Sentia-se impotente para salvar o amor de sua vida. Pensava em como alguém poderia ser capaz de planejar a morte de outro friamente? Lola e Alice seriam cúmplices? Não tinha como provar. Olhava Nina, que parecia apenas dormir e sentiu ímpetos de correr dali e vingar-se. Seu olhar se endureceu, o que não passou despercebido a Inês:

– Afugente esses pensamentos! Concentre-se em ajudar! Não deixe que nada se interponha entre vocês! A vingança nunca trará resultados favoráveis. Permita que a justiça divina utilize seus recursos para punir os responsáveis. Se busca a paz, saiba que ela deve nascer primeiramente dentro de você! Não se sinta culpado pelos acontecimentos. Acredita que Alice tenha participado desse envenenamento?

Lágrimas escorriam por seu rosto, sentindo-se responsável pelos fatos. Inês percebeu o desespero do neto e o abraçou carinhosamente.

– Se Nina morrer, jamais me perdoarei!

– Não fale assim! Tudo ficará bem!

A noite foi longa para os que lá permaneceram velando o sono da jovem. A lividez era o que mais impressionava, os batimentos cardíacos permaneciam fracos, mas constantes, o que significava que ela continuava lutando.

O dia amanheceu e nada havia se alterado. Inês e Consuelo continuaram com suas preces, pedindo o amparo de Deus.

Conforme as horas passavam a tensão crescia. Nenhuma alteração no quadro da jovem, que permanecia em sono profundo. Adolfo precisava dar notícias aos filhos. Perguntou se seria conveniente removê-la para sua casa.

– Adolfo, aguarde um pouco mais para levá-la. Aqui ela está sob meus cuidados. Ofereceremos mais um pouco da infusão, limpando seu organismo dos resquícios do veneno. Vá até sua casa e acalme seus filhos. Consuelo ficará para me ajudar e meu neto também, caso precisemos. Ela não poderia estar em melhores mãos – disse Inês confiante, e Adolfo saiu.

– Santiago, vá descansar um pouco. Eu o acordarei caso tenha alguma novidade.

Inês começou a entoar um cântico triste, acompanhado da filha, pedindo aos amigos espirituais que protegessem Nina. A emoção estava presente. Compartilhando esse momento, espíritos de luz lá se encontravam atentos aos acontecimentos. Postaram-se ao lado de Nina, esperando que ela percebesse sua presença. E assim aconteceu...

A jovem abriu os olhos e se levantou, sentindo-se liberta. O local lhe parecia diferente, a tonalidade era mais suave, porém familiar. Percebeu que estava na tenda de Inês e a viu, junto a Consuelo, ambas em profunda prece. Foi até elas e as tocou, porém não perceberam sua presença. Chamou por elas, e parecia que não a ouviam. O que estava acontecendo? Lembrava-se de se sentir mal e de tentar chegar ao acampamento, depois tudo era confuso. Viu a si mesma deitada na cama inerte. Ficou atordoada e sentiu medo. Teria morrido? Olhou-se mais uma vez e percebeu que não estava morta, caso contrário aquele cordão prateado[2] estaria rompido; podia vê-lo ligado ao corpo. E então viu a mulher que sempre estava em seus sonhos. Ela a olhava fixamente e sorria:

– *Não, minha querida, você não morreu! Sua tarefa ainda não se finalizou e tem muito ainda a realizar antes de partir. Pense numa pausa providencial! Seu corpo físico ainda não se recuperou e precisa de descanso. Vou acompanhá-la a um local de refazimento. Encontrará alguém a quem muito ama e experimentará momentos de paz.*

– Eles ficarão preocupados comigo. Preciso contar como tudo aconteceu! Precisam saber quem tentou me matar.

– *Tudo a seu tempo, Nina. Ainda não é momento de recobrar a consciência. Toda ação gera uma reação de igual teor. Nada fica impune, você sempre propagou isso. Permita que os responsáveis possam analisar seus feitos e se arrepender de suas ações indignas. Enquanto*

---

2. O cordão prateado, ou cordão fluídico, é o elo fundamental entre o corpo físico e o perispírito. Para saber mais sobre esse fenômeno, consulte as obras *Nosso Lar (capítulo 33)* e *Os Mensageiros (capítulo 50)*, ambas do Espírito André Luiz e psicografadas por Francisco Xavier, editadas pela FEB.

isso, vamos usufruir do aprendizado junto a irmãos de luz. Seu corpo ficará inerte, em sono profundo, reencontrando o equilíbrio. Sua irmã receberá notícias suas e acalmará seus familiares.

– E Santiago? Como ele está? – perguntou a jovem.

– *Sentindo-se responsável pelo que lhe aconteceu. Indiretamente ele é, pois se tivesse encerrado antes seu compromisso, não dando falsas esperanças a Alice, isso não teria acontecido. Ele precisa enfrentar seus medos, suas inseguranças, reconhecendo que deve ser o condutor de seu destino. Seu sofrimento reverterá em aprendizado necessário. Suas amigas sentirão que ficará bem e isso é o que importa. Vamos?*

Nina aceitou a mão que ela lhe oferecia e partiram. Inês sentiu uma brisa e abriu os olhos. A filha teve a mesma percepção e ambas olharam Nina, que parecia mais serena. A cor pareceu voltar-lhe, mas ainda permanecia dormindo.

– Ela ficará bem, Consuelo. Agora tenho certeza! – disse Inês aliviada.

– Tive essa mesma certeza, minha mãe. Quando ela acordará?

– Tudo a seu tempo...

Adolfo estava chegando em casa quando viu Escobar esperando-o.

– Esperava seu retorno. Precisamos conversar, não é mesmo?

– Sobre qual assunto? – disse Adolfo, tentando mostrar-se calmo.

– Vai me convidar para entrar? Sinto que o assunto mereça um local mais discreto.

A contragosto, Adolfo convidou o capitão. Ao entrarem, depararam com Gabriela e Lívia sentadas na sala. A caçula já estava bem, apesar dos ferimentos sofridos.

– Que prazer recebê-lo em nossa casa – a alegria era genuína. – O que o traz aqui?

– Vários assuntos. As notícias correm e já tomei conhecimento de alguns fatos, que devem ser averiguados. Uma grande confusão se instalou na tarde de ontem, causando alguns danos ao patrimônio, assim como para nossa jovem, que foi ferida, estou certo? – e fez uma pausa olhando Gabriela, que sorria.

– As notícias correm rápido, capitão! Sinto que suas preocupações são infundadas. Eu me distraí e caí, me acidentando. Não ouso dizer que alguém tenha responsabilidade.

– A senhorita se engana, pois o tumulto se originou com um propósito: o de distrair a todos os passantes para que não percebessem a real causa. Outros eventos ocorreram em seguida – Escobar fazia ar de mistério, deixando todos curiosos.

– O que exatamente pretende nos dizer? – Adolfo começou a se preocupar com a presença do capitão em sua casa. Será que descobrira que eles abrigavam Anita?

– Após o tumulto, um grande tesouro foi roubado da catedral.

– E o que temos que ver com tudo isso? – Adolfo olhava fixamente Escobar.

– Sr. Adolfo, talvez pense que eu seja tolo o suficiente para não perceber que conhece os rebeldes que tem agitado nossa cidade. Ainda não consegui ligá-lo ao grupo, porém sei de seus encontros fora da cidade. É um homem influente em Córdoba, seu nome está sempre presente. Além do mais, sei que está descontente. Isso já seria motivo para conspirar. Entretanto, nada posso provar contra o senhor. Ainda! – seu olhar era acusador e frio.

– Sinto decepcioná-lo. Não sei do que está falando, nem do roubo desse tesouro, que para mim não teria serventia alguma. Se é tão bem informado, deve saber que além de Gabriela, ferida sem gravidade durante o tumulto, minha outra filha, Nina, está entre a vida e a morte neste exato momento. Aproveitaram a confusão, levaram minha filha e a envenenaram. Não creio que quem cometeu tal atrocidade seja o mesmo que dilapidou um patrimônio cultural. Os motivos de minha filha estar à beira da morte são os mais torpes possíveis. E nenhum tesouro, nenhuma fortuna é capaz de trazê-la de volta à vida. Desde ontem estou ao lado de minha filha, mas nem minha presença, nem meu amor por ela são capazes de minimizar os danos causados. O senhor quer fazer mais acusações, vá em frente! Sou culpado por não conseguir salvar a vida de minha filha e, se ela morrer, não sei mais o que me resta fazer! – Adolfo desabou num choro sincero e tocante, sendo abraçado pelas filhas.

O capitão ficou calado, sem saber o que dizer. Era um fato

novo que ele acabara de conhecer. Córdoba estava ficando muito perigosa! A jovem petulante havia sido envenenada? Quem poderia cometer tal crime? O caos se instalara definitivamente!

– Capitão, estamos vivendo um momento muito crítico e a possibilidade de minha irmã não sobreviver é algo admissível e chocante. Creio que já constatou que meu pai nada tem que ver com esse roubo, pois estava ao meu lado todo o tempo desde que me feri. Sei que irá encontrar os responsáveis pelo roubo, confio em sua competência. Sendo assim, peço-lhe que respeite nossa dor e encontre os responsáveis pelo que fizeram a Nina. Faça isso por mim! – Gabriela estava com os olhos marejados.

Escobar se enterneceu com as palavras de Gabriela e tentou se mostrar solidário.

– Peço que me perdoem, não sabia de sua irmã. Respeito sua dor, apesar de não ser pai! Irei investigar esse crime, assim como o roubo da peça de ouro, cravejada de brilhantes, que estava à mostra por causa das comemorações da padroeira. Porém isso é insignificante diante de uma vida em risco. Quando estiverem em condições, eu gostaria de conversar sobre o assunto. Prometo-lhe encontrar o facínora que foi capaz de atentar contra sua filha. Espero que ela fique bem! – Escobar falava olhando para Gabriela, que ostentava tristeza e dor. Ele não gostava de vê-la sofrendo...

Adolfo se acalmara e ficou surpreso com a atitude benevolente do capitão. Escobar se despediu cordialmente e saiu.

– Papai, Nina vai ficar bem, acredite! – Gabriela olhava o pai envolto em sombras e pessimismo. – Ela apenas dorme, eu sei.

– Inês e Consuelo fizeram tudo o que puderam, porém seu quadro não se alterou desde ontem. Não sabemos se isso é bom ou mau sinal – Adolfo estava com o semblante sério.

Gabriela jamais vira seu pai assim, nem mesmo quando sua mãe morreu. Sentiu naquele momento o quanto a irmã significava em sua vida! Aliás, todos sempre souberam da predileção dele por Nina, o que nunca foi motivo de ciúme por parte das irmãs. Os dois eram muito parecidos e adoravam a companhia um do outro, conversando horas sobre os mais variados assuntos, discutindo ideias e divergindo sobre elas, infinitas vezes. E, no fim, acabavam rindo e se abraçando. Gabriela, muitas vezes, sentia que eles viviam em seu próprio mundo, mas, generosos, aceitavam que os demais compartilhassem com eles. Sabia que a ligação entre eles era de outras vidas, momento em que a cumplicidade foi construída no labor constante das emoções e das experiências vividas. Não podia imaginar a vida de seu pai sem a presença de Nina. O que sabia, naquele momento, era que a irmã ficaria bem!

– Imagine que nossa Nina fez uma viagem com data marcada para retornar. Isso significa que ela voltará ao nosso convívio e nos relatará sua experiência com todos os detalhes, como sempre fez. Acalme seu coração e não pense no mal, na raiva, na vingança, pois isso apenas retardará seu retorno. Tenhamos fé nos desígnios divinos e confiemos em sua sabedoria. É nossa parcela a realizar! – Gabriela sentia-se envolta num halo de luz. Seus amigos cumpriram o prometido, dando-lhe a serenidade e a certeza de que Nina estava bem e em segurança.

Lívia olhava embevecida a irmã, que se tornava um foco de luz. Ela viu ao lado da irmã uma mulher muito bela, de longos cabelos e sorriso doce. Abraçava suavemente a irmã, que sentia indizível paz.

– Onde está Miguel? – perguntou o pai, estranhando a ausência do filho.

– Ele saiu bem cedo – respondeu Lívia, ocultando a visita da noite anterior.

– E Anita? – Adolfo não estava gostando da saída do filho, deixando as irmãs sozinhas.

A jovem apareceu no exato momento da pergunta.

– Estava na janela, vi Escobar chegando e me escondi. Quanto a Miguel, pedi que fizesse algo por mim. Não se aborreça com ele, eu peço.

– Estamos vivendo momentos difíceis, minha jovem. Precisamos ter cautela em tudo o que falamos ou fazemos. Quero apenas me certificar de que você e seu grupo nada têm que ver com o roubo a que Escobar se referiu – Adolfo olhou fixamente para a jovem, que desviou o olhar. Essa era a resposta que ele temia ouvir! E Miguel estava envolvido nisso! Sentiu o sangue subir no rosto. – Creio que já me respondeu. O que pensa obter com essa atitude? Seu pai morreu tentando poupá-la e você continua metida em ações ilícitas, comprometendo todos os que procuram ajudá-la! Onde está Miguel?

Anita baixou o olhar sentindo-se culpada por colocar o jovem em perigo. Adolfo estava certo em repreendê-la, porém era a forma que encontrou de obter a ajuda necessária para fugir da cidade. Na noite anterior, Domênico esteve lá com a tal peça roubada e pediu que a levasse a um lugar seguro. Miguel assumiu o encargo e, em troca, pediu que até o fim da semana ela estivesse distante de Córdoba. Como falar a Adolfo sobre isso? Recordou-se do pai e de tudo o que tentou fazer por ela. Era um espírito indomável, amava a liberdade e não conseguia imaginar-se prisioneira. Preferia a morte a esse calvário! No entanto, não queria causar sofrimento a ninguém, muito menos aos que se dispunham a protegê-la. Percebeu que estava sendo egoísta, envolvendo pessoas tão especiais no turbilhão que se transformara sua existência. Lágrimas escorriam e o remorso calou fundo em sua alma.

– Sr. Adolfo, nada que eu fale será justificativa de meus atos. Está correto em me repreender e peço que me perdoe. Prometo ir embora o mais rápido possível. Miguel logo estará de volta são e salvo. Suas filhas me ensinaram o recurso da prece que conforta e acalma. Meu pai ficaria feliz se aqui estivesse! – Anita lembrou-se do pai que tanto a incentivara a cuidar de sua espiritualidade, com o que ela nunca se importou.

– Tenho certeza de que ele, onde estiver, saberá de suas transformações! – disse Lívia.

A jovem contou a Adolfo tudo o que se passara. Domênico precisava levar a peça para um comprador, que lhe pagaria uma alta soma, e assim poderia prosseguir com sua causa. Antes, cuidaria de levar a jovem rebelde para bem longe.

Adolfo não estava gostando do rumo dos acontecimentos.

– Papai, não há nada que possa fazer a não ser esperar! – Gabriela pegou a mão do pai, que se deixou conduzir para seu quarto. – Deve estar exausto, descanse um pouco.

Uma hora depois, Miguel retornou com um sorriso radiante.

– Tudo aconteceu conforme Domênico orientou. Nada mais nos ligará àquela peça e, em breve, estará em segurança! – disse o jovem abraçando Anita com carinho.

– Pensa em acompanhá-la, meu irmão? Já pensou nas consequências dessa decisão? – Lívia olhava com seriedade, exigindo-lhe explicações. Ele manteve-se em silêncio.

– Você se tornará um pária, assim como ela. Já pensou que sua vida nunca mais será a mesma? Viver na obscuridade não é algo que se possa decidir num ímpeto.

– Fiquem tranquilas, meninas. Jamais o deixaria fazer tal sacrifício. É minha causa, meu ideal, assumo inteiramente os riscos dessa empreitada. Não posso permitir que você deixe sua vida de conforto e segurança para me seguir. – Anita apressou-se a responder, desviando o olhar do jovem que parecia surpreso com tal decisão.

– Eu a acompanharei, e essa é uma decisão que cabe a mim. Quero estar ao seu lado em qualquer situação – disse Miguel decidido. – Eu quero viver em sua companhia, não importa em que condições, pois eu gosto muito de você.

Anita olhava para o jovem sem saber o que responder. Ele decidiu agir, envolvendo-a num terno abraço, finalizando com um beijo apaixonado, a que ela não resistiu.

As irmãs se entreolharam e sorriram, ambas pensando que nada é mais forte e poderoso que a força do verdadeiro amor! Ele é capaz de suplantar barreiras, fortalecer-se na adversidade. O que se pode fazer contra ele?

Quando se afastaram, os dois sorriam timidamente, conscientes de que nada os faria alterar os planos de permanecerem juntos! Adolfo cederia a essa força soberana?

O momento era de extrema complexidade, cada um teria de organizar cuidadosamente suas ações para que saíssem ilesos, livres e em segurança. Entretanto, outro assunto afligia Miguel:

– E Nina, como está? – perguntou, temendo a resposta.

– Ela ficará bem! – disse Gabriela, sentindo que a força de

suas palavras era fruto da confiança em sua intuição, que estava cada dia mais lúcida.

– Ela continua no acampamento?

– E ainda dorme. É uma pausa para que cada um de nós possamos refletir sobre nossas condutas e, para ela, será um aprendizado necessário. Nina ainda acredita ser capaz de controlar tudo, o que é uma grande ilusão. Não controlamos nossas emoções, palavras e atos, como podemos esperar controlar o próximo, que possui sua própria visão dos fatos e age conforme sua consciência? Foi necessário que assim acontecesse para que ela pudesse reavaliar questões de relevância. Nossa irmã querida é, sem dúvida, uma criatura especial e estará de volta ao nosso convívio muito em breve – finalizou Gabriela.

– Assim esperamos! – disse o irmão esperançoso.

Anita olhava a união daquela família e sentiu um nó na garganta. Não queria que nenhum mal se abatesse sobre eles! Em sua oração, pediu a Deus que protegesse todos a quem aprendera a amar verdadeiramente, depois pediu por sua própria segurança. A lição de extrair o egoísmo de suas entranhas estava surtindo efeito. Pela primeira vez em tanto tempo, experimentou um sentimento de paz. Tinha tanto a aprender na vida! Teria tempo suficiente para isso? Naquele momento queria apenas vivenciar a paz ao lado de Miguel, que a abraçava.

Enquanto isso...

Capítulo 26

Cada coisa em seu lugar

Enquanto isso, a cidade continuava em polvorosa.

Escobar era persistente e iria recuperar a peça roubada. Cada local suspeito foi investigado, prisões foram efetuadas, no entanto o destino do objeto ainda era um mistério. O inquisidor solicitava resoluções que estavam longe de serem obtidas. A peça parecia definitivamente perdida!

Lola não parava de pensar em Nina, imaginando que a jovem já tivesse sucumbido ao veneno. Precisava saber se tudo correra conforme seu plano e se Alice falara algo que a incriminasse. Iria até sua estalagem quando anoitecesse...

No acampamento, Inês e Santiago continuavam ao lado de Nina, cujo quadro não se alterara. Parecia que ela dormia um sono profundo. Suas feições estavam serenas e mais coradas.

– Ela ficará bem! O importante é deixá-la descansar o tempo que for necessário. O que pensa fazer, Santiago? – perguntou Inês, preocupada com as decisões que ele tomaria.

– Irei ver Alice e confrontá-la. Não posso permitir que continue a seguir sua vida sem arcar com as consequências de seus atos. Ela terá de dar explicações!

– Você não pode acusá-la sem ter certeza de seu envolvimento.

– Vou até lá, mas antes preciso ver Lupe. Ela deve estar preocupada.

– Ela já esteve aqui e lhe contamos tudo. Soube do tumulto, só não sabia das consequências disso. Uma peça preciosa foi roubada da igreja, durante a confusão criada. Parece que foi obra dos rebeldes. Até que ponto Lola colaborou? E Alice? – questionou Inês.

– Nina está nesse estado em razão de um ataque infeliz, os envolvidos devem ser punidos. Vou a Córdoba ver Alice, ela deve ter explicações a me oferecer.

Inês olhava o neto com tanta dor no coração, que se lembrou-de si mesma no passado. De nada adiantou enfrentar os poderosos, nada trouxe de volta aqueles que amava.

– Santiago, cuide para que suas emoções não perturbem ainda mais a situação. Busque a paz e não se aparte dela. Nina quer você integralmente e não uma parte. Não se deixe consumir pela mágoa. Pense nisso e não cometa nenhum ato do qual possa se arrepender! Cuidarei de Nina até sua volta!

O jovem abraçou a avó e saiu, sem antes beijar a testa de Nina.

Consuelo entrou assim que ele saiu, percebendo a preocupação da mãe. Ela ofereceu mais infusão a Nina e ficou ao lado da jovem, tentando se conectar com ela.

– Apenas seu corpo se encontra nesta tenda, minha filha. Ela está em outro lugar, esperando o momento certo de retornar. Não a apressemos! Ela está bem e isso é o que importa. Vá ver Adolfo, ele precisa de você. Problemas o afligem! Mande a minha solidariedade e diga-lhe que convém deixar as coisas fluírem.

No caminho até a cidade, Santiago se deteve no local onde Nina fora encontrada. Apeou do cavalo e andou pela redondeza, esperando encontrar alguma prova que comprometesse Alice. Caminhou mata adentro e avistou uma velha cabana abandonada; entrou. Quando pretendia deixar o local, encontrou algo brilhante. Era um pequeno camafeu que pertencia a Alice. Sorriu. Era a prova que faltava. E saiu de lá em disparada.

Assim que chegou à estalagem, mandou chamar a ex-noiva.

– Ainda pretende negar sua participação no rapto de Nina? – disse, mostrando o camafeu.

Alice empalideceu e tentou sorrir.

– Eu tenho um parecido, querido.

Santiago a pegou pelo braço e a arrastou para fora.

– Senhor, não faça isso! Acalme-se! – Suzana estava próxima e intercedeu.

– Deixe-me, Suzana. Alice foi longe demais! – o jovem estava enlouquecido com a confirmação que Alice tentara matar Nina.

– Por favor, eu lhe peço. Deve haver uma explicação – a aia olhava confusa para Alice.

– Sua senhora é uma assassina! Quer saber de toda a história? – e contou tudo o que acontecera nas últimas horas, enquanto a serva mostrava repulsa e indignação.

– Não creio que ela tenha feito isso, meu senhor. Procure ouvi-la primeiro, eu lhe peço.

O tumulto já se instalara e o dono da estalagem tentava impedir que o pior ocorresse. Santiago sentia uma raiva incontida e sua vontade era levá-la dali, porém algo o conteve. Sentiu como se uma mão invisível tocasse seus ombros como a serená-lo. Ouviu uma voz que lhe pedia que não deixasse a ira dominá-lo. Foi o suficiente para que soltasse a jovem e a encarasse com piedade.

– Eu a desprezo, Alice! Agradeço a Deus por ter afastado você do meu caminho. Se Nina não resistir, levará consigo o fardo de uma morte. Sua consciência não a poupará enquanto viver! Acertará as contas do que praticou, seja pela justiça dos homens, seja pela de Deus! Nunca mais apareça na minha frente ou não me responsabilizarei pelos meus atos – e saiu da estalagem, deixando-a entregue a seus próprios fantasmas.

Alice sentiu uma pontada no peito e um profundo temor se apoderou dela. Como viveria carregando tão pesado fardo? Como se deixara envolver por aquela cigana? Sua vida estava acabada! Seus pais a apoiariam nesse feito? Por que aquilo estava acontecendo com ela? Lágrimas vertiam em seu rosto, e sentia que sua vida não fazia mais sentido. De que valeria continuar sem seu amor?

Suzana sentiu piedade pela jovem desiludida e a conduziu para o quarto. Esperava que seus pais chegassem em breve. E se Santiago dissera a verdade, logo seria procurada para dar explicações sobre o ocorrido.

Consuelo encontrou a família ainda sob forte tensão. Miguel e Anita precisavam sair da cidade o mais rápido possível, mesmo sem a aprovação do patriarca, que não se conformava com a decisão do filho.

– Adolfo, a vida de cada um é seu patrimônio. Se assim Miguel escolheu, como julgá-lo? Cabe a ele efetuar suas escolhas.

– É um risco imenso agir assim!

– Pai, confie em mim! Sei o que quero fazer e nada que fale irá modificar minha decisão. Estaremos distantes, porém ainda combatendo a tirania que ora impera. Não queremos colocá-los em risco e iremos para um local bem longe de Córdoba. Lá ficaremos até as coisas se acalmarem. Domênico já preparou tudo e partiremos daqui a dois dias. Mandaremos notícias, meu pai – Miguel finalizou, abraçando o pai carinhosamente.

A emoção tomou conta, mais uma vez. Eram tantas as dificuldades nos últimos dias, e essa partida próxima deixou a todos em profunda comoção.

Consuelo sabia que Miguel fizera uma escolha definitiva em sua existência. A pressão aumentava, a Igreja estava cada dia mais inflexível, a nobreza compactuava com os desmandos. Tempos sombrios que ainda vigoravam! Adolfo teria de ser mais discreto em suas abordagens, visto que o próprio Escobar já conhecia suas ações. Ligá-lo aos rebeldes seria o próximo ato. Por ora, a grande preocupação era Nina. Pediu notícias da filha, porém não eram as que esperava.

– E como Santiago está perante tudo isso? Ele deveria ter nos prevenido sobre essa maluca. Aliás, farei uma visita a Escobar e a denunciarei.

– Você não tem provas de que ela tenha feito isso, Adolfo. Tudo se resolverá, acredite.

– Como tem tanta certeza? – perguntou Adolfo.

– Simplesmente sabemos, não é mesmo? – Consuelo sorria para as irmãs.

– Quero vê-la, vamos antes que anoiteça. Miguel, cuide de tudo até eu voltar. – O filho assentiu, e Adolfo e Consuelo deixaram a casa sem perceber que um guarda estava a observar silenciosamente o local. Escobar sentia que a família ocultava algo e iria descobrir...

Quando a noite chegou, Lola se dirigiu à estalagem à procura de Alice. Temia que ela a denunciasse, colocando tudo a perder. Entrou sorrateiramente, indo diretamente ao quarto de Alice. Bateu à porta e ouviu um som abafado. A porta estava aberta, e Lola entrou no quarto, deparando-se com a jovem deitada.

– Não quero nada. Deixe-me em paz! – Alice não se dera conta da presença de Lola.

– Vou deixá-la em paz, mas antes preciso de algumas informações – disse a cigana.

Alice se assustou e encarou Lola com toda altivez.

– O que faz aqui? Não quero falar com você, que só me causou problemas.

– Eu só resolvi seus problemas, sua ingrata. Queria aquela jovem morta e assim ela está.

– Sua incompetente! Nina não morreu! – Alice estava pronta para o ataque.

– Como assim? Dei quantidade suficiente para que ela morresse! Como sabe tudo isso? – a apreensão tomou conta de Lola.

– Santiago esteve aqui me acusando de tentar envenenar Nina, o que significa que ela está viva. Não vou assumir sozinha esse crime. Você recebeu um bom dinheiro para isso.

Lola ficou enlouquecida e pegou o braço de Alice, apertando-o fortemente:

– O que você disse a ele?

– Ainda não disse nada, mas se alguém me procurar falarei a verdade. Foi você que armou todo o plano. Minha família me livrará desse problema, porém você vai direto para uma cela fétida e apodrecerá por lá. – Alice sorria para a cigana com escárnio.

Isso foi suficiente para que Lola se voltasse contra ela, apertando-lhe o pescoço e dizendo:

– Você não vale nada! Merece morrer por tudo isso! Ninguém fala assim com Lola! – dizia isso apertando cada vez mais forte o pescoço de Alice, que foi ficando vermelha até fechar os olhos. Lola olhou o resultado de sua fúria e ficou em pânico. Sacudiu a jovem, porém ela não respondia. Será que a matara? Queria lhe dar um susto apenas, será que utilizou força demais? Alice jazia inerte na cama. Tudo se complicara definitivamente!

Lola se acalmou e percebeu que Alice não tivera oportunidade de gritar. Respirou fundo e saiu do quarto silenciosamente. Conhecia os corredores daquele lugar e se dirigiu à saída por uma porta que dava para um pequeno jardim. A escuridão da noite a auxiliou em sua fuga. E agora, o que faria? Precisava pensar melhor em tudo o que fizera. Nina estava viva! Ela teria contado o que acontecera? Era realmente uma miserável e infeliz! Nada dava certo em sua vida! Precisaria ir até o acampamento descobrir o que estava acontecendo! Junto a ela, companheiros sombrios a envolviam em suas teias. Estavam exultantes com a atitude de Lola, que a cada dia se comprometia mais. Era isso que eles queriam que acontecesse! Lola merecia a dor e o sofrimento por tudo o que cometera! Os atos que ela praticara, causando infortúnios a tantos, seriam finalmente desmascarados! O fim de suas artimanhas diabólicas estava próximo, e ela, em breve, estaria de volta ao mundo espiritual onde teria de arcar com o ônus de seus atos infames! Lola sentia calafrios por todo o corpo, e o medo, companheiro sempre ausente, a visitava; sentia-se como se estivesse sendo observada por olhos invisíveis. Apressou os passos e olhou em volta, constatando que estava sozinha. Deu de ombros e seguiu em frente.

Enquanto isso, Santiago já retornara ao acampamento e permanecia velando o sono de Nina. Fazia mais de um dia que ela estava dormindo. Não era um quadro favorável. Inês, por sua vez, estava preocupada com Lola e seu desaparecimento desde o dia anterior. Seus amigos espirituais a alertaram quanto à sua responsabilidade no evento. E ainda tinha fé de que poderia ajudá-la a caminhar de forma digna. Não podia desistir de Lola! Precisava encontrá-la antes que o pior acontecesse!

Adolfo e Consuelo chegaram ao acampamento e também permaneceram ao lado de Nina. Estavam silenciosos, refletindo sobre tudo o que se abatera sobre eles e, infelizmente, permitindo que a culpa se instalasse no coração deles. Santiago, além da culpa, abrigava emoções conturbadas, entre a ira e o ressentimento, a mágoa e o desejo de justiça. Adolfo estava confuso com o que a vida se encarregara de lhe oferecer. Dor e tristeza envolviam as fibras mais íntimas de seu coração.

Inês e Consuelo não partilhavam daqueles sentimentos e se entregaram à prece para que o conforto não lhes faltasse e o otimismo voltasse.

Nina, em sua visita ao mundo espiritual, estava extasiada. Encontrara companheiros que a abraçavam com carinho, como se a conhecessem.

– Que lugar é este? Sinto como se o conhecesse há muito tempo – perguntou Nina.

– *Você já visitou esta colônia inúmeras vezes. Sempre curiosa e atenta a tudo. Leva o aprendizado muito a sério. Uma aluna exemplar! Um tanto questionadora sobre certos assuntos, porém isso apenas prova seu interesse em aprender e se aperfeiçoar. Gabriela também possui vínculos estreitos conosco e, assim como você, tem sede de aprendizado. Hoje tem uma visita especial esperando-a* – e então entrou numa casa graciosa, onde havia um senhor a recepcioná-la.

Assim que ela viu de quem se tratava, correu a dar-lhe um abraço.

– Que saudade! Faz tempo que não o vejo!

– *Minha querida, mesmo que não me veja não significa que não acompanhe seus passos. Estou sempre ao seu lado, cuidando de você e de seu caminhar.*

– É que eu gosto tanto de conversar com você e sinto sua falta!

– *Eu também, Nina. Vamos dar um passeio, tenho algo a lhe mostrar* – e saíram da casa.

Após algum tempo, Nina sentiu uma vertigem e disse:

– Preciso retornar para meu corpo. Sinto a preocupação de todos com minha saúde!

– Tudo a seu tempo, Nina. Aprenda a esperar as coisas acontecerem em seu tempo de maturação. No tempo certo! Enquanto isso, colocaremos nossas conversas em dia!

A jovem parecia mais serena e lhe sorriu, continuando o passeio.

Lola chegara ao acampamento, porém não queria que percebessem sua presença. Viu agitação na tenda de Inês, supondo que Nina estivesse lá. Aproximou-se, tentando ouvir ou ver algo.

– Preciso fazer algo! – a voz de Santiago parecia uma súplica. – Não consigo ficar inerte vendo Nina nestas condições. Consuelo, não há mais nada que possa fazer?

– Fiz tudo o que sei, Santiago. Temos de aguardar seu corpo reagir, e isso pode levar tempo. Procure manter o otimismo!

– Não consigo vê-la assim! É tudo culpa minha! Tudo poderia ser evitado se eu tivesse tido tempo para resolver minha vida – a culpa o dominava integralmente.

Inês ouvia o desabafo do médico e sentiu que ele precisava de toda ajuda possível.

– Meu neto querido, de nada valerá se consumir pela culpa. Isso não vai alterar o que já está escrito. Não se sinta responsável pelo que aconteceu à Nina.

– Impossível, não consigo pensar em mais nada a não ser na culpa. E de que adianta prender Alice? Isso não trará Nina de volta – lágrimas escorriam, e a dor não lhe dava trégua.

Foi a vez de Adolfo tentar consolar o médico.

– Meu filho, sei que jamais faria algo à Nina que a fizesse sofrer. Eu poderia jogar sobre seus ombros o peso do meu sofrimento, mas como bem disse, isso não faria Nina acordar. Não podemos permitir que o pessimismo permaneça dominando nossos pensamentos, tornando nossa vida ainda mais lúgubre e infeliz. Letícia sempre me orientou a calar minha dor e a afugentar maus presságios ligando-me a Deus, pedindo que se compadeça de minha imperfeição e me mostre novos caminhos. Ela sempre me incentivou a crer que o melhor poderá acontecer, e isso só dependeria de mim! De minha decisão de sair do lamaçal de dúvidas e crer que uma força maior a tudo comanda. Nina é meu tesouro! É a luz que ilumina meu mundo quando tudo se encontra em sombras! É a paz para meu coração conturbado! Ao seu lado tudo é simples e claro! Ela não iria suportar saber que eu perdi a esperança. Peço então que me acompanhe numa prece! – Adolfo fechou os olhos e iniciou sua conversa com Deus, invocando proteção à filha amada.

Foi um momento de pura emoção, unindo todos os que lá se encontravam numa corrente poderosa irradiando os mais belos sentimentos. Amigos espirituais auxiliavam nessa doação de energias, higienizando o ambiente e eliminando fluidos impuros. Inês sentiu a presença dos amigos que jamais a desamparavam e sorriu em agradecimento.

Consuelo sentiu a presença de Letícia ao seu lado e ouviu nitidamente:

– *Minha estimada amiga, a sua ajuda é providencial e serei eternamente grata. Cuide de Adolfo com a força do seu amor e saiba usufruir a bênção do reencontro há tanto esperado. A separação foi necessária para que pudessem exercitar lições essenciais ao aperfeiçoamento! Mérito de ambos e cuja ação reverterá em benefício de vocês. Consegui me libertar de um passado vergonhoso e infeliz e sinto-me renovada em espírito, me preparando para novas oportunidades que o Pai misericordioso e justo me concederá. Seguirei meu caminho e espero que sigam o que escolheram tempos atrás. Mas peço que caminhem libertos de qualquer dúvida ou insegurança quanto à sua união, que Deus abençoa e confia! Nina estará de volta em breve, é o que posso dizer por ora. Cuide dessa família tão amada e com tantas tarefas a executar! Minhas filhas precisam de você e de sua lucidez. Tem a maturidade e a força para conduzi-las e apoiá-las, o que me tranquiliza. O amor une as almas e transcende! A resposta aos seus anseios aqui se encontra, nesta experiência material ao lado de espíritos afins, que a auxiliarão nas tarefas necessárias à disseminação da paz, do amor e do bem! É chegado o momento de dividir a responsabilidade de suas ações com aquele que a compreende, respeita e a ama! Sejam felizes, é meu desejo sincero! Tenho aprendido lições inestimáveis desde que aqui cheguei, e o desapego foi a mais difícil de aceitar, minha amiga! Tenho tanto ainda para aprender e entender, mas como bem me ensinaram, viva um dia de cada vez! Prometo visitá-la quando me for permitido, até lá cuide daqueles que ama e com quem se comprometeu tempos atrás! Fique em paz!*

Lágrimas de emoção escorriam pelo rosto de Consuelo, observado apenas por Inês, que sentiu igualmente a presença da amiga. Pediu a Deus que seu novo caminho fosse proveitoso e feliz, repleto de paz e equilíbrio, pois ela assim merecia.

Adolfo finalizou a prece e beijou a filha. Santiago sentiu que a paz retornara.

– Eu estava precisando desse conforto para desanuviar a mente – disse ele.

– Uma esperança renasceu em meu coração, também. Que assim seja! – concordou Adolfo.

Capítulo 27

Ações equivocadas

Lola permaneceu acordada durante toda a noite, apreensiva com a possibilidade de Nina despertar e acusá-la de atentar contra sua vida.

Na manhã seguinte, Ramon a descobriu atrás de uma moita e levou-a até sua mãe.

– Olhe quem encontrei! Ela estava por aqui o tempo todo, minha mãe.

– Creio que nos deva explicações, Lola. Será uma grande decepção comprovar sua participação nesse episódio tão cruel. Vamos, conte-nos tudo!

– Não fiz nada de errado, a não ser beber demais e não conseguir chegar até minha tenda. Ramon me encontrou e não entendeu nada! – Lola mentia como ninguém.

– Por que insiste em agir assim? Cada dia você se complica mais, minha filha.

– A senhora fala coisas que não procedem! Seja mais clara! – falava de forma petulante.

Inês contou tudo o que acontecera com Nina. Conforme ela falava, o olhar de Lola se alterava e se contorcia. Ao final do relato, disse:

– Como alguém teve coragem de fazer isso a ela? Estou chocada. Que veneno foi?

– Você é uma das poucas pessoas que conhecem seu poder – Consuelo encarava friamente Lola.

– Você tinha tanto conhecimento quanto eu, por que não poderia ser você a envená-la?

– Por que faria isso? Ela é minha amiga, jamais seria capaz de causar-lhe mal!

– Você não está isenta de cometer erros, sei de coisas que a tirariam do pedestal a que foi alçada. Pare de fingir e mostre quem realmente é! Adolfo precisa saber tudo o que fez!

Lola estava descontrolada e atacar Consuelo sempre foi sua tarefa principal, só que agora estava indo longe demais! Inês sabia que a filha postiça estava mentindo; no entanto, não havia prova alguma de sua participação no envenenamento de Nina.

– Chega! Lola, quero que fique no acampamento e não saia daqui. Quando Nina acordar saberemos o que aconteceu. Tenho esperança de que nada tem que ver com isso!

– Minha mãe! Acredita na inocência dela depois de tudo o que falou sobre mim? – a filha estava inconsolável com a proteção da mãe sobre Lola.

Lola deu um sorriso se escárnio e saiu da tenda, sem antes lançar olhares lascivos sobre Adolfo, que abraçou Consuelo, acirrando ainda mais a ira da cigana.

Assim que ela saiu, Inês se aproximou da filha e disse:

– Filha querida, releve o que ouviu, pois isso nada lhe acrescentará. Você sabe quem é. Lola ainda não sabe e isso a atormenta, fazendo-a se sentir deslocada onde quer que esteja. Ela fere por se sentir inferior aos outros. Já lhe disse tantas vezes para não rebatê-la. Deixe que o fogo da inveja seja contido, o que só ocorrerá se não alimentá-lo com sua indignação. Contenha seus ânimos por Nina.

Santiago, que estava calado até então, entrou em defesa da tia.

– Perdão, mas tenho de discordar. Lola é dissimulada e pensa que pode nos enganar. Tenho certeza de que ela urdiu essa trama com a finalidade de prejudicar Nina. Não posso provar nada, porém eu lhe peço que não permita que ela se aproxime deste local. Não confio nela! – o jovem estava convicto da participação da cigana e de Alice.

– Você tem todo o direito de pensar assim, meu filho. Ramon ficará atento!

A manhã passou e nenhuma alteração ocorreu. Estavam prestes a sair quando a jovem emitiu um gemido. Todos se voltaram para Nina na expectativa de que despertasse. Ela abriu os olhos, fixando o olhar em cada um dos que lá estavam. Santiago e Adolfo derramavam lágrimas de felicidade. Nina estava fraca e confusa!

– Nina, minha filha! Como se sente? – perguntava o pai aflito.

– Meu amor, você está bem? – Santiago respirava aliviado.

A jovem olhava curiosa para os presentes. Lembrava-se apenas de estar num lugar muito bonito com aquele senhor dos seus sonhos. Não se lembrava de nada que acontecera antes disso.

Consuelo lhe ofereceu água, e ela bebeu avidamente. Sorriu para a amiga, que lhe devolveu o mesmo radiante sorriso. Por que estavam tão felizes? O que realmente acontecera?

– Sinto-me cansada. Vocês estão tensos! Deduzo que algo ocorreu, mesmo que nenhuma lembrança eu tenha – Nina tentou se levantar, mas não conseguiu.

– Tenha calma, aos poucos vai se sentir melhor – Santiago, então, contou sobre seu envenenamento e os dois dias que permaneceu adormecida.

No fim do relato, Nina estava surpresa e ainda mais confusa.

– Isso realmente aconteceu? Por que não me recordo?

– O importante é que está de volta – Adolfo não se continha de tanta felicidade.

– Aos poucos, sua lembrança há de voltar e saberemos o que aconteceu – Santiago compartilhava igual sentimento.

– Meu pai, como está Gabriela? A última coisa de que me recordo é de uma confusão nas ruas e ela sumindo da minha vista. Ela está bem?

– Sim, ela está bem e esperando notícias suas. Graças a ela que a encontramos. Inês, agradeço por tudo o que fez e peço que ela fique só mais um tempo até se sentir fortalecida.

– Santiago a levará de volta para casa assim que ela se sentir em condições de se locomover – respondeu Inês.

– Nina, sua ausência é algo que jamais quero experimentar de novo. Agradeço a Deus por tê-la trazido de volta – o pai abraçou a filha com lágrimas nos olhos.

– Aqui ainda é meu lugar e tenho tarefas a realizar. Perdoe-me se o fiz sofrer!

Lola ouviu a movimentação e seu coração acelerou. Se Nina acordasse e contasse tudo, ela estaria perdida! Pensou em fugir, porém Ramon a vigiava. Sua situação era crítica! Saiu de sua tenda e se dirigiu à de Inês, no momento em que Adolfo saía sorridente. Ele olhou para a cigana e sem uma palavra foi embora. Encontrou Ramon pelo caminho.

– Minha mãe ordenou que permanecesse por perto, aonde pensa que vai? – perguntou.

– A moça acordou? Disse o que aconteceu?

– Está com medo de algo? Acha que ela a incriminou? – Ramon se divertia com a situação.

– Por que estaria com medo? Nada tenho com isso! Estou apenas curiosa.

– Fique tranquila! Nina não se lembra de nada. Mas sua memória pode retornar...

– Fico feliz por ela! – fez menção de se dirigir à tenda, porém foi contida.

– Santiago não quer vê-la por perto. Se eu fosse você ficaria distante.

O olhar de Lola se tornou mais gélido que o costume. Precisava fugir!

Enquanto isso, Escobar se perdia em meio aos problemas existentes e ao terrível incidente na estalagem. Suzana encontrara Alice na manhã seguinte morta em seu próprio quarto. Uma cena chocante e desoladora!

O capitão iniciou a investigação sobre a morte da jovem nobre que visitava a cidade de Córdoba. Um crime que precisava ser desvendado rapidamente, caso contrário seus superiores seriam responsabilizados.

O nome de Santiago foi citado pela aia e pelo dono da estalagem, que presenciaram o episódio no dia anterior. Teria de verificar, porém não acreditava que ele fosse capaz de tal gesto. Sabia que era amigo da família de Adolfo, e os últimos acontecimentos haviam causado grande consternação. Aquela família estava passando por muitas provações. Tudo levava a crer que eles abrigavam a fugitiva, porém não encontrara nenhum fato que comprovasse tal envolvimento. Seu homem poderia dizer algo sobre isso, pois estava de guarda desde a manhã. Mais tarde saberia, agora precisava dormir um pouco. Seu corpo estava cansado e não se sentia bem. Estava irritado e nervoso. Sua visão estava embaçada, a dificuldade de respirar se intensificara. A morte estaria determinada a visitá-lo? Sempre temera a morte. Não queria pensar nela, mas nos últimos dias parecia que ela estava se aproximando, com seu séquito fúnebre. Estaria enlouquecendo ou era apenas sintomas de exaustão física? O que iria encontrar do outro lado? Essa pergunta sempre o perseguia...

Escobar decidiu ir para casa. Ao chegar, sentiu um arrepio como se estivessem a espreitá-lo, e o medo se apoderou dele. Acendeu algumas velas, olhou ao redor e notou que algo estava fora do lugar, denunciando que alguém lá estivera. Teria sido um fantasma? Desde jovem, atormentara-se com algumas visões. Questionara a possibilidade de estar sonhando, porém via seres lhe falando coisas sem sentido, como se a acusá-lo de crimes que jamais cometera. Eram lembranças torturantes e não tinha ninguém para contar seu segredo. Agora, em sua casa, recordou-se das visões que o perseguiram por tanto tempo. Chegou a ouvir alguns lamentos, lembrando-se de todos os que torturara até a morte. Sentiu uma pontada no peito e pensou se isso se chamava remorso. Tudo o que fizera foi cumprir ordens. Seria punido por isso? Então, por que se sentia tão culpado? Naquele momento lembrou-se da jovem Gabriela, aquele anjo que Deus lhe enviara. Após tantos anos apartado Dele, pediu perdão! Lágrimas escorreram, a dor no peito diminuiu e a paz passou a comandar seus sentimentos. Assim, adormeceu, despertando horas depois com batidas insistentes na porta. Era um dos seus guardas.

– O que aconteceu para vir até aqui? – disse o capitão de forma ríspida.

– O senhor precisa vir comigo! Creio que vai gostar da notícia! – o guarda falava rápido.

Escobar soube dos acontecimentos, e suas feições ficaram sérias. Sentiu-se estranhamente triste.

Caminharam pelas ruas já desertas de Córdoba rumo à casa de Adolfo. Uma denúncia anônima revelou que Anita estava lá com a peça roubada. Assim que chegou, encontrou a sentinela que ficara vigiando cada passo dos moradores.

– E então? – perguntou Escobar.

– Um entra e sai que não cessa! – respondeu prontamente.

– Recebemos a informação de que a fugitiva está escondida nesta casa. Viu algo estranho?

O guarda negou, dizendo que apesar da movimentação, viu apenas os moradores. Escobar olhou o guarda que estivera em sua casa e confrontou-o:

– Não posso invadir a casa apenas por suspeitar de algo escuso. Os moradores são pessoas de bem e não quero crer que estejam envolvidos.

– O inquisidor pediu que o senhor cuidasse de encontrar o objeto roubado e a fugitiva.

– Quem pensa que é para falar comigo nesses termos? Conheço minha tarefa e não vou permitir que queiram determinar o que devo ou não fazer! Se pretende trabalhar sob meu comando, aprenda que eu dou as ordens aqui. Fui claro? Se ousar me questionar será rebaixado e preso por insolência! – ele estava furioso com a afronta do subordinado.

Temendo a ira de Escobar, o guarda percebeu que falara demais:

– Perdoe-me, meu senhor! Jamais tive a intenção de contrariá-lo. Conte comigo!

O capitão bateu no ombro do jovem e finalizou:

– Assim está melhor. Não vá me decepcionar! Os tempos são tumultuados e precisamos manter a serenidade. O inquisidor está pressionando a todos, porém não podemos permitir que ele se exceda como das outras vezes. Vá descansar. Volte pela manhã. Não quero que nada passe despercebido, compreendido? Já é tarde e não vou abusar da hospitalidade desta família. Amanhã bem cedo estarei aqui! – e saiu retornando para o local onde trabalhava. Muitos crimes a resolver na cidade que mais parecia um palco de guerra. Córdoba já não era mais o que havia sido!

Na manhã seguinte, bem cedo, o inquisidor Pedro Fuentes foi à casa de Escobar e o encarou friamente.

– Como pode dormir com a cidade fervilhando? É assim que trabalha? – inquiriu o homem.

– Não venha me ensinar meu ofício. Creio que fui claro na última vez que nos falamos – respondeu o capitão no mesmo tom, se recompondo. – O que quer?

– Seus homens estão deixando a desejar e relatarei a meus superiores. A jovem nobre que morreu merece ser tratada com dignidade e seu algoz precisa pagar pelo crime. O que descobriu? E a peça roubada e os infiéis que ainda se encontram soltos pelas ruas? E o senhor está aqui dormindo o sono dos justos?

Escobar franziu o cenho e seu sangue ferveu! Estava prestes a expulsá-lo, quando um dos guardas chegou esbaforido.

– Capitão, precisa vir comigo! – ao ver a presença do inquisidor o homem se conteve, foi ao ouvido do superior e falou baixinho a informação.

– Tenho de sair! Sinto não ficar e ouvir suas tagarelices. Deixe-me trabalhar! – e saiu apressado e sorrindo, deixando o homem curioso.

A notícia era de que um grupo rebelde pretendia fugir da cidade nas próximas horas. Ia perguntar ao guarda sobre quem delatara. Lealdade era coisa rara naqueles tempos!

O delator dissera o local aproximado, numa estrada pouco frequentada, onde o grupo se reuniria para fugir, levando consigo o tesouro roubado. Ele deveria ser alguém de confiança do líder, pois possuía informações detalhadas.

Inteirou-se de tudo e organizou um pelotão para que o acompanhasse na empreitada. E aguardava a hora de tomá-los de assalto.

A manhã estava tensa para a família de Adolfo. Miguel

contara que fugiria com Anita naquela mesma tarde, o que foi suficiente para deixá-los temerosos.

Gabriela, em especial, tivera um sonho perturbador e revelador. Viu o irmão e Anita sendo perseguidos e presos e um vulto sombrio próximo aos dois. Ele olhava com escárnio para todos e saía a caminhar livremente, enquanto a confusão reinava. Acordou bem cedo e encontrou o irmão arrumando suas coisas. Aproximou-se e o abraçou.

– Não estou confiante que será uma boa ideia partir em pleno dia. Creio que algo ruim está para acontecer e vejo vocês no meio da tormenta. Não vá. A peça já foi entregue, e Domênico está satisfeito. Confio nele, porém existe alguém que não compactua com a ideologia do grupo e será um problema. Existe uma alternativa – a jovem conversou alguns instantes e finalizou com um sorriso confiante. – Pode ser dessa forma?

Miguel ficou pensativo, refletindo no que a irmã propusera e disse:

– Papai não vai gostar nada de vê-la envolvida nesta história.

– Se você não falar nada, ele não saberá. Direi que vou ver Nina no acampamento.

O jovem abriu um largo sorriso e concluiu:

– Sentirei saudades de você, minha irmã. Prometa que vai ser cuidadosa e não enfrentará o capitão por nada neste mundo.

– Eu confio nele, por mais que todos o tenham como perigoso. Prepare tudo como se fosse partir hoje mesmo. Não fale nada a Anita, por enquanto. E faça como combinamos.

Lívia ouviu a conversa dos irmãos e apressou-se a se unir ao plano de Gabriela.

– Não pensem que me deixarão de fora.

Os três se abraçaram sentindo a ausência de Nina ao lado deles.

– O importante é que ela ficará bem. Despeçam-se dela por mim.

Adolfo se levantou e reuniu a família para uma conversa.

– Meus filhos, a situação é complexa e temos de ser cautelosos. Estamos sob vigilância de Escobar desde ontem e não há nada que possamos fazer a não ser seguirmos com nossa vida. Nina voltará para a fazenda assim que melhorar, e vocês duas irão com ela. Pedi a Santiago o auxílio de Diego para suprir a ausência de Miguel. Consuelo se mudará com as meninas, assim Inês me garantiu. São ajustes necessários pelas circunstâncias enfrentadas. Terei de ser mais discreto com minhas colocações políticas e espero que, um dia, toda essa situação se modifique e possamos expressar nossas ideias sem que sejamos alvo de perseguições. Esse tempo chegará, quero crer! Miguel, mande notícias assim que puder – e entregou-lhe uma pequena caixa com suas economias. – Leve consigo, vai precisar. Faça bom uso, meu filho. Apenas lhe peço que cuide de sua segurança e não faça nada que a viole.

Em seguida, abraçou fortemente o filho, que permaneceu no abraço, aproveitando a energia que o pai lhe passava, munindo seu espírito de força e coragem.

– Agora preciso ir para o trabalho. Quero mostrar que nada tememos ou escondemos. Nossa vida tem de seguir normalmente. Estará aqui quando eu voltar? – perguntou.

– Não sei, meu pai. Saiba que levarei comigo tudo o que me ensinou. Tudo foi assimilado e no momento certo, colocarei em ação suas lições. Creio que maior bagagem seria impossível! Sentirei saudades, mas preciso seguir meu coração. Espero que me compreenda algum dia!

Adolfo se despediu mais uma vez e saiu. Ao passar próximo ao guarda, perguntou:

– Deseja alguma coisa? Deve estar faminto e cansado. Está perdendo seu tempo, pois não há nada de interessante a vigiar. Diga a Escobar que pensei que fosse mais esperto.

E saiu, deixando o soldado confuso. Pensou em sair de lá, mas seu chefe ficaria furioso se desobedecesse às suas ordens. Teria de esperar o capitão o dispensar.

No meio da manhã, Consuelo chegou trazendo notícias de Nina.

– Nina já está bem melhor. Apenas não se recorda de nada do que ocorreu. Ela quer vê-las ainda hoje e me pediu que viesse buscá-las. E Adolfo?

– Papai foi trabalhar – e Gabriela contou sobre a viagem de Miguel e Anita com todos os detalhes, afinal Consuelo poderia ajudar no plano.

Ao término, o olhar da cigana estava sério. Não tinha gostado do que ouviu.

– Meninas, não estão pensando de maneira objetiva e sensata. Se algo der errado, Escobar será implacável com vocês. Estão pensando em Miguel, mas e em vocês?

– Fique tranquila, minha amiga. Vá e cuide de Nina. Eu e Lívia sabemos como fazer. Sabemos o local do encontro e também que uma tragédia maior poderá ocorrer se ficarmos de braços cruzados – disse Gabriela serenamente.

– Sei que pretendem ajudar, mas pode ser perigoso.

– Lívia conduz uma carroça como ninguém, não correremos perigo. Será apenas para despistar o grupo. Se quiser nos ajudar, avise Domênico que entre eles existe um traidor. Sabe onde encontrá-lo? Faça isso, eu lhe peço. O resto deixe conosco. Aquele guarda ainda está nos vigiando?

– Escobar é mais esperto do que pensamos. Percebeu algo estranho e não estava equivocado. Como Miguel sairá sem ser visto?

– Sairá quando anoitecer! Agora vá, Consuelo. Faça como lhe pedi! E não conte nada ao meu pai, por favor! – Gabriela parecia outra pessoa, tomando decisões, mostrando uma força que sempre esteve presente, mesmo que imperceptível aos olhos do mundo.

– Assim farei – e, rindo, completou antes de deixá-las: – Quando Nina descobrir toda a confusão que estão planejando, vai se arrepender de não estar com vocês, afinal ela adora uma encrenca.

Capítulo 28

Um novo inimigo

O sol já estava alto, quando Gabriela e Lívia decidiram sair.

– Para onde vão? – perguntou o guarda que lá se encontrava.

– Estamos indo para nossa casa na fazenda. Pode dizer ao seu chefe que não será mais necessário manter vigilância na nossa porta. – Lívia falava com autoridade.

Em outro local, Escobar já planejara a ofensiva em todos os detalhes. Colocara guardas nos dois lados da estrada. Esperava efetuar várias prisões.

Consuelo, por sua vez, conseguiu encontrar Domênico e contou-lhe sobre a traição de que fora vítima, o que o deixou furioso! Era inadmissível a presença de um traidor entre eles! Chamou o pequeno grupo e mudou o trajeto a ser feito. O chefe proibiu a saída de qualquer de seus membros, impedindo que a informação fosse divulgada a Escobar.

As duas jovens percorreram o caminho calmamente, carregando mantimentos na carroça, totalmente coberta, dando a impressão de estarem conduzindo algo escuso.

Quando as irmãs se aproximaram do grupo, tudo aconteceu! Um dos soldados se colocou à frente impedindo a passagem, os cavalos se assustaram e saíram em debandada. Escobar, galopando o mais rápido que seu cavalo permitia, se aproximou da carroça. Num esforço heroico, conseguiu segurar as rédeas, reduzindo o galope insano.

– Não sei o que teria acontecido não fosse o senhor! – Gabriela olhava o homem com admiração e respeito, conseguindo tocar o coração dele mais uma vez. – Obrigada!

– O que as duas jovens fazem aqui? – perguntou o capitão incisivo e direto.

– Estamos indo para nossa fazenda – respondeu secamente Lívia.

– Não é essa a estrada que geralmente utilizam. Por que mudaram o percurso?

– As estradas são livres e posso utilizar a que mais me aprouver. – Lívia já estava nervosa com o rumo da conversa.

– O que levam aí? – disse, apontando para a carroça toda coberta.

– Mantimentos, apenas – respondeu Gabriela.

– Não vão se importar se verificarmos? – o capitão fez menção de olhar o conteúdo.

– Não confia em minha palavra? – suas palavras eram carregadas de brandura e paz.

– Tem algo a esconder, minha menina?

– Nada tenho a ocultar, pode verificar com seus próprios olhos.

Escobar pediu a um dos guardas que olhasse o conteúdo e, em alguns instantes, tudo se resolveu.

– Recebemos uma denúncia de que este seria o local de encontro de alguns fugitivos da lei. Estávamos aguardando-os. Vocês passaram aqui no exato momento. Muito estranho!

– Estávamos apenas indo para nossa casa. O sol está a pino, podemos partir ou precisa de mais informações? – perguntou Lívia.

No mesmo instante, Escobar avistou uma carruagem se aproximando e logo imaginou de quem seria! O maldito inquisidor! Aquele homem existia apenas para perturbá-lo!

As jovens se entreolharam, preocupadas com a presença indesejada que poderia complicar a situação.

Assim que o inquisidor Pedro Fuentes chegou, desceu pomposamente da carruagem e olhou as jovens com frieza impressionante.

– Eu gostaria que me relatasse a situação – disse, olhando Escobar com firmeza.

– Esse assunto é de minha alçada – rebateu o capitão de forma altiva.

– Tudo é da minha competência e sabe disso. Quem são

elas? – perguntou Fuentes, analisando as jovens.

– São moradoras de Córdoba que se dirigem às suas terras – ele temia que o inquisidor as tomasse por rebeldes. – Nada mais do que isso.

– E o que fazem justamente aqui? – as duas encaravam o homem sem temor no olhar.

– Como ele disse, estávamos apenas de passagem. Esta é uma estrada pública e creio que isso não seja nenhum crime – Gabriela falava de forma suave.

Fuentes fixou nela seu olhar. Era de um magnetismo intenso e irradiava uma luz que parecia hipnotizá-lo. Conhecia aquele olhar e não poderia ceder! Já enfrentara outros que queriam dominar seu pensamento e enfraquecer seu poder. Jurou que jamais seria envolvido novamente!

– Creio que sua viagem será adiada, minha jovem. Temos algo a conversar, mas não será aqui sob este sol forte. O capitão as conduzirá até a cidade, onde teremos uma conversa.

– Elas não irão a parte alguma. Não estão sob investigação e não permitirei que as insulte, confundindo-as com os criminosos que procuramos – o capitão estava exaltado.

– O que temes? Serão apenas algumas perguntas. A não ser que estejam ocultando alguma intenção, seria isso? – Fuentes falava de forma fria e direta.

– Nada temos a esconder e retornaremos a Córdoba, mas antes temos de avisar nosso pai, que não contava com esse contratempo.

– É isso que deseja? – Escobar olhou Gabriela carinhosamente.

– Agradeço seu cuidado, capitão. O senhor irá conosco?

– Não a deixarei sozinha em hipótese alguma. Confie em mim.

O capitão olhou fixamente para Fuentes e disse:

– Ainda não terminamos nosso trabalho. Um grupo aqui permanecerá vigiando o local – e ordenou a seus homens que lá ficassem de tocaia e não permitissem que ninguém passasse sem ser revistado. Em seguida, rumaram para Córdoba. No caminho, conversou com Gabriela, que aparentava uma serenidade que ele não sentia.

– Minha jovem, espero que tenha dito a verdade. Não quero que nenhum mal recaia sobre você. Pedirei que avisem seu pai, não tema.

– O que realmente é a verdade, capitão? Para esse senhor, talvez seja dizer o que ele quer ouvir. Porém a verdade vai muito além disso, simbolizando aquilo que é real e condizente com os fatos. E aquilo em que acreditamos fielmente. Minhas palavras baseiam-se no que creio. Nada tenho a temer! – disse, oferecendo-lhe um sorriso pacificador.

Escobar refletiu sobre as palavras de Gabriela até chegarem a Córdoba.

Um dos guardas foi até o comércio de Adolfo avisar sobre o que estava acontecendo. As feições dele empalideceram e pressentiu o pior. Diego lá se encontrava e ouviu tudo.

– O senhor precisa ir rapidamente. Elas correm perigo com esse inquisidor. O que elas fizeram para que isso acontecesse? – o jovem temia pela segurança das moças.

Adolfo pediu para Diego buscar Santiago. Enquanto isso iria ter com Escobar e o maldito inquisidor. Já estava anoitecendo, e Miguel e Anita empreenderiam sua fuga. Precisavam apenas despistar o homem que lá se encontrava, o que não seria tarefa difícil, visto que era velho amigo de Miguel.

Assim aconteceu! Ele saiu e passou a conversar com o guarda. Disse que faria um passeio aproveitando a noite clara e agradável, e que o outro aproveitou para tirar uma soneca. Era o tempo que ele precisava, fazendo Anita sair silenciosamente e subir na garupa. Tinha sido mais fácil do que imaginava! Rumo à liberdade! Anita abraçava Miguel e juntos teriam o mundo para viver!

Se soubessem dos percalços que a família iria enfrentar, certamente não teriam ido tão longe. Porém, quis o destino que esse fato fosse ocultado, assim estariam livres e distantes enquanto era tempo!

Na delegacia, Adolfo estava em pânico. Não lhe permitiram ver as duas filhas. Ninguém lhe dava qualquer informação, o que era mais assustador. O que elas teriam feito para incitar a ira de Fuentes? E Santiago que ainda não chegara!

As duas jovens estavam trancafiadas numa sala, para desespero de Escobar, que não arredou pé da porta. Fuentes estava em outra conversando com seus fiéis asseclas. Queria saber de tudo antes de falar com as jovens. Passada mais de uma hora, ele saiu e deparou com a figura de Escobar a barrar-lhe a passagem.

– Você está brincando com fogo! Quem pensa que é para entrar em minha delegacia e dar ordens como se tivesse esse poder? – o capitão estava furioso.

– É minha jurisdição também e tenho tanto poder quanto você, pois assim me foi designado. Quero conversar com as jovens e não irá me impedir – disse arrogante.

– Elas estão em minha delegacia e para cá vieram livremente. Por que mantê-las nesta sala isolada? É necessário que tenha um motivo mais do que suficiente para assim proceder. Que crime cometeram? – inquiriu o capitão.

– Ainda não decidi e somente farei após conversar com elas – disse friamente Fuentes.

– Estarei junto e não vai me impedir! Vamos!

Muito a contragosto, Fuentes abriu a porta e entrou junto com Escobar.

As duas conversavam serenamente. Gabriela encarou os dois e perguntou:

– O que quer saber? – olhava para o inquisidor, avaliando o que se passava em seu íntimo.

Ele tentou desviar o olhar, mas foi uma tarefa inglória. Ficou incomodado!

Gabriela não se perturbou e respondeu a todas as perguntas, sem demonstrar insegurança ou temor, irritando ainda mais Fuentes, que queria pegá-la numa mentira.

– Todos sabem quem sou, principalmente o capitão. Minha família reside na cidade há muito tempo e nada temos a esconder. Se tivesse, enfrentaria meus erros e me submeteria à justa punição, jamais atribuindo a outro a responsabilidade pelos meus atos. Não é assim que pensa também? – a jovem olhava com piedade aquele homem à sua frente, que em poucos minutos perdeu a empáfia.

Fuentes havia sido capturado pela jovem, que conseguira acessar seu íntimo e tomar conhecimento de fatos até então desconhecidos de todos. A vida do inquisidor era um grande mistério! Apresentava-se ao mundo como se fosse isento de cometer delitos, no entanto tudo era uma farsa. Ele estava em Córdoba, um local distante do poder, pois dele havia se apossado indignamente, cometendo arbitrariedades que macularam sua fama de justo e íntegro. Conseguiu despertar a ira de poderosos, e a ida para aquela cidade era uma punição pelos seus atos. Se Escobar tivesse conhecimento de suas ações, Fuentes estaria definitivamente em maus lençóis. Tudo era sigiloso, para não comprometer a imagem da própria Igreja, já tão afrontada nos últimos anos. Gabriela lera seus pensamentos, de forma límpida, e se chocara com tudo o que vira. Ele era um crápula e não honrara o compromisso assumido quando decidiu se ordenar padre, dedicando sua vida ao celibato. Na prática, deixou seus sentidos dominarem suas ações, cometendo equívocos lastimáveis, minando sua confiabilidade perante seus superiores.

Seus instintos prevaleceram, suas ações indébitas seriam revistas e a correção pelos seus delitos viria pelas Leis Divinas. Assim se processa a justiça do plano maior.

O inquisidor, ao perceber o olhar que a jovem lhe endereçara, desnudando-o totalmente, perturbou-se. Como ela podia conhecer o que se passara? Seria ela uma bruxa, capaz de envolvê-lo em suas rédeas, assim como a outra o fizera? Ele empalideceu, deixando transparecer todo o temor que o acometeu. Mas do que realmente ela tomara conhecimento? Essas perguntas o confundiam e o deixavam fragilizado perante aquela jovem tão segura de si.

– Não tente me enredar em suas teias, minha jovem! Pare com essa conversa, sou eu quem faço as perguntas aqui – disse Fuentes, reassumindo o controle.

– Já lhe disse que nada temos a esconder, creio que o senhor esteja equivocado, novamente! – as palavras de Gabriela soavam como advertência.

– O que quer dizer com isso? Sabe quem eu sou e do que

sou capaz?

– Sei, por isso peço que não cometa injustiças que serão impossíveis de remediar. Se não tem algo palpável contra nós, deixe-nos ir. Se tiver algo, fale e poderemos nos defender – Gabriela assumira uma postura enérgica.

– Por conhecer sua família muito bem é que me reservo o direito de interrogá-las – Fuentes recuperara o equilíbrio.

– Creio que o senhor está indo longe demais com todo esse falatório. Se tem algo contra elas, fale agora, caso contrário elas estarão livres em instantes – Escobar, até então calado, decidiu intervir.

Fuentes respirou fundo e ficou confuso. Se agisse contra a jovem sem prova alguma, seus superiores pediriam sua cabeça definitivamente. O mais sensato era deixar as jovens livres.

– A jovem Gabriela ainda tem muito a explicar, mas sei esperar. Encontrarei provas suficientes para detê-la e colocá-la detrás das grades. Conheço pessoas como você e sei como são envolventes e capazes de nos enredar, jogando com as palavras e entrando na mente alheia sem permissão. Isso é inadmissível, porém não posso provar nada por ora.

Gabriela olhava para aquele ser tão infeliz, sentindo imensa piedade. Gostaria de ajudá-lo, porém isso somente seria possível se ele assim permitisse. Ele ainda não estava pronto para se libertar do peso de seus desenganos, das mortes que causara, do sofrimento que infligira a tantos injustamente. Ainda não estava pronto para confrontar-se com seu passado! Ainda não admitira que cometera erros, acreditando que tudo fizera por fidelidade a Deus! Ele precisaria admitir seus equívocos e perdoar-se antes de sua redenção! Porém, isso não aconteceria naquele momento. Olhou para Fuentes, despindo-lhe sua alma mais uma vez e finalizou:

– Estarei à disposição para ajudar em qualquer assunto de seu interesse. Creio que não me conhece o suficiente para saber quem sou e o que faço. Eu o respeito como o faria com qualquer pessoa que cruzasse meu caminho. Está equivocado julgando-me apenas pela aparência. Nem tudo o que vê corresponde à verdade. Não me culpe por ser observadora e conseguir perceber o que está além das aparências. Pelo fato de ser mulher isso não é característica louvável? Sinto muito se o ofendi, pois não foi minha intenção – e antes de sair, acompanhada da irmã e de Escobar, lançou um olhar penetrante. – Espero que essa amargura que lhe corrói o íntimo possa ser extirpada antes que seja tarde!

Fuentes fez menção de retrucar, mas ao olhar a jovem nos olhos sentiu-se invadido por uma energia atuante e poderosa que o calou. Era como se ele ficasse paralisado, tolhido, sem condições de se expressar como gostaria. Sentiu como se uma força a protegesse e impedisse sua aproximação. Ficou apavorado, imaginando que outros poderes ela teria! Iria investigar e revelar a todos quem ela era! Por ora, nada poderia fazer que não maculasse ainda mais sua imagem.

O capitão estava em êxtase, percebendo o desconforto do inquisidor perante a jovem. Ele merecia por tudo que a fizera passar! Porém, por outro lado, temia pela segurança de Gabriela que, a partir daquele momento, entrara na lista negra de Fuentes. Ele era perigoso, ainda mais quando afrontado! Falaria com ela sobre o risco que corria!

Quando saíram, depararam com o pai e Santiago, ambos em pânico pelo ocorrido.

– Gabriela, Lívia, estão bem? O que aconteceu para estarem aqui? – Adolfo abraçava as duas fortemente, sob o olhar atento de Escobar.

– Peço que leve as jovens daqui, pois não é local apropriado. Converse com elas, que contarão como tudo ocorreu. Agora saiam, antes que Fuentes mude de ideia sobre você, minha menina. Espero que guarde seus pensamentos para você e não se arrisque mais, Gabriela. Sabe o quanto me preocupo com seu bem-estar – Escobar só tinha olhos para a caçula da família. – Ainda não me convenceu sobre os motivos que a levaram a estar naquele local naquela hora. Tem algo estranho!

Adolfo e Santiago se entreolharam, nada entendendo. Gabriela olhou os dois e disse:

– Fique tranquilo, meu pai, contarei como tudo aconteceu

– e pegando nas mãos do capitão completou: – Agradeço seu cuidado, sei que é genuíno e sou-lhe grata. Um dia conversaremos sobre isso. Até mais ver.

Já estavam na porta, quando Escobar chamou Santiago:

– O senhor já tomou conhecimento do que ocorreu com sua ex-noiva?

O jovem estremeceu ao ouvir falar de Alice. Estivera tão preocupado com Nina nas últimas horas que nem sequer se lembrara dela.

– Aconteceu algo com que deva me preocupar? – perguntou o médico.

– Ela foi encontrada morta em seu quarto. Infelizmente, seu nome foi citado por várias pessoas que o viram sendo excessivamente agressivo com ela na noite anterior ao crime. Estavam tendo desavenças? – questionou Escobar.

Santiago estava chocado com tudo o que ouvia! Como aquilo aconteceu? Quem seria capaz de algo tão torpe? E para finalizar seria investigado como provável responsável! Isso não estava acontecendo! Respirou fundo, tentando manter o controle:

– Sim, estávamos tendo problemas. Minha namorada foi envenenada, possivelmente a mando de Alice, e fui até a hospedaria confrontá-la. Certamente me viram segurar o braço dela com força, exigindo que falasse a verdade. Não tenho nada a esconder.

– É minha obrigação investigar e encontrar o responsável. Para isso, terei de conversar com todos os que tiveram contato com ela nos momentos derradeiros. Porém, sinto que está chocado com tudo que aconteceu e prefiro conversar noutra ocasião. A família dela chegará a tempo do sepultamento, que a aia já está providenciando. Apenas era minha obrigação comunicar que é um dos suspeitos e pedirei que fique na cidade. Posso contar com o senhor? Sei que é um homem honrado, neto de um cidadão muito respeitado, porém é meu trabalho.

– Fique tranquilo, estarei à disposição para o que precisar. A notícia foi um choque, dos muitos que enfrentei desde que aqui cheguei. Faça o seu trabalho e encontre quem fez essa atrocidade. Quero que o responsável seja punido.

Adolfo e filhas estavam chocados com a triste notícia. O jovem era suspeito, porém tinha um álibi irrefutável: estava com Inês, respeitada por todos pela sua integridade.

O jovem saiu cabisbaixo. Os pais de Alice ficariam inconsoláveis, afinal era sua única filha. Sentiu imenso pesar, imaginando o que ela teria feito para merecer morte tão trágica!

– Vou ver como posso ajudar Suzana, a aia de Alice. Voltarei para o acampamento e contarei pessoalmente a Nina.

Gabriela pegou as mãos de Santiago e disse:

– Acalme seu coração e não se culpe por ações que ela própria praticou! Apesar de não merecer tal desenlace, ela mesma atraiu para si seus infortúnios. Escobar encontrará o responsável, que será punido. Alice não agiu de conformidade com os ensinamentos de Jesus, negando-se a respeitar seu próximo. Sabemos que teve participação no episódio lamentável com Nina. No entanto, ninguém merece tal destino! Ela estará em minhas preces para que reencontre a paz!

Santiago ofereceu um sorriso triste e abraçou a jovem com carinho.

– Obrigado pelas palavras confortadoras, minha amiga – e saiu a passos curtos.

Capítulo 29

Redescobrindo seu caminho

As jovens relataram ao pai todos os fatos daquele dia, sob o olhar contrariado dele. Miguel e Anita já estariam distantes àquela hora para alívio de todos.

– Papai, nossa intenção era ajudar nosso irmão. Tudo poderia se complicar caso ele seguisse o plano original. Existe um traidor entre eles! – Gabriela falava com firmeza.

– Minha filha, sempre me preocupei com a segurança de vocês. Fuentes é um ser desprezível! Ele não terá por você o mesmo apreço que Escobar lhe dedica.

A simples menção ao capitão fez a jovem lembrar-se de quando lhe foi mostrado seu passado ao lado dele. Sentiu uma ternura imensa a envolvê-la!

– Temos de tirar você da cidade com urgência, minha filha. Já perdi um filho e não pretendo perder mais nenhum! – afirmou o pai.

– Você não perdeu Miguel. Só perdemos o que realmente possuímos, meu pai. Meu irmão está assumindo o controle de sua vida. Ele fez sua escolha e será responsável por ela! Peço a Deus que ilumine sua jornada e que ela possa render bons frutos!

– Resta-me o consolo da oração que conforta e acalma.

Quanto a vocês, não agiram com bom senso, correndo riscos desnecessários – Adolfo falava sério.

– Estamos bem e é o que importa. Como está Nina? Será que se lembrou de algo? – Gabriela parecia curiosa com o fato de a irmã não se lembrar de nada.

– Amanhã iremos visitá-la – ia dizer algo, quando ouviu batidas insistentes na porta.

Lívia correu para a porta e recebeu Diego com um efusivo abraço.

– Que bom que veio! – disse a jovem carinhosamente.

Lívia contou os últimos acontecimentos, sem omitir fato algum, deixando o rapaz nervoso à simples menção do inquisidor Pedro Fuentes.

– Fico aliviado que foram dispensadas, pois não é sua atitude contumaz. Ele vê em todos os lados rebeldes e hereges. É impiedoso com todos! – o jovem conhecia os métodos utilizados pelos inquisidores.

– Todos arcarão, um dia, com as consequeências dos erros cometidos, das injustiças e das vidas subtraídas. Leve o tempo que for necessário! Mas agora estamos famintas depois de todas as aventuras. Fique e jante conosco.

Adolfo sorriu para a filha, assentindo:

– Não só irá jantar conosco, como pernoitará aqui. Alfredo irá compreender.

Na manhã seguinte Diego rumou para o estabelecimento de Adolfo, que foi, junto das filhas, visitar Nina.

Encontraram a jovem sorridente e bem-disposta.

– Ainda não se recorda de nada? – Gabriela olhava firmemente a irmã.

– Não sei o está acontecendo. Parece que alguém removeu minhas memórias, pois a última coisa de que me lembro foi de procurá-la em meio à multidão. Depois, um grande vazio. Nem Santiago consegue explicar esse fato. Aliás, não o vejo desde ontem...

Todos permaneceram silenciosos. Nina percebeu o clima que se instalou entre eles.

– O que estão tentando me contar?

– Santiago irá lhe falar – a expressão do jovem médico estava séria, o que a perturbou.

– Algo sério, Nina. Alice foi morta e sou um dos suspeitos desse crime vil. Terei de me explicar com Escobar mais tarde – disse isso no ímpeto, sob o olhar atento de Nina.

– Como isso aconteceu? Quem poderia ser capaz disso?

– Não foi uma fatalidade nem um roubo – respondeu Gabriela. – Foi algo arquitetado visando ao seu silêncio. O criminoso está à solta, talvez o mesmo que tramou contra você. A jovem ficou pensativa, tentando recordar-se de algo que pudesse ser útil na investigação, mas sua mente estava hermética.

– Santiago, sei o que está sentindo! Jamais desejou que algo acontecesse a ela.

Ele contou tudo o que sabia e Nina ouvia atentamente.

– Se isso aconteceu naquela noite que estava a cuidar de mim, não tem com o que se preocupar. Há várias testemunhas a seu favor. Escobar irá investigar com critério, afinal era uma nobre visitando a cidade, cujo assassinato depõe contra a segurança que ele é encarregado de zelar. A família foi avisada?

– O pai dela já estava a caminho, conforme Suzana me relatou. Alice estava determinada a permanecer aqui, o que seu pai não iria admitir. Se ela não tivesse vindo, nada disso teria acontecido – Santiago sentia a culpa corroer-lhe as entranhas.

– Não se sinta culpado, afinal foi escolha dela vir procurá-lo. Quando pediu que fosse embora, ela se recusou – Nina falava com serenidade e firmeza.

Naquele instante, Inês chegou, cumprimentando a todos.

– Nina, já está melhor? Alguma recordação do que houve? – perguntou a senhora.

– Nada ainda, o que está me deixando angustiada.

A cigana olhou ao redor e fez um pedido aos presentes:

– Eu gostaria de ficar com Nina a sós – olhou para Gabriela e acrescentou: – Fique, minha jovem.

Todos saíram do local, curiosos com a conduta de Inês.

A senhora pegou as mãos de Nina, pedindo que ela ficasse o mais calma possível. Orientou a Gabriela que se postasse ao lado da irmã.

– Espero poder colaborar! – disse Gabriela.

– E irá, minha menina! Muitas tarefas a aguardam e depende apenas de você dar início à sua obra. Sei que já está pronta! Agora, envolva sua irmã com todo o seu amor. De suas mãos, partirão jatos de luz intensos, invisíveis aos olhos comuns, que serão direcionados àquela que compartilha com você tantos sentimentos afins! Pedirei aos amigos de luz, se for permitido, conhecer os fatos que quase culminaram com a morte de Nina. Oremos ao Pai, que a tudo comanda, que nos oriente qual caminho seguir!

Gabriela fechou os olhos e acompanhou a prece sincera de Inês. Nina fez o mesmo e, em poucos instantes, se viu fora de seu corpo físico numa atmosfera paralela. Viu um caminho entre as árvores, em seguida uma cabana abandonada. Abriu a porta e recordou-se de seu cativeiro, viu os homens que a mantiveram prisioneira e o vulto de uma mulher. Os homens sumiram da cena, permanecendo apenas a mulher desconhecida. Caminhou em sua direção e, assim que se aproximou, ela se virou. Era o olhar enlouquecido de Alice que, entre gritos, a acusava de roubar seu tesouro, dizendo que pagaria alto preço pelo erro cometido.

Nina suava, sua respiração estava alterada e a visão persistia. De repente, ouviu passos por detrás, sentindo a presença de mais alguém na casa. Queria se virar, no entanto algo a continha, como se seus pés estivessem fincados no chão. Fez um esforço imenso e, quando estava prestes a conseguir, abriu os olhos e retornou ao local acolhedor e tranquilo. Sua irmã a abraçou, confortando-a, e Inês respirava pausadamente, tentando aceitar todas as informações a que tivera acesso e que ainda deveriam ser mantidas em segredo. Tudo por um bem maior! Seu coração estava dilacerado e teria de resolver aquela situação. Mas não agora!

– O que viu, Nina? – a pergunta soou num tom quase inaudível.

– Vi a cabana, os homens que me prenderam, Alice que estava completamente ensandecida. Havia mais alguém, porém não sei quem era. Tudo o que vi já foi suficiente para concluir que Alice planejou tudo! Alguém colaborou com ela, isso tenho certeza, dona Inês! Gabriela, viu algo?

A jovem olhou a cigana, inquirindo-a com o olhar sobre o que lá presenciara. Sem palavra alguma, captou o que Inês solicitara. Pegou a mão da irmã e disse:

– Vi apenas o que relatou, Nina. Nada mais! Você está pálida, sente-se bem?

– Foi tudo muito estranho! Jamais vivi algo assim! Contaremos a Santiago?

– Ele deve saber do que Alice foi capaz para afastá-la do seu caminho. Creio que ao confrontá-la na hospedaria, ele já admitira isso. Deve ter sido uma grande decepção, das muitas que ele teve desde que chegou aqui. No entanto, Deus é amor e nos envia, em meio às tempestades, anjos que nos auxiliam a caminhar. Você foi um desses anjos, Nina – os olhos de Inês ficaram úmidos de emoção.

– Não sou um anjo, apenas uma mulher apaixonada que reencontrou seu grande amor, que estava perdido e distante, mas, por forças do destino, fomos colocados novamente na mesma rota. Sinto que conheço Santiago desde sempre!

– E assim deve ter sido, minha jovem! Um reencontro de almas que se buscam eternidade afora para que possam novamente se unir, dando continuidade às tarefas que se propuseram a realizar. O ir e vir! Tantas e tantas vezes! E se atraem pela similaridade de ideias e ideais! Sei que o fará muito feliz! Sei, também, que juntos se tornam mais fortes! – a matriarca foi até a jovem e deu-lhe um caloroso abraço.

Gabriela olhava a cena que se desenrolava, agradecendo a Deus ter-lhe permitido lá estar, naquela família tão amada que fora o sustentáculo para o despertar de suas potencialidades adormecidas. A cada dia percebia que tudo fora uma grande preparação para que não falhasse quando assumisse seu compromisso definitivamente. Uma família amorosa, irmãs dedicadas e leais, até a própria limitação desde a infância para que pudesse valorizar o dom da vida. Sentia-se cada dia mais convicta de que cada momento que o Pai lhe concedia de estar viva era uma oportunidade para colocar em ação seu amor! Sua família se ampliava a cada dia, deixando de ser restrita a poucos membros. Sentia nascer dentro de si um intenso amor aos que caminhavam a seu lado e múltiplas possibilidades de ser útil a todos, em especial aos desprovidos de compreensão e aceitação por ostentarem padrões diversos do convencional! Tudo lhe parecia tão claro que desejava intensamente sair dali em busca de uma oportunidade de provar seu valor! Aquela jovem frágil, insegura, atormentada pela dúvida, deixara de existir! Uma força brotou dentro de si! Era isso que subitamente se fizera tão presente: a fé em sua capacidade de realizar obras! Sentia-se renovada em sua fé!

Olhava Nina a seu lado, sua grande inspiração, e silenciosamente agradeceu-lhe toda a confiança que ela depositara em suas potencialidades, até então adormecidas. Pensou em sua mãe, sempre pronta a acolhê-la ao menor pedido de auxílio. Em seu pai, que fora seu sustentáculo, sua força, sua proteção, nada teria sido possível se ele não estivesse com ela e por ela. E assim, sucessivamente, pessoas essenciais em sua existência tiveram lugar em sua mente, e a cada um retribuía com um pensamento de gratidão. Sentiu-se leve, quase levitando, tanta era a paz que a envolvia! Divagando em seus colóquios íntimos, não ouviu a pergunta de Nina.

– Gabriela, volte! Parece a milhas de distância daqui. O que pensa?

A irmã sorriu docemente e respondeu apenas:

– O quanto a vida nos ensina, minha irmã! E o quanto sou grata por estar viva e poder colaborar na obra de regeneração!

Inês percebeu o que tinha acontecido em razão das companhias espirituais que lá estavam. Gabriela estava pronta para sua tarefa e tivera consciência disso! O que ambas puderam constatar acerca do incidente com Nina era agora secundário, de pouca valia, perante a dimensão de tudo o que estava nascendo naquele exato momento. Pediu a Gabriela que permanecesse com o segredo que descobrira. Era necessário que assim fosse... Pelo menos até tudo ser definitivamente esclarecido.

– Você está bem? – insistiu Nina.

– Quem precisa ficar bem é você. Precisa voltar para casa. Eu e Lívia sentimos sua falta.

– Sinto-me bem! A senhora se opõe a que eu vá embora? –

Nina era sempre delicada.

– Certamente que não, mas sentirei sua falta. Cuide apenas de descansar um pouco mais antes de retornar a seus afazeres.

– Fique tranquila, terei um exército a cuidar de mim! – olhava a irmã com carinho.

– Volte quando quiser. Quanto a saber como tudo aconteceu, confie no tempo que se encarrega de retirar os véus que encobrem o que ainda não deve ser revelado. Confie e aguarde! Tudo tem um motivo para acontecer! – seu olhar se entristeceu.

– Tem razão! Porém, sabe o quanto sou curiosa e insistente e, quando quero descobrir algo, não há nada que seja empecilho – Nina foi até Inês e se despediu, agradecendo a hospedagem.

Adolfo e os demais as aguardavam do lado de fora. Inês contou o que Nina se lembrara em detalhes, sob os olhares aflitos de todos, especialmente Santiago, que ficara consternado. Consuelo não gostou do que viu nos olhos da mãe e mais tarde conversaria com ela. Acompanharia as meninas até a fazenda, lugar mais adequado para o total restabelecimento de Nina.

– Sinto não poder acompanhá-las, preciso voltar e contar tudo a Lupe. Se é que ela já não tomou conhecimento e está em total desespero. Minha tia ficará com vocês e isso já me conforta. Prometi a Escobar que falaria com ele ainda hoje e não posso me escusar disso. Ficarei em Córdoba algumas horas e não prometo que estarei com você ainda hoje, Nina – o jovem estava desolado com tudo o que ouvira.

– Fique tranquilo, meu amor. Faça o que for necessário. Ficarei bem! – Nina o abraçou e disse algo em seu ouvido que o fez sorrir. – Está bem assim?

– Só você para me fazer rir num momento como este. É por isso que reafirmo que é a mulher da minha vida e perdê-la me tornaria o homem mais infeliz da Terra. Entre tantos problemas, você está presente em minha vida mostrando paisagens mais confortadoras, que meus olhos não conseguem divisar – e gentilmente a pegou nos braços e a beijou, e assim ficaram até que Adolfo pigarreou.

– Muito bem! Acho que essas demonstrações ostensivas já

foram suficientes. Vamos!

Todos se descontraíram da tensão e riram.

A poucos metros de lá, Lola observava tudo. Nina estava indo embora! Será que contara a Inês tudo o que aconteceu? Ficou gelada e um profundo pavor a dominou. Errara sim, mas quem nunca errou? Eram esses os pensamentos que povoavam sua mente, sempre em busca de uma justificativa para seus erros...

Assim que todos partiram, Inês foi até Lola.

– Lola, quero conversar com você em minha tenda! – a voz de Inês era cortante.

Ramon acompanhou as duas e a um olhar da mãe permaneceu do lado de fora.

– E então? Essa é sua chance para me contar o que realmente aconteceu naquela cabana abandonada. Você quase causou a morte de uma jovem inocente e preciso saber que motivos a levaram a cometer tal crime. Estou aguardando!

– Não sei do que está falando. Já lhe disse que nada tenho com isso. Se essa menina está tentando me incriminar, pergunte a ela os motivos! – Lola era realmente muito dissimulada.

– Pare com isso, Lola! Por que age assim? Sei que não gosta de Consuelo e tudo faz para comprometê-la, mas Nina nunca lhe fez nada! Que motivo torpe a levou a atentar contra a vida dessa jovem? O que ela lhe fez? – Inês estava irredutível.

– Já lhe disse e vou repetir: não sei do que está falando. Essa jovem deve ter combinado com sua filha, que me odeia e não tolera os olhares de Adolfo para mim. Só pode ser isso! As duas querem me ver bem longe daqui e tentam me incriminar! O que mais me admira é a senhora acreditar nesse amontoado de calúnias contra mim!

– Chega, Lola, não aguento mais! Tentei te salvar de todas as formas possíveis, mas não consegui acessar seu coração tão endurecido! Sinto tanto, minha filha! Sei que nunca me considerou sua mãe, apesar de todos os meus esforços para assim agir. Não aceitou meu carinho, minha afeição, meu amor! Você carrega uma raiva incontida e injustificável contra o mundo, que crê que sempre esteve contra você. Na verdade, você é que sempre esteve contra o mundo e contra todos! Sei que, depois de tudo o que tenho feito a seu favor, pretendia agir contra mim pelas minhas costas! Ah, Lola, por que não permite que a amemos? Você estava tramando contra mim! Se desejava tanto conduzir nosso povo, por que não se preparou para a tarefa? Por que não se contentou com o que a vida lhe ofereceu? E se não era feliz com o que tinha, por que não lutou pela sua felicidade com as mãos limpas?

Lágrimas escorriam pelo rosto de Lola, que estava de costas para Inês. Não permitiria que a visse naquelas condições! Jamais! Limpou as lágrimas e virou-se para Inês, olhando firmemente para seus olhos.

– Você está louca! Ou melhor, você está velha e agora posso comprovar sua total incompetência para conduzir esse povo tão desprezado! Eles precisam de alguém como eu. Seu tempo já passou e farei tudo para destituí-la de sua função.

– Alguém como você? Sem retidão de caráter, sem honra, sem dignidade, sem escrúpulos, sem amor a esse povo? Você acredita que é melhor que eu nesse sentido? Lola, acho que você perdeu completamente o senso de direção e o juízo também. Ninguém lhe dará ouvidos depois de contar tudo o que fez! Teve a sua chance de confessar seu crime, porém se pretende continuar mentindo, enganando, sinto lhe dizer que seus dias de glória se encerrarão sem nunca terem se iniciado. Vai confessar? Dou-lhe a última chance! Se isso facilita, sei de todos os seus crimes! Sinto imenso pesar por todas as dívidas que contraiu, somando as já existentes, e se pretende ser absolvida por Deus fale agora – Inês ainda tinha esperança de que ela contasse o que se passou.

Lola olhava Inês com frieza, rememorando suas ações funestas, inclusive a morte de Alice, que, apesar de não ser intencional, era um crime pelo qual teria de responder. Certamente seria punida por seus atos. Pensou rápido e tentou encontrar uma alternativa a seu destino.

– Você é a responsável por eu ser como sou! Essa culpa levará consigo eternidade afora! Você nunca me amou como a sua filha, nunca me ofereceu nada além de migalhas! Sempre me acusou, me desprezou, me feriu, e quer que eu tenha piedade de você? Em tempo algum isso irá acontecer! Terá meu desprezo eterno! – empurrou Inês com toda a força, fazendo-a cair, e saiu da tenda correndo desabaladamente.

Ramon entrou e ajudou a mãe, que chorava copiosamente. Entre lágrimas balbuciava:

– Me perdoe! Me perdoe!

– Minha mãe, acalme-se! O que faço?

– Procure-a e a encontre antes que mais tragédias aconteçam. Peça ajuda e não descanse enquanto Lola não for encontrada.

Capítulo 30

Novos acontecimentos

Santiago se dirigiu para suas terras, onde Lupe já o aguardava em prantos. Soubera da notícia que abalara a cidade de Córdoba logo pela manhã.
Assim que ele chegou, foi recebido com um caloroso abraço.
– Sei o quanto está sofrendo, meu filho. Ela não merecia tal destino!
– Passei aqui apenas para acalmá-la, tenho de retornar à cidade, pois o capitão Escobar deseja conversar comigo. Nina já está recuperada e logo tudo voltará ao normal.
– Assim espero, Santiago! – Lupe não parecia convencida disso.
Em Córdoba, foi ao encontro de Escobar. Ele estava com Fuentes, o inquisidor, e pareciam discutir algum assunto de interesse do capitão.
– Tenho apenas algumas perguntas e conto com sua sinceridade.
– Nada tenho a esconder. Como lhe falei, estive na hospedaria questionando-a sobre seu possível envolvimento no envenenamento de Nina, o que procede, pelo que ela me contou. Jamais faria justiça com minhas próprias mãos. Estive todo o tempo ao lado de Nina, naquela fatídica noite, o que pode ser atestado por todos os que lá estavam.

– Poderia dar nomes? – Escobar anotava as informações de próprio punho.

Santiago relatou os fatos e os nomes dos que o acompanhavam. O capitão prosseguiu, fazendo outras perguntas relacionadas à jovem morta. No fim, Escobar agradeceu e disse que daria início à investigação do envenenamento de Nina.

– Tem certeza de que essa jovem seria capaz de tramar semelhante armação? Uma jovem rica, nobre, que tinha tudo o que desejava sujaria as mãos assim?

– As pessoas nos surpreendem, capitão. Infelizmente isso aconteceu e pelos motivos mais torpes possíveis. Porém ela não arquitetou isso sozinha. Precisamos descobrir seus comparsas e colocá-los atrás das grades. Conto com sua ajuda!

– Deseja mesmo macular a memória dessa jovem? – o capitão temia pela sua reputação diante da nobreza, em especial ao pai da jovem, muito influente na corte.

– Se fosse um andarilho que tivesse roubado ou atacado alguém, tenho certeza de que faria tudo para prendê-lo e fazer que cumprisse a pena. No entanto, quando o criminoso tem sangue nobre deve-se deixar o crime em suspenso? E se Nina tivesse morrido?

– Mas isso não aconteceu! A jovem continua viva – Escobar ofereceu um sorriso amarelo.

– Sua consciência será sua companheira, capitão. Faça como quiser, porém assuma a responsabilidade pela sua omissão. Ainda acredito na justiça e no cumprimento das leis – e saiu a passos duros.

Em outros tempos, Escobar teria advertido Santiago, mas ele estava certo em suas convicções. A justiça abarca a todos, porém atinge apenas os desprovidos de recursos materiais, punindo-os com severidade, enquanto oferece penas brandas ou mesmo nenhuma punição aos mais favorecidos. Uma justiça ainda falha! Mas sua reputação estava em jogo, e Fuentes o vigiava bem de perto, esperando que ele cometesse um erro.

Santiago partiu em direção ao local onde a jovem seria velada antes do seu sepultamento. Encontrou Suzana ao lado do corpo de Alice no interior de uma igreja.

– Foi uma tragédia! Não sei como contarei ao pai dela! O senhor o conhece e sabe o quanto amava a filha. Não sossegará até encontrar o culpado desse crime tão vil!

– O criminoso merece a pena máxima!

– Assim que chegamos, enviei uma mensagem aos pais dela, temendo que minha senhora cometesse alguma loucura. Ela estava descontrolada após o rompimento e o atormentaria o máximo que pudesse – Suzana parecia sincera.

– Sei do que ela era capaz! Atentou contra a vida de Nina, se é que já não sabia disso.

A mulher baixou o olhar, lembrando-se dos encontros furtivos em que ela seguira sua ama. Talvez devesse contar a Santiago sobre os encontros com aquela cigana.

– Vou contar tudo o que presenciei – disse Suzana, decidida a revelar a verdade.

E contou sobre Lola, que procurara Alice inúmeras vezes. Santiago logo comprovou o envolvimento de Lola. O que ela ganharia com isso! Sentiu-se enojado com tudo o que acabara de ouvir!

– Obrigado pelas informações, espero que conte ao pai de Alice. Ele saberá o que fazer com isso! Agradeço mais uma vez! – segurou as mãos de Suzana e as beijou.

– Sou eu que lhe agradeço! Espero que siga seu caminho ao lado de sua amada e que sejam felizes! O senhor merece! – disse entre lágrimas.

Santiago respirou fundo e saiu, tentando organizar seus pensamentos. Precisava encontrar a avó e lhe contar sobre o envolvimento de Lola. Ela precisaria resolver aquele problema, entregando-a às autoridades. Partiu em direção ao acampamento. No trajeto sentiu-se acompanhado por alguém. Uma sensação estranha, um arrepio...

Assim que chegou, procurou por sua avó. Ramon estava com ela, que parecia nervosa.

– Sinto trazer mais problemas, minha avó. Precisa saber de algo muito delicado.

Inês olhou fixamente para Santiago e percebeu que o jovem já descobrira sobre Lola.

– Sei o que o traz aqui. Já sei de tudo, meu filho, e meu coração está em pedaços! Jamais imaginaria que ela fosse capaz! Uma grande decepção! Sou a responsável!

– Sei o quanto trabalhou para que Lola seguisse o caminho da honra, mas ela fez suas escolhas. Não se lamente nem se puna por algo em que não teve responsabilidade!

– Se temos alguém sob nossa tutela e falhamos, como não sentir culpa?

– Onde ela está? – questionou o jovem.

– Não sei! Uma das coisas que ela faz bem é se esconder! Ela só será descoberta quando desejar – Inês estava desolada.

– Precisamos avisar Escobar! – o médico estava decidido a entregar Lola às autoridades.

– Será o melhor a fazer? A vida a punirá no momento certo. Os erros que cometemos serão revistos e as correções acontecerão! É a lei de Deus!

– Creio que a lei dos homens deve ser colocada em ação, punindo com a restrição da liberdade. Lola cometeu uma infração grave. Ela merece ficar impune?

– Sei o quão grave foi seu delito. Seu maior erro foi menosprezar a Deus, isso ela terá de corrigir. Mas não quero causar discórdia, e o que decidir, apoiarei. Ramon, vá com ele.

Assim que os dois saíram, Inês começou a orar, pedindo que Deus a perdoasse por seus erros e que ajudasse a reencaminhar Lola ao caminho da luz!

No caminho, novamente Santiago sentiu-se observado por olhos invisíveis. Ramon, sensitivo que era, percebeu que entidades inferiores envolviam o sobrinho e precisaria alertá-lo. Será que ele acreditaria?

Foram até Escobar e relataram tudo o que sabiam sobre as ações de Lola. O capitão a conhecia bem, porém nunca imaginaria que ela fosse tão longe! Se a jovem tivesse irritado Lola ou se ameaçara contar sobre seu envolvimento no caso de envenenamento, ela teria todos os motivos para calar Alice. Agradeceu aos jovens e pediu a uma guarnição que buscasse Lola. Ela teria muito a explicar!

Após sair do acampamento às pressas, Lola não se decidira quanto ao seu destino. Não sabia para onde ir, pois todos os caminhos lhe pareciam sombrios. Embrenhada na mata, parou por instantes e avaliou sua situação. Havia sido descoberta! Tudo por causa de Inês, sempre atrapalhando seus planos! Deveria ter acabado com ela como fizera com aquela jovem mimada! Sentia tanta raiva no coração! Todos sempre estiveram contra ela! Teria de partir para bem longe, mas antes faria Inês sofrer mais um pouco, pondo um fim em Consuelo! Ah, como a odiava! Sabia onde encontrá-la!

Companheiros espirituais a rodearam, se comprazendo com as emoções que Lola carregava em seu íntimo! E tudo fariam para que o pior acontecesse!

Lola seguiu para a casa de Adolfo, colocando sua vingança em ação.

Na cidade, Escobar procurou Adolfo para alguns esclarecimentos.

– Esse jovem o auxilia desde quando? Onde anda seu filho? – Escobar vira Diego.

– Miguel está viajando a negócios. Por que a pergunta? – questionou Adolfo.

– Apenas curiosidade! Ele deve ter saído sorrateiramente, talvez às escondidas!

Adolfo empalideceu, procurando manter o equilíbrio.

– Ele partiu ontem, numa viagem já planejada. Estamos sob investigação?

– Parece nervoso, senhor Adolfo! Tem algo a esconder? – o capitão não perdia a arrogância.

– Nada tenho a esconder, capitão. Apenas estou repleto de problemas. Os últimos dias não foram fáceis. Quase perdi uma filha envenenada, as outras quase foram presas.

– Por isso estou aqui. Preciso de algumas informações. Onde estão suas filhas?

– Em nossa fazenda com Consuelo. Posso ajudar? – Adolfo relaxou.

–Eu gostaria de conversar com Nina, afinal ela foi vítima

de uma tentativa de assassinato. Alguns fatos não estão claros e preciso de respostas. Poderei visitá-la? Acredita que elas ficarão em segurança? Não teme que voltem a atacá-la?

Adolfo sentiu um frio a percorrer-lhe a espinha. Estariam correndo perigo? Ele as enviara para lá para ficarem distantes de Fuentes, que oferecia perigo imediato, e não pensara que o perigo poderia surgir de outro lado. Seus músculos ficaram rígidos!

– O senhor já sabe quem matou a jovem Alice? – sua pergunta era mais um sussurro.

– Ainda não, mas tenho fortes indícios sobre quem possa ser. E se minhas suspeitas se concretizarem, sinto que suas filhas estão em perigo. Vou contar o que sei.

Quando Escobar falou o nome de Lola, todos os seus sentidos ficaram em alerta. Se ela atentou contra Nina sem um motivo justo, por que não faria novamente? Queria correr dali o mais rápido possível e se dirigir até a fazenda. Só assim ficaria tranquilo!

– Agradeço ter me contado tudo isso. Preciso sair! – a urgência se apoderara dele.

– Eu gostaria de acompanhá-lo com alguns homens. Algo me diz que encontraremos Lola.

– Não me oponho. Vamos?

Enquanto isso, Lola se aproximava da casa. Tinha visto as irmãs e a rival conversando na varanda. Ficou a observar o melhor momento de se aproximar.

Consuelo pretendia fazer um chá para Nina, conforme sua mãe a orientara. Algumas infusões ainda eram necessárias para que o veneno fosse eliminado totalmente.

– Tenho essas ervas em minha estufa. Posso pegar! – Nina se ofereceu.

– Nada disso! Quero que descanse. Prometi à minha mãe que cuidaria de você. Gabriela e Lívia, cuidem que ela fique quieta. Serão apenas alguns dias, Nina! Tenha paciência.

– Já está falando como minha mãe! – Nina falou de forma simples e casual.

– Nunca ninguém substituirá a pessoa maravilhosa que foi Letícia! Mas me permitam cuidar de vocês como ela o faria! –

Consuelo estava emocionada com a lembrança.

– Onde ela estiver, sei que apoia e está feliz por deixar a você a incumbência de cuidar de nós – Lívia foi até a cigana e segurou sua mão.

– Você está se saindo muito bem! – Gabriela também se aproximou e fez o mesmo gesto.

– Amamos você, Consuelo! Tem alguma dúvida? E mamãe também! Você venceu, pode ir até minha estufa e cuide de não mexer onde não deve! – Nina sorriu para a amiga.

– Prometo não derrubar nada! – todos sorriram, lembrando-se do capitão.

Consuelo saiu em direção à estufa que ficava atrás da casa, num local mais isolado.

Quando viu que as jovens entraram, Lola percebeu que era o momento propício para atacá-la. Caminhou silenciosamente até Consuelo, que andava distraída. E foi tudo muito rápido. Sentiu uma força poderosa que a jogou no chão, deixando-a atordoada.

Alguém segurava sua cabeça e a batia violentamente no chão. Vendo-a sem ação, Lola exultava, sorrindo vitoriosa. Acreditava que sua vingança estava prestes a ser concluída.

– Você vai morrer, sua desgraçada! Nunca mais vai perturbar minha vida! – Lola estava transtornada e começou a apertar com toda a força o pescoço de sua pretensa inimiga.

Consuelo, sentindo-se sufocada, se debatia, tentando se soltar. Num ímpeto, tentou se levantar, empurrando a agressora, que se desequilibrou e a soltou por instantes. Consuelo mal teve tempo de se recompor e Lola já investia contra ela novamente.

De repente, algo aconteceu. Lola sentiu como se uma mão invisível se apoderasse de seu pescoço, fazendo com que soltasse sua presa. Olhou ao redor e viu Gabriela com as mãos erguidas em sua direção e as feições endurecidas.

– Pare com isso, Lola. Deixe-a em paz! – a voz da jovem era firme, carregada de vigor.

Ela ficou atônita, sem saber o que fazer. Queria acabar com a vida daquela sonsa, que lhe tirara tudo, mas não conseguia! Lágrimas de raiva e impotência assomaram! Tentou correr dali, mas seus pés pareciam fincados no chão. O que aquela garota idiota estava fazendo?

Consuelo já respirava pausadamente. Olhou sua salvadora com gratidão, oferecendo-lhe um sorriso. Tudo aconteceu muito rápido. Adolfo e Escobar chegaram a tempo de ver Lola sem reação.

– Ora, ora, quem eu vejo! Eu estava procurando-a fazia tempo, Lola! Tem muito a explicar, inclusive o que pretendia fazer com Consuelo – Escobar apontava para Consuelo que ainda estava no chão.

– Você está bem, minha querida? – perguntou Adolfo, preocupado.

Lola ainda sentia seus pés presos no chão e olhou para o capitão dizendo:

– Essa jovem é uma bruxa! Me enfeitiçou! Veja, não consigo mexer os pés!

Gabriela olhou Escobar e sorriu com doçura.

– Não sei do que fala, Lola. Não fiz nada! Você é vítima de si mesma!

– Você me prendeu aqui! Não consigo me mexer! Capitão, faça alguma coisa!

– Vou fazer! Você vem comigo, tem muito a explicar! – e chamou um dos homens: – Levem-na para a prisão! E cuidem para que ela não faça nada até chegar lá.

– Não consigo sair do lugar! – Lola ainda sentia a pressão nos pés.

– Pare com brincadeiras! É só dar o primeiro passo!

Lola mexeu os pés e conseguiu sair do lugar, sentindo-se realmente atemorizada. Jamais vira alguém realizando tal proeza. Só poderia ser bruxaria! Ficou rubra de raiva, praguejando contra todos e gritando impropérios.

– Feche os ouvidos, Gabriela. Você é pura demais para ouvir essas barbaridades. Levem-na, e se ela continuar gritando, amordacem-na. Ainda bem que chegamos a tempo de evitar uma nova tragédia. Espero que esteja bem, Consuelo. Se quiser fazer uma acusação formal esteja à vontade, mas é desnecessário, pois eu mesmo fui testemunha.

– Prefiro não ir, capitão. O senhor pode acusá-la pelo que presenciou.

– Deixe comigo! Senhor Adolfo, diga à sua filha Nina que conversaremos em outra ocasião, quando ela estiver recuperada totalmente. Aconselho a ficar aqui esta noite, até que possamos nos certificar de que Lola agiu sozinha ou se teve algum colaborador. É melhor ser cauteloso e se precaver – e com um sorriso genuíno se despediu de Gabriela, que lhe retribuiu.

– Agradeço sua presteza, capitão. Volte outro dia para conversarmos! Não dê ouvidos ao que Lola falou. Só pode ser brincadeira alguém fazer o que ela sugeriu que eu fiz.

– Eu conheço essa cigana muito bem e sei os ardis que usa. Não se preocupe! Não tive chance de falar-lhe antes sobre o episódio com Fuentes, e peço que perdoe os gestos grosseiros dele. Peço, também, que cuide para que ele fique bem distante de você. Ele é perigoso e quer encontrar alguma prova do envolvimento da senhorita com esse bando de rebeldes arruaceiros e hereges. Cuide-se, eu lhe peço!

– Agradeço sua preocupação e seguirei seus conselhos. Ele é uma pessoa infeliz que carrega muitas mágoas no coração. Age assim para que ninguém se aproxime de sua intimidade, que pode ser revelada e seu segredo exposto. Tenho pena dele, e o senhor deveria se solidarizar também.

Escobar teve ímpetos de dar uma gargalhada, mas em respeito à jovem se calou.

– Ainda penso que deve se precaver, minha jovem. Ele é perigoso! Cuide-se! Tentarei ser mais benevolente com ele pela senhorita.

– Não faça isso por mim, capitão, mas pelo senhor! Ofereça o seu melhor e receberá de volta todo o bem que praticar a seu semelhante.

Escobar ficou encarando a jovem com ternura, concluindo que ela era um anjo de bondade que Deus colocara em seu caminho. Não permitiria que ninguém fizesse mal a ela em hipótese alguma. Nem Fuentes, nem ninguém! Ele a protegeria sempre!

– Passar bem, Gabriela. Voltarei outro dia para conversarmos. Tenho sentido sua falta! Fique aqui até a ira desse inquisidor se aplacar, é meu pedido.

– Seguirei seu conselho! Vá com Deus! – e sentiu uma paz infinita invadir o peito. Olhou Consuelo, que se encontrava nos braços do pai, e disse: – Um dia conseguirá o perdão dela, porém não será agora, nem nesta vida. Acalme seu coração e continue seguindo seu caminho honrando sua vida com ações positivas e com o perdão, que liberta almas endividadas. Lola ainda seguirá nas sombras até que a luz possa tocar seu coração atormentado.

Consuelo ouviu a orientação da jovem e sentiu piedade de Lola, como jamais sentira antes. Ela era tão necessitada de esclarecimento que se perdera no emaranhado de emoções descontroladas, fazendo mal a si mesma e aos outros. Entendera, pela primeira vez, o que sua mãe tentara lhe dizer todos esses anos e sentiu-se envergonhada por pensar mais em si. Sinal que ainda era egoísta e precisava repensar suas ações. Olhou Adolfo e disse:

– Gabriela é uma alma elevada que nos ensina a todo instante, mesmo quando a situação poderia não ser a mais propícia. Tenho muito a aprender com ela! – sua voz estava embargada de emoção.

– Todos nós temos! Tenho muito a agradecer por tê-la ao meu lado! E você, está bem?

– Agora sim! – a simples frase representava todo o aprendizado que obtivera naqueles preciosos momentos.

E seguiram para o interior da casa.

Capítulo 31

Resoluções necessárias

Assim que Escobar chegou com a prisioneira, pediu que a trancafiassem.

– Lola, quando eu provar sua culpa nesses crimes, jamais verá a luz do dia novamente.

– Eu não pratiquei crime algum, precisa acreditar em mim!

– Conheço seus ardis e sei quando tenta me enganar. Aquela jovem a contratou para matar Nina. O que ela fez para que a matasse? – o capitão a inquiria com frieza.

– Uma morta não fala e só ela poderia contar o que aconteceu – Lola não perdia a calma.

– Dei-lhe a chance de contar a verdade. Se prefere assim...

– Tenho informações valiosas sobre Gabriela e creio que aquele velhote gostará de saber. Se eu sou culpada de algo, ela é muito mais! – um sorriso se estampou em seu rosto.

– Pare de blasfêmias! Não coloque aquela jovem junto com suas mentiras abomináveis!

– Eu vi o que ela é capaz de fazer! Ela é uma bruxa disfarçada!

– Cale essa sua maldita boca! Você não tem escrúpulos! – o capitão estava exaltado.

– Você é realmente muito ingênuo. Se não quer ver a verdade, alguém poderá me ajudar.

– Está querendo mudar o foco das atenções, Lola. A jovem Nina já se lembrou do que lhe aconteceu e poderá atestar sua participação no crime de envenenamento.

– Você está mentindo! Ela não sabe de nada!

– Vai pagar para ver? – Escobar já recobrara a serenidade.

– Todos daquela família são cúmplices daquela fugitiva. Tentei alertá-lo, mas não quis me ouvir – a voz dela se elevara novamente.

– Abaixe seu tom de voz, caso contrário vou colocá-la sob ferros e com uma mordaça!

– Estarei longe daqui em pouco tempo! – disse se vangloriando.

– Vai ficar invisível e sair pela parede? – disse o capitão em tom jocoso.

– Você ainda vai ouvir falar de meus feitos! – e virou-se para a parede.

Escobar deu as costas e foi embora, sem antes pedir que a chave da cela ficasse em suas mãos. Ninguém, a não ser ele, teria acesso a ela.

Na penumbra, um vulto ouvira toda a conversa. Com o olhar gélido, Fuentes avaliou todas as palavras que Lola proferira. O nome daquela jovem fora pronunciado, acompanhado de algumas acusações. Seus olhos brilhavam de prazer só de imaginar prendê-la! Seria sua redenção! Porém, teria de ser cauteloso. Amanhã falaria com a cigana. Ela poderia saber de algo importante. E saiu, sem fazer barulho.

Na cela, Lola pensava que deveria ter fugido da cidade quando teve chance. Precisava sair de lá! Inês era a responsável por sua situação. Como a odiava! Sabia que seus pais queriam levá-la com eles, porém Inês não permitiu! Queria ter acompanhado seus pais em sua aventura pelo mundo! Inês lhe negara a felicidade e jamais a perdoaria!

Tudo isso estava sendo observado por companheiros espirituais que não poderiam interferir, nem alterar os rumos que Lola decidira trilhar. Uma entidade estava com o semblante muito triste, decepcionado pelas escolhas que ela fizera.

– *Sei que sofre vendo-a agir assim, porém a escolha foi dela. Lola quis culpar o mundo por sua infelicidade, quando poderia reencontrar a paz mediante o amor incondicional que Inês lhe dedicou. Ela preferiu manter o coração em profundo tormento, desprezando a bendita oportunidade de perdoar e seguir sua caminhada. A escolha foi dela e arcará com a responsabilidade por suas ações. Não se culpe. Você e Inês tudo fizeram para que o desenlace fosse diverso do que hoje ocorre. Mantenha a serenidade, oferecendo-lhe o que pode: a oração que acalma e conforta. Ela está distante de se conectar com Deus, mas você pode interceder por ela. Envolva-a em seu profundo amor. Lola corre o risco de se enredar nas teias da obsessão, pois Alice não a perdoará. Ambas são responsáveis por atos hediondos, só o tempo as conduzirá ao perdão. Não ficarão relegadas ao abandono e serão amparadas quando o arrependimento acompanhar suas ações. Oremos juntos!* – disse uma entidade feminina com o semblante iluminado.

– *Tem razão! Que a paz possa habitar seus corações algum dia!*

As duas entidades se uniram na tarefa renovadora da oração, deixando que fios luminosos pudessem tocar as fibras do coração de Lola e Alice, que já a envolvia com energias inferiores e palavras violentas:

– *Não terá paz, sua cigana imunda! Vou te atormentar até que retorne para as profundezas do inferno* – e tentava tocá-la, sem conseguir.

– Você não pode me fazer mal. Saia daqui! Me deixe em paz! Você não pode comigo! – e Lola gargalhava, acirrando ainda mais a ira da jovem morta.

Era um duelo mortal, ambas carregando emoções descontroladas, cada qual numa realidade, cada uma com seu poder de ação. Uma cena triste e deprimente!

Na fazenda de Adolfo, após a confusão, todos, na varanda, apreciavam a noite enluarada e conversavam sobre os últimos acontecimentos.

– Você poderia ter morrido, Consuelo! O que a levou até lá, minha filha?

– Algo me impulsionou a segui-la. Foi tudo muito rápido. Mas acabou bem!

– Só não sei o que fez sem sequer ter tocado em Lola – Consuelo estava intrigada.

– Ainda não entendo totalmente o que vem acontecendo comigo, porém sinto-me tão segura. – disse Gabriela.

– É tão gratificante vê-la assim, que chego a ficar emocionada. Aquela jovem insegura, frágil, medrosa não existe mais. Essa é a pessoa que sempre vi em você, minha irmã.

– Devo-lhe tanto, Nina! – as duas se abraçaram emocionadas.

Adolfo presenciava a cena com lágrimas nos olhos. Ainda não estava certo se era de alegria ou temor. Os últimos acontecimentos ainda repercutiam em seu íntimo e perguntava-se o que mais poderia ocorrer. Nina sempre fora sua preocupação, agora era Gabriela. Miguel já não estava mais presente para ajudá-lo a proteger as irmãs, e então Adolfo pensou seriamente em tomar uma decisão radical. Mas conversaria com Consuelo antes. Teria de ser rápido, pois talvez o tempo não fosse mais seu aliado. A ideia partira de Santiago, que lhe confessou que pensava em retornar para sua antiga cidade, bem distante dali. Ou quem sabe ir para outro lugar, onde ninguém o conhecesse. O médico pensou na possibilidade de vender as terras e ir embora, desde que Nina concordasse com a decisão.

E agora, com Gabriela sendo questionada pelo inquisidor odioso e temido, Adolfo teria de agir rápido. Também venderia o comércio, a fazenda e seguiria para onde seu coração mandasse. Falaria com Consuelo quando as meninas se recolhessem.

– Papai, não está ouvindo? – Nina perguntara algo. – Um tostão por seus pensamentos.

– Não ouse conhecê-los sem que eu permita. Vocês podem fazer isso entre vocês...

– Não faço isso com o senhor! Fiz uma pergunta e espero uma resposta sincera.

– Fale, Nina – Adolfo sorriu para a filha.

– Se eu me casasse com Santiago e ele decidisse morar em outro lugar, o que pensaria disso? Seja sincero, meu pai.

Ele sorriu, imaginando se ela lera ou não seus pensamentos.

– Se você se casar com ele, vocês decidirão sobre seu destino. Eu não gostaria de me separar, porém sei que essa escolha não me pertencerá. Constituirão família e seguirão seus próprios destinos. Onde estiverem estarão comigo no coração. Era essa a resposta que queria ouvir?

– Claro que não! Queria que dissesse que não conseguiria viver longe de mim e outras coisas mais sensíveis. Não pretendo ficar longe de vocês, portanto, onde eu morar estarão ao meu lado – a jovem tinha ares de vencedora.

– Nina, quando vai crescer? – o pai olhava carinhosamente para ela e as irmãs.

– Não sei, papai. Talvez quando estiver bem velhinha! Além do mais, não disse se aceito me casar com Santiago. Queria saber se o senhor se importava realmente comigo.

– Agora é tarde, Nina, pois eu já concordei com o casamento. Achei desnecessário perguntar se aceitava o pedido.

– Papai, isso não se faz! – disse Nina com fingido olhar de indignação.

Gabriela, calada até o momento, olhou a família reunida e disse:

– Tenho pensado muito em minha vida, meu pai.

– E chegou a alguma conclusão?

– Ainda não, mas já tenho ideia do que pretendo fazer. Muita coisa tem acontecido comigo nessas últimas semanas, que ainda não sei explicar. As sucessivas crises, as visões, sempre me atormentaram. De repente, no entanto, tudo mudou. As crises cessaram, as visões persistem, só que não me causam mais pavor. A vida tem uma outra tonalidade agora, mais radiante. O senhor se preocupa com Escobar, mas sinto que posso ajudá-lo a encontrar seu verdadeiro caminho, assim como tenho percebido minha sensibilidade a cada dia aflorar mais. Sei coisas que ainda não aconteceram, conheço os sentimentos alheios. Penso que tenho muita coisa a aprender e muitos a auxiliar. Talvez seja esta a minha tarefa. Somente agora percebi possuir uma força capaz de superar todos os obstáculos. Ainda não sei o que fazer com todas essas descobertas e sinto que corro perigo ficando nesta cidade. Pensei em sair daqui.

– E ir para onde, minha filha? – o pai a compreendia e tinha a mesma sensação.

– Não sei, papai. Talvez para um lugar onde as pessoas possam viver livremente, sem ter de se esconder. Não sei se esse lugar existe! – o olhar da jovem parecia distante.

– Sua preocupação não é infundada e não é preciso ser sensitivo para reconhecer que o perigo está a nos rondar. Tenho vivido todos esses anos omitindo minhas ideias. Minha prisão significaria a desgraça de vocês. Qualquer ação mais ostensiva poderia acarretar terríveis danos à minha família, que prezo mais do que tudo. Porém, a cada dia o cerco se estreita, e chegará o momento em que nada mais poderemos fazer senão acatar passivamente os desatinos desse governo. Odeio a injustiça, vi muitos amigos serem escorraçados daqui e nem sei se ainda estão vivos! Não quero usar da violência. Esse não é o mundo que escolhi viver e deixar para meus filhos e netos! E, como você, eu gostaria de fazer algo e ainda não sei o que, nem como fazer –

Adolfo tinha o semblante triste e lágrimas exprimiam seu real sentimento.

Um silêncio sepulcral invadiu o local e cada uma das mulheres presentes refletiu sobre as possibilidades futuras. A primeira a manifestar sua opinião foi Consuelo:

– Não podemos permitir que o desânimo nos atinja. Sempre existe uma alternativa, Adolfo. Ouça seu coração e encontrará a resposta aos seus anseios. Talvez exista uma resposta que ainda não esteja visível. Se colhermos os frutos antes do tempo ou se esperarmos tempo demais serão impróprios. Isso significa que o tempo é senhor de todas as respostas, meu querido. Confie que encontrará uma alternativa! Acalme seu coração e reflita objetivamente. No momento certo, a resposta aparecerá. Nosso povo sempre viveu em parceria com a natureza, que é sábia – a cigana estava envolvida numa intensa luz lilás, que não passou despercebida às irmãs.

– Sábias palavras, minha querida, porém não modifica o que agora estou sentindo.

– Então deixe o tempo fluir e transformar o que ainda não se encontra em condições de colheita efetiva! Adolfo, aprenda a esperar que cada coisa encontre seu caminho. Não queira controlar o que não se tem controle – Consuelo sorria.

– Em outras palavras, papai, espere que o tempo realize seu papel de adequar cada coisa a seu lugar – Nina resumira de forma simples.

– Como você diz, as mulheres ainda dominarão o mundo com sua sabedoria e perspicácia.

– Isso mesmo, papai. Tenho certeza de que esse dia chegará – os olhos de Nina brilhavam.

– Bem, Gabriela, nossas dúvidas e incertezas terão de esperar seu tempo de maturação. Até lá, cuidemos de nossa segurança. Aqui pode ser um lugar seguro, mas pode também oferecer certo perigo, pois ficam vulneráveis. Falarei com Santiago amanhã mesmo.

– Acho que falará com ele logo mais, meu pai – Gabriela e Nina se entreolharam e se voltaram para Lívia. – Ele chegará em instantes!

– Papai, espero que nenhum dos homens de Escobar nos conheça, do contrário nos colocarão juntas numa cela e jogarão a chave fora – brincou Nina.

– Escobar e seus homens não oferecem perigo. É com Fuentes que devemos nos precaver. Estive com ele apenas alguns minutos e pude perceber que é insensível e cruel, capaz de coisas inimagináveis. Sua missão é controlar nossos passos e, se possível, encontrar uma forma de nos incriminar. É um ser digno de piedade, pois está muito mais distante de Deus. Vamos ter fé e confiar no tempo, soberano em oferecer as respostas apropriadas às nossas dúvidas – disse Gabriela sensatamente.

Assim como Lívia dissera, Santiago chegou a cavalo àquela hora da noite, prenúncio de notícias alarmantes. Adolfo fechou o cenho, tentando imaginar o que poderia ser.

O jovem apeou com rapidez. Seu olhar denunciava grande preocupação.

– Perdoem-me o horário, mas precisamos conversar – seu olhar se dirigiu a Adolfo.

– Não tenho nada a ocultar de minhas filhas. O que foi desta vez?

– O cerco está se fechando e precisamos fazer algo com urgência.

– Mais problemas? – inquiriu Adolfo.

Santiago contou o que acabara de saber de um empregado seu, amigo de um dos guardas. Ele confidenciou o que tanto temia: Gabriela corria sério perigo, pois Fuentes queria prendê-la. E Lola fora presa por seu envolvimento nos crimes de envenenamento e pela morte de Alice.

– Lola tentou me envenenar? Como não consigo me lembrar de nada disso? E ela seria capaz de matar Alice?

– O que Lola tem a ver com Gabriela? – a pergunta de Adolfo era quase um sussurro.

Foi a vez de Consuelo responder:

– Ela tentou me incriminar naquela ocasião em que Adolfo ocultou Anita em suas terras. Lola quer me destruir e a você, Adolfo, que a desprezou. E atingir suas filhas é a vingança perfeita. A sorte ainda está a nosso favor, pois Escobar tem imenso apreço por Gabriela. No entanto, até quando ele conseguirá conter o ímpeto de Fuentes?

– O melhor a fazer é levar as meninas para longe daqui! – Santiago estava convicto.

– Assim, de repente? – o pai estava aflito.

– Acho que é a alternativa mais viável. Conversei com Lupe, e partiu dela uma ideia aparentemente insensata, mas que pode ser providencial – e contou sobre seus planos imediatos de partir com toda a família de Adolfo.

Todos ouviram atentamente a sugestão inusitada e inadmissível em outros tempos.

Adolfo olhava a família, as terras, e o que construíra com tanto afinco! Deixaria para trás? Recomeçaria tudo em outro lugar?

Consuelo se aproximou e segurou suas mãos com carinho.

– Tenho certeza de que qualquer lugar aonde formos construiremos nosso novo lar! O importante é estarmos juntos, unindo forças e planejando um futuro de paz!

– Talvez tenha razão, porém meu coração está dilacerado só de imaginar em reconstruir uma vida longe daqui – Adolfo relutava em aceitar a sugestão do médico.

– Talvez seja hora de aprender o desapego, meu querido. Nosso lugar verdadeiro é onde estivermos e onde encontraremos as oportunidades de crescer e ser feliz! Não se perde o que não se tem de direito. O que pensa perder, deixando tudo aqui? Nada efetivamente lhe pertence. O que levamos desta vida quando morrermos? Tudo o que se refere a bens materiais aqui permanecerá. Nem seu corpo físico o acompanhará na nova jornada. Levará sim o que representa de conquistas espirituais, as virtudes que conseguiu adquirir, os afetos que construiu, as lições que lhe serviram de experiência! Apenas isso seguirá contigo! O Pai nos concede bens materiais para que possamos fazer bom uso dele, não para servir de peso em nossos ombros. Minha mãe diz que, nessa longa viagem que empreenderemos quando nosso corpo morrer, levaremos a bagagem leve das nossas virtudes ou o peso excessivo do apego. Em outras palavras, estaremos com a companhia da paz ou não, depende do que quisermos conquistar em nossa existência material – argumentou Consuelo.

– Eu me sinto velho para recomeçar uma nova vida. Serei capaz de dar conta?

Gabriela, até então apenas uma ouvinte atenta, ponderou:

– Papai, não se sinta assim incapaz. É um homem maduro, sábio, experiente, possui energia suficiente para recomeçar! O senhor será o que desejar ser! Consuelo tem razão quando fala sobre desapego, algo tão difícil de praticar em nossa vida, e essencial para o equilíbrio de nossas emoções. Santiago, viria conosco?

– Certamente! Deixarei Lupe e Ramiro cuidando da venda de minhas propriedades. A ideia partiu dela própria. Não vou deixar Nina sozinha nem por mais um segundo, pois ela adora qualquer tipo de encrenca. Cuidarei dela de perto. Concorda, Adolfo? – disse lançando um olhar apaixonado para sua amada.

– Procure fazer o que até hoje não consegui! – Adolfo sorriu mais descontraído.

– Quem disse que necessito de cuidados especiais? Alguém acredita que eu não saiba cuidar de minha própria vida? – Nina olhava os dois homens mais amados de sua vida.

Lívia ostentava um ar de tristeza em seu semblante, que não passou despercebido aos demais. Ela pensava em Diego e sabia que não poderia exigir que ele a acompanhasse.

– O que pensa, minha filha?

– Sei o que ela pensa, papai. E tenho certeza de que Santiago já cuidou disso também, não é mesmo? – Nina olhava o jovem com aquele olhar travesso.

– Já cuidei disso, também. Diego nos acompanhará na viagem. Ele só tem Alfredo na vida, que jamais o impediria de ser feliz. Só não sei como falar com minha avó. Custou-me tanto encontrá-la e sairei novamente de sua vida.

– Mamãe compreenderá, acredite! O lugar dela é com nosso povo. Ramon ficará com ela e cuidará de tudo com responsabilidade. Eles ficarão bem!

– E eu ficarei? – a pergunta de Santiago não tinha resposta, pelo menos por hora.

– Fique aqui esta noite. Já é tarde! – disse Adolfo, recolhendo-se, acompanhado de toda a família, com planos para o futuro a dominar seus pensamentos...

Capítulo 32

Mudança de planos

O dia raiou trazendo consigo a esperança. A prioridade da família de Adolfo era estar distante de Córdoba nos próximos dias.

Santiago saiu logo cedo para conversar com sua avó e contar-lhe suas decisões.

Inês o encontrou e estendeu os braços num afetuoso abraço.

– Minha avó, nem sei como lhe falar!

– Comece do princípio, meu filho. Vejo em seus olhos a inquietação. Algo o perturba!

– Sinto tanto o que aconteceu com meus pais, por tudo o que a senhora e seus filhos sofreram. Sei, no entanto que nada irá modificar o que aconteceu, nada vai mudar quem eu sou! Eu gostaria de gritar ao mundo quem é você e o que representa em minha vida. Desde que cheguei aqui tenho vivido um turbilhão de emoções. Encontrei uma mulher excepcional que me ensinou a valorizar meus sentimentos. Quase a perdi e receio que o perigo ainda não passou. Preciso protegê-la, pois ela é quem escolhi para viver o resto dos meus dias. Terei de partir para um lugar distante e talvez nunca mais possa retornar a esta cidade. Espero que me perdoe! Meu amor é genuíno, nunca se esqueça disso – Santiago não se conteve e abraçou a velha senhora com todo o amor.

– Meu querido, é tão doce quanto seu pai. Impossível não amá-lo. Você deve seguir seu destino. Fez a escolha certa, Nina é uma mulher especial. Vá aonde o destino lhe sorrir e seja feliz! Os tempos são sombrios, mas a luz em breve dominará o mundo, e tudo o que hoje abomina ficará relegado ao esquecimento.

– Estamos indo para...

– Não fale nada, Santiago. Sei que se um dia for possível saberei notícias suas.

– Antes de partir virei me despedir. Tenho muito a preparar até que a viagem aconteça.

– Saiba que levará o meu amor para onde for! – e deu mais um abraço no neto.

Ainda com lágrimas, Santiago partiu, deixando Ramon e Inês juntos com o olhar perdido no infinito, mas em completa paz. Uma página que se virara...

Na cidade, o pai de Alice ficara transtornado com a notícia, exigindo das autoridades a punição do culpado. Santiago fez questão de encontrá-lo e lamentou a perda precoce da filha. Preferiu omitir sobre os atos escusos de Alice, pois de nada valeria macular sua reputação e decepcionar um pai triste.

Adolfo retornou à cidade e iniciou os preparativos da viagem. Conversou com alguns amigos leais, contando que se afastaria por alguns meses, até que tudo se acalmasse. Decidiu entregar a administração de seu comércio a um velho conhecido do ramo e a fazenda a um antigo colono, pedindo que cuidasse de tudo enquanto estivesse fora. Tinha algum dinheiro guardado que auxiliaria na reconstrução de sua vida em um país distante. O idioma talvez fosse um problema, mas decidiu que não colocaria obstáculo algum, confiando que tudo lhe seria favorável.

As jovens faziam planos sobre o local que os acolheria. Como tratariam os estrangeiros, pois eles assim se transformariam num breve espaço de tempo? Nina pedira ao pai que fossem para o campo, onde teria oportunidades de continuar com suas plantas medicinais e, quem sabe, construir uma nova estufa. Gabriela estava pensativa quanto ao seu futuro e temia por Escobar. Gostaria de ajudá-lo a seguir seu destino, deixando para trás os erros desta e de outras existências. Porém, essa escolha ele teria de fazer, o que implicaria acertar as contas de seu passado por meio de atitudes renovadoras.

Dias se passaram após a prisão de Lola, que odiava sentir-se enjaulada feito um bicho.

Num de seus escândalos, Escobar apareceu e perguntou:

– Vai confessar seu crime, Lola? É sua última chance. Já encontrei a prova que faltava!

– Não tente me enganar, capitão. Sabe que não tem prova alguma contra mim.

– Aí é que você se engana. Olha o que encontrei entre seus pertences! Aposto que foi o pagamento por seu trabalho sujo – Escobar mostrava uma pulseira preciosa.

– E daí? Ela me pagou por ler a sua mão – a cigana não entregaria os pontos.

– Tem algo mais, minha amiga – e mostrou um pequeno diário contendo o nome dela.

– Isso não é prova contra mim e você sabe!

– Lola, deixe de empáfia e diga a verdade. Prometo um julgamento justo.

– Você sabe que isso não existe, caro amigo. Negarei veementemente até o fim.

– O pai da jovem é influente e pediu que a justiça fosse feita e o culpado responsabilizado.

– Você não consegue me colocar naquele quarto, porque eu não estive lá.

Escobar olhou fixamente para Lola e concluiu:

– Vamos acabar de uma vez com isso. Alguém a viu saindo da hospedaria por uma janela lateral. E agora? O que me diz? Continuará negando?

Lola não tinha mais argumentos. Foi quando Fuentes apareceu e confrontou Escobar.

– Eu gostaria de conversar com ela a sós.

– Impossível, será apenas na minha presença. Quer falar com ela? Esteja à vontade!

Os olhos de Lola brilharam, era a esperança que faltava.

Contaria tudo a Fuentes, que iria ficar muito satisfeito com as informações que ela lhe daria. Tudo em troca de...

– Do que quer falar, meu senhor? – Lola jogava todo o seu charme para o inquisidor.

– Sobre a jovem Gabriela, a respeito de quem você teceu alguns comentários suspeitos. O que sabe sobre ela? – a voz dele era fria.

Foi a vez de Escobar ficar pálido. Não envolveriam seu anjo nas sujeiras de Lola!

– Não fale o que não sabe! Sua situação pode se complicar ainda mais, sabe disso! – o capitão estava exaltado, deixando Fuentes ainda mais curioso pela informação.

– Sei mais do que pensa, capitão! Sei que essa família é perigosa e está envolvida em segredos que muitos gostariam de desvendar. Creio que deveria focar primeiramente nessa jovem, vai se surpreender com os prodígios que ela é capaz de realizar.

Fuentes se comprazia com a hipótese de ter Gabriela sob seu interrogatório.

– Não creia nessa mentirosa! Ela fará tudo para se livrar do julgamento.

– Quem disse que eu farei isso? – e olhando com um sorriso sarcástico para Lola disse: – Agradeço pelas informações. Mas terá que prestar contas de seu crime, se o cometeu. Não posso interceder por você! – e saiu, deixando a cigana furiosa.

– Você é digna de pena! Teve tantas chances de fazer o certo, porém preferiu o caminho das sombras, onde todos os fantasmas que você prejudicou estarão a atormentá-la até o fim dos seus dias! Avisarei quando for o julgamento.

Lola estava descontrolada, proferindo impropérios, gritando por socorro, porém nada disso adiantava. Ela teria de enfrentar seus erros e terminaria sua existência sozinha! O capitão seguiu Fuentes e o pegou pelo braço com energia:

– Solte-me! Sabe com quem está lidando? – o olhar era gélido.

– Não dê ouvidos a ela. Deixe aquela família em paz – Escobar quase suplicava.

– Se essa jovem nada deve, não tem por que se preocupar.

Aliás, acho um tanto curioso seu interesse nela. Vive a defendê-la em qualquer situação. Está interessado nela? – o tom era de deboche.

– Não diga asneiras. Ela é apenas uma menina sensível. Teve uma infância difícil, perdeu a mãe há pouco tempo. Deixe-a em paz!

– Façamos assim: iremos até sua casa e conversamos com ela. Depois decidirei se a convoco para uma visita a nossas dependências – o tom era irônico, mas Escobar pensou que era melhor do que levá-la à força para um interrogatório. – Que tal amanhã cedo?

– Amanhã, então! – Escobar saiu de lá com o coração apertado.

A jovem corria perigo iminente. O que poderia fazer? Lembrou-se de Gabriela discorrendo sobre Deus. E, pela primeira vez em tantos anos distantes do Pai, pediu que intercedesse por ela. Precisava alertá-los quanto à investida de Fuentes. Saiu em direção à fazenda, sem perceber que era seguido por alguns homens e o inquisidor.

– Sabia que ele não merecia confiança. Seus dias estão contados, capitão!

Os preparativos estavam prontos. Adolfo já se desincumbira de suas tarefas e se despedia de seu comércio e de Córdoba com lágrimas de emoção.

Consuelo encontrou a mãe naquela tarde e lhe contou que partiriam na manhã seguinte. Ramon abraçou a irmã com carinho, que lhe pediu que cuidasse de tudo como sempre fizera.

– Obrigada, meu querido irmão. Levarei tudo o que aprendi com você em meu coração. Cuide de nossa mãe! Seja um bom líder quando assim for preciso! – e sem olhar para trás seguiu seu caminho de forma firme e resoluta.

– Que Deus abençoe seu caminho, filha querida! Meu amor seguirá com você aonde for!

Mãe e filho se entreolharam e a emoção tomou conta deles, abraçando-se.

Na fazenda, as jovens arrumaram o que era necessário para a exaustiva viagem que iriam empreender. Estavam ansiosas, porém confiantes de que era a alternativa mais viável mediante os últimos eventos.

Santiago trouxera sua carruagem no dia anterior para oferecer maior conforto às mulheres. Pediu que levassem apenas o necessário.

Lupe e Ramiro seguiriam após resolver algumas pendências. O avô de Santiago deixara-lhe numa região da França terras onde se produzia vinho de excelente qualidade. Foi providencial a lembrança do lugar por Lupe, que sempre sonhara em conhecer a França.

Diego se despediu de Alfredo, agradecendo por tudo o que fizera por ele. O homem abraçou o filho que a vida lhe confiou, desejando que a felicidade o acompanhasse.

– Vamos, Diego, precisamos nos apressar. Temos de partir! Lupe e Ramiro, espero vocês em breve! – disse Santiago.

Enquanto isso, na fazenda, os preparativos continuavam...

De repente, ao longe, avistaram um cavalo solitário. Ao se aproximar, Gabriela viu de quem se tratava. A carruagem já estava pronta, e a jovem estava ao lado dela. O semblante de Escobar preocupado se intensificou quando percebeu que estavam de partida.

– Vão viajar? – ele perguntou apreensivo.

– Uma viagem há muito planejada. Algum problema?

– Não lhe pedi que ficasse na região, caso precisasse conversar sobre o incidente?

– Sim, porém os dias se passaram e o senhor não nos chamou. Pensei que tudo já tivesse esclarecido. Fui eu que insisti nessa viagem, capitão – a jovem fixava seu olhar no dele.

– Não sei se será providencial se ausentarem num momento tão complexo; no entanto, sinto que talvez seja uma saída necessária. Você está correndo sério perigo. Não devia estar lhe contando isso, mas sinto-me responsável. Vá logo! Fuja de Fuentes enquanto é tempo. Ele não a conhece como eu e está fazendo um juízo pouco abalizado sobre você. Amanhã cedo estaríamos aqui para levá-la para ser interrogada. Conheço os métodos que ele utiliza e sei que não cessará até conseguir o que almeja. Vá embora com sua família e não volte enquanto ele aqui estiver. Posso perder tudo o que conquistei vindo alertá-la. Minha consciência, no entanto, me guiou até aqui. Cuide-se! Sentirei sua falta, minha menina! – os olhos de Escobar estavam marejados.

Uma emoção incontida tomou conta de Gabriela, que foi até ele e o abraçou:

– Agradeço seu carinho e saiba que desejo que a luz jamais se afaste de você, meu amigo!

A família percebeu o que se passava e decidiram que o melhor a fazer era partir imediatamente. Onde estava Santiago? Por que a demora?

De repente, surgiu à frente de todos a figura asquerosa de Fuentes.

– Que cena comovente! Você está acabado, capitão! – disse o inquisidor, assumindo ares de vitória. – Eu sabia que tinha um ponto fraco. Você foi enfeitiçado por essa bruxa!

Escobar sentiu que seus esforços haviam sido em vão! Olhava a jovem, que mantinha a cabeça erguida, sem se intimidar perante aquele homem.

Adolfo ia fazer algo, mas foi contido por Consuelo, que lhe pediu que nada fizesse, pois poderia comprometer ainda mais a situação. Lívia ficou pálida, sentindo um profundo mal-estar. Algo estava prestes a acontecer. Entrou em profunda prece, pedindo a Deus que não os desamparasse naquela hora. Ao longe, surgiu a figura esguia de Santiago que se aproximava. Percebeu a presença indesejada e pediu que Diego ficasse à espreita para auxiliá-lo se necessário fosse.

– Ora, ora, temos mais companhia! – Ele conhecia o jovem e sabia de sua influência entre a nobreza e o clero. Não gostaria de tê-lo como inimigo, mas não podia deixar de cumprir seu dever – O que faz aqui?

– Essa pergunta quem faz sou eu. Eles são meus amigos e espero que não tenha vindo aqui incomodá-los – o jovem foi firme e direto, o que surpreendeu Fuentes.

– Essa jovem pretendia fugir e não posso permitir.

– Ninguém tem a intenção de fugir, pois aqui ninguém é procurado pela justiça. Eles farão uma viagem para minhas terras ao norte. O convite partiu de mim.

– Preciso falar com essa jovem e não irá me impedir. Podem

adiar alguns dias, não será problema – o inquisidor estava firme em seu propósito de levar Gabriela consigo.

– O que o senhor deseja de mim? – Gabriela falou pela primeira vez.

– A senhorita sabe do que se trata! – Fuentes evitava olhar diretamente nos olhos dela.

– Não sei o assunto que possa ter interesse em mim. Por que não me olha? Do que tem medo? – ela ficou calada alguns instantes e em seguida entendeu. – Se está atormentado, se não tem um minuto de paz, não sei como ajudar. Talvez se pedisse perdão...

Ele empalideceu e olhou para Gabriela com ódio.

– Você faz exatamente como ela! O que pretende? Me enlouquecer? Como pode saber o que sinto? Só pode ser uma feiticeira e farei o mesmo que fiz com ela!

– Vai me matar friamente na frente de todos, como fez a ela? O que conseguiu com essa atitude? Apenas que a culpa o atormentasse e o perseguisse! Não consegue esquecer o olhar de compaixão que ela lhe ofereceu no derradeiro momento. Você viu a paz em seu olhar! Se quiser me matar, faça agora! – pelas palavras irradiava uma força jamais vista por seus familiares, deixando-os atônitos e confusos.

– Como ousa me desafiar? Quem pensa que é? Você é petulante e corajosa, assim como todas que pensam estar protegidas! Bobagem! Perderam a vida sem que Deus esticasse um dedo para salvá-las e sabe por quê? São hereges, e Deus não compactua com vocês! Ele está do meu lado! – ele espumava e parecia enlouquecido.

– Gabriela, pare! Não fale mais nada, minha menina, pois está se comprometendo a cada instante – a voz de Escobar era um lamento.

– Sei o que faço! Não se preocupe, meu amigo! Tudo vai ficar bem! – a convicção a acompanhava. E seguiu na direção de Fuentes, que a encarava friamente.

– Não chegue mais perto! Fique onde está! – a cada passo que ela dava ele se afastava na tentativa de ficar o mais distante.

– Do que tem medo? – Gabriela repetia a pergunta.

– Fique longe de mim, sua aberração! Sei do que é capaz de fazer apenas com seu olhar. Não permitirei que se aproxime – e se dirigindo ao guardas ordenou: – Prendam-na! – o temor parecia ter dominado o inquisidor.

Poucos puderam presenciar o que lá ocorreu. Vultos envolviam Fuentes tentando calá-lo, sem sucesso. Alguns desses eram sombrios, com roupas em frangalhos, sujos e aparentando profundo sofrimento. Ele havia sido o algoz implacável, impiedoso, capaz de atrocidades em nome da Igreja. Rodeavam o homem, impingindo-lhe profundo mal-estar e temor. Tentavam segurar-lhe o pescoço, mas não conseguiam. No meio deles, surgiu uma mulher que fez com que todos se afastassem.

Nina e Gabriela acompanhavam a cena que se desenrolava, tentando entender o que aquilo significava. Aqueles espíritos tentavam fazer justiça pelas próprias mãos, desejando que ele pagasse por todos os erros e injustiças cometidos. Porém, não é assim que ocorre! Deus está atento a tudo e corrige o devedor no tempo certo! Aqueles irmãos ainda não acreditavam na supremacia divina, assim como em sua justiça! Eles o atormentariam até que se arrependesse e pedisse perdão! Quando isso acontecesse, seguiriam seus caminhos. No entanto, Fuentes acreditava que suas ações, incluindo as torturas, as mortes, eram decorrência do seu trabalho. Tudo era certo e necessário!

As jovens tiveram acesso a essas informações por meio da mulher, que percebeu que elas notaram sua presença. E, mentalmente, contou-lhes que já tentara afastá-los, sem sucesso. Ela irradiava uma luz ainda tênue, que a diferenciava dos demais espíritos. Também fora vítima dele e morrera de forma cruel em suas mãos. No entanto, já o perdoara. Um espírito nobre e generoso! Os demais a respeitavam, mas não tinham o mesmo entendimento, por esse motivo ela ainda não tinha conseguido seu intento, que era levá-los para a luz! Mas não desistiria e pediu que as irmãs elevassem seu pensamento, iniciando uma sentida prece mental!

Em poucos instantes vários espíritos iluminados recolheram os sofredores, que foram levados para um local de acolhimento destinado ao socorro fraterno. A mulher sorriu e agradeceu a ajuda, seguindo com o grupo para outras esferas.

Nina se aproximou da irmã e permaneceu ao seu lado.

– Ora, quer ser presa com ela? Duas pelo preço de uma? – e Fuentes deu uma gargalhada irônica, sinal que retomara novamente o controle, livre do assédio daqueles sofredores.

– Ninguém vai ser preso hoje! As jovens nada fizeram! Você é que merece estar atrás das grades por todos os delitos que já cometeu! Conheço muito bem seus feitos desprezíveis!

Escobar se interpôs entre ele e Gabriela, com o intuito de protegê-la.

– Já lhe disse, capitão! Seus dias estão contados! Vou acabar com você depois que resolver minhas questões com essa feiticeira! Homens, prendam-na, me obedeçam – e os homens não se moviam, como se estivessem distantes dali.

Fuentes começou a se inquietar novamente! Por que eles não obedeciam às suas ordens? Os olhos deles estavam abertos, mas pareciam não enxergar nada à frente.

– Terei eu mesmo de efetuar essa prisão? Bando de incompetentes!

– Já lhe disse que não fará nada do que está dizendo! Volte para o lugar de onde nunca deveria ter saído! Bem sei por que não pode voltar, seu assassino! – reagiu Escobar

Os olhos de Fuentes faiscaram de ódio, desejando que ele engolisse palavra por palavra. A loucura se apossou dele, tentando investir contra Gabriela com a espada em riste. No entanto, encontrou o corpo de Escobar que se colocou heroicamente à frente, recebendo na barriga o golpe fatal. Fuentes ficou estático, praguejando coisas ininteligíveis. Os homens saíram do torpor que os invadira e a primeira cena que presenciaram foi a investida do inquisidor contra seu próprio capitão.

Santiago imediatamente tomou o controle da situação, dizendo com firmeza:

– Vocês foram testemunhas de tudo que aconteceu aqui! Este homem acabou de atacar seu capitão! Isso é um crime grave e vocês devem relatar às autoridades!

Escobar agonizava no chão! Gabriela colocou a cabeça dele em seu colo...

Capítulo 33

A vida segue seu rumo

A confusão se instalara enquanto Escobar ferido era amparado por Gabriela.

– Por que fez isso, meu amigo? – lágrimas escorriam pelo seu rosto.

– Não permitiria que nada lhe acontecesse, minha menina – sua voz mais parecia um sussurro. – Nunca imaginei morrer na presença de um anjo! – e sorriu.

– Você não vai morrer! Não fale, poupe suas energias. E eu não sou um anjo!

– É o meu anjo salvador! Nunca mais fui o mesmo depois que você entrou em minha vida. Jamais senti afeto por alguém. Mas suas palavras esclarecedoras e confortadoras me mostraram que a esperança não pode morrer jamais. Quero que saiba o quanto lhe sou grato! – Escobar interrompia a cada pontada de dor.

Santiago examinou o ferimento e constatou que era de extrema gravidade. Tentou estancar o sangue que jorrava, mas não teve sucesso. Seu olhar para a jovem a fez entender que ele teria pouco tempo de vida. Uma angústia se apoderou dela e, entre lágrimas, abraçou o seu salvador com todo o amor, desejando que ele tivesse esta lembrança derradeira: a do amor em sua essência maior!

– Meu amigo querido, quero que saiba que terá meu amor por toda a eternidade! Acredito que os reencontros são possíveis e um dia estaremos novamente juntos. Pode parecer complicado, porém não é! Eu me sentia responsável por você, e isso só pode ser em razão de outras experiências vividas. Consegui conhecê-lo e isso me basta! Hoje sei quem eu sou e quem você é, o que é tão gratificante!

– Não sei o que viu em mim, um ser tão imperfeito, para que pudesse gostar da minha companhia e se interessar em me ajudar. Agradeço imensamente! Levarei seu sorriso comigo aonde quer que eu vá! Talvez o inferno não me aceite por todos os erros que cometi! Deve haver um lugar onde me aceitarão! Assim quero crer, minha menina! Gosto de chamá-la assim. Eu poderia ser seu pai, e é assim que me sinto neste momento, mesmo sem merecer tal privilégio. Seu pai deve ser um ser muito especial por tê-la ao seu lado. Espero que algum dia, e se me for permitido, possa ser seu filho para me ensinar a amar! Somente você foi capaz de me sensibilizar, e agradeço infinitamente por confiar em mim, um pecador sem alma! – a voz dele se enfraquecia e agora era apenas um sussurro.

Gabriela o segurava delicadamente no afã de tornar seus últimos momentos o mais confortável possível. Uma de suas mãos acariciava seu rosto e um sentimento de paz o invadiu. Companheiros espirituais se aproximavam, e ela percebeu uma entidade feminina familiar que irradiava luz, acompanhada de outros na mesma condição. Lágrimas escorreram pelo rosto da jovem, que compreendeu que faltavam poucos instantes para que ele se desligasse dos laços materiais que o prendiam à existência corporal. Desejava confortá-lo até que não restasse a ele mais nem um fio de vida.

Escobar sentiu que a dor amenizara, abriu os olhos e disse com todo o amor possível:

– É hora de partir! Sempre temi a morte, imaginando que todos os meus desafetos me aguardariam e iriam me perseguir sem piedade. No entanto, não é assim que me sinto ao seu lado. A esperança brotou em meu coração e com ela a certeza de que não existe o impossível. Eu sou a prova disso! Fique comigo até o fim, é só o que lhe peço. Sua luz seguirá comigo e as sombras não me acompanharão! Obrigado, minha menina! Obrigado por acreditar em mim! Seguirei meu caminho sem medo! – e seus olhos se fecharam lentamente e um sorriso tímido e suave iluminou o rosto. Sua cabeça pendeu para o lado, e a jovem pôde observar as entidades espirituais fazerem o desligamento completo. A entidade feminina se despediu com um sorriso e um agradecimento.

Tudo foi rápido, porém intenso. Os demais não perceberam o que havia ocorrido no mundo espiritual, apenas Nina pôde testemunhar, e seus olhos ficaram marejados. A emoção dominava as duas irmãs, que se abraçaram. E então Santiago disse:

– Este homem deve ser preso pelo que fez! Sou testemunha de seu ato indigno contra o capitão, um fiel cumpridor de suas funções. Vocês dois, coloquem o corpo na carroça e o levem à cidade. Meu empregado os acompanhará e relatará a seus superiores tudo o que testemunhou aqui – Diego já se aproximava e ajudou a colocar Escobar na carroça. Os demais cuidavam de Fuentes, que parecia completamente desnorteado, falando coisas sem sentido, praguejando contra as jovens.

Gabriela e Nina permaneciam em prece, pedindo pelo novo amigo que fora capaz de dar sua vida para protegê-las.

– Um gesto nobre e inesperado! – Adolfo estava atônito com o que presenciara.

Foi a vez de Consuelo se expressar:

– Nunca podemos julgar ninguém, cada criatura de Deus é um grande mistério! A presença de Gabriela foi suficiente para despertar nele virtudes até então ocultas. Ele não era um homem mau, apesar de assim querer parecer. Talvez nunca tenham lhe estendido a mão, o que sua filha fez, Adolfo, com toda a generosidade e pureza. Que Deus ilumine sua nova jornada!

Santiago pediu a Diego que retornasse o mais breve para que pudessem seguir viagem.

– Conte tudo o que aconteceu e saia de lá o mais rápido que puder. Fuentes está confuso, porém recobrará em breve sua empáfia e pode se safar – disse Santiago, que teve imediatamente uma ideia. Pediu a Nina algumas folhas de papel e relatou tudo o que presenciou. Assinou, enumerando os títulos que não gostava de ostentar, mas que naquele momento poderiam ser um trunfo contra o inquisidor.

– Volte o mais rápido possível! Enfatize o gesto heroico do capitão em defesa das jovens. Se lhe pedirem que fique por lá, diga que é impossível em razão de seu trabalho.

Quando todos saíram, levando consigo o corpo inerte do capitão, Adolfo e Santiago avaliaram mais uma vez o percurso a ser percorrido até Málaga, uma cidade portuária de onde partiam navios. A cidade fervilhava com as perspectivas de novas terras a serem colonizadas. Mas o destino do grupo era bem mais próximo. Seguiriam para a França, conforme o jovem médico decidira, onde possuía terras e uma boa propriedade para iniciarem uma vida nova. Estavam ansiosos e cheios de expectativas!

Nina e Gabriela saíram para caminhar e respirar pela última vez o aroma familiar que a região lhes oferecia. Foram até a estufa que Nina organizara de forma tão primorosa.

– Sentirei saudades de tudo isso! Consuelo me tranquilizou dizendo que me ajudará a construir uma nova onde estivermos – Nina segurava cada vaso com ternura e algumas lágrimas escorreram. – Me garantiu também que Inês cuidará de todas as minhas mudas. Está muito triste, minha irmã?

– Escobar era um grande amigo, daqueles que a vida coloca em nosso caminho para que possamos guiá-los a locais iluminados. Um dia contarei sua história... – seu olhar perdeu-se no infinito.

– Pude notar a presença de uma mulher a ajudá-lo. Talvez não seja uma pessoa tão má que não mereça o auxílio de companheiros espirituais. Acompanhei seu desencarne e percebi que ela estava ao lado dele. Quem era? – perguntou Nina.

– Quem pode nos dizer a não ser ele? Quem sabe um dia ele retorna para nos contar...

– Pareceu que você a conhecia também!

– Realmente ela me parecia familiar, alguém do passado! Fiquei tranquila quando a vi, sinal que ela fará tudo a seu alcance para minorar o sofrimento dele. Escobar partiu em paz! Sei que sua vida não foi construída em atitudes benevolentes, mas ele tentou se redimir! Ele se empenhou em atos dignos, e isso foi o diferencial para que sua morte não fosse tão perturbadora quanto foi a vida. Espero que possa aproveitar melhor as oportunidades futuras – Gabriela suspirou e finalizou: – Quem sabe o que a vida nos reserva, não é mesmo?

– Quem sabe! A vida é uma caixa repleta de mistérios e segredos e não nos é permitido conhecer tudo; cada coisa acontece no momento certo! – Nina pegou a irmã pelo braço: – Vamos embora antes que eu me arrependa de deixar tudo para trás!

– Lembre-se de que precisamos treinar o desapego! Além do mais, estaremos em busca de uma vida nova, com novas oportunidades, novas escolhas, novas perspectivas. A França nos acolherá com carinho. A Igreja é mais condescendente por lá. Aguardemos o novo dia! O importante é que estaremos todos juntos! – a caçula estava confiante em sua nova jornada.

– E Miguel? Será que um dia se reunirá a nós? – o semblante de Nina se entristeceu.

– Papai não disse que cuidou de tudo? Fará chegar nas mãos dele o nosso destino. Porém, a escolha será de Miguel e Anita, afinal agora são uma família, assim como você e Santiago um dia também serão.

– Somos todos uma só família, minha irmã! Independente dos laços futuros, o que vai prevalecer são os laços de amor que nos unem, e esses serão eternos! Será sempre minha irmãzinha que preciso cuidar e proteger! Sempre! Um dia entenderei os motivos que me levam a assim agir com você. Até lá, jamais se esqueça de que sou mais velha e que está sob minha eterna proteção! Você tem muito a realizar nesta vida e não vamos permitir que nada possa perturbar sua tarefa! Como Consuelo bem disse, façamos como a natureza e aguardemos o tempo certo! Ele chegará e esclarecerá tudo o que hoje parece nebuloso. Venha, vamos ajudar nos preparativos finais!

– Obrigada, Nina! Nada seria possível sem você! Tudo o que tenho conquistado dia após dia foi fruto de seu empenho e da sua confiança em mim! Tenho por você uma enorme gratidão, que não sei quando serei capaz de devolver!

– Sem sentimentalismos! Já nos emocionamos demais por hoje! – Nina abraçou a irmã e seguiram para a casa principal.

Já anoitecia quando Diego retornou ostentando um largo sorriso.

– Foi tudo como previu! Sua carta foi mais esclarecedora que qualquer palavra maldita que Fuentes tentou impor! Sua prisão foi decretada de imediato, e Aguiar, que servia a Escobar por longo tempo, assumiu o posto de capitão. Avisei que estava de partida para o norte e será para lá que irão nos procurar, caso acreditem na declaração de Fuentes. Um novo inquisidor será nomeado e não saberemos se será tão cruel quanto o anterior. Mas estaremos bem distantes daqui para nos importarmos! Podemos partir? – o jovem estava ansioso pela viagem.

O percurso até Málaga não era longo, no entanto as duas carruagens, os vários cavalos e as bagagens para cuidar não permitiram que a viagem fosse das mais aprazíveis. Foi exaustiva para todos, porém ninguém teceu comentário algum. Desejavam estar longe de Córdoba o mais rápido possível.

Em Málaga, Santiago colocou sua influência em questão. Conseguiu um barco que sairia nos próximos dias com destino à França. O percurso era longo, o que demandaria muitos dias de viagem. Se o tempo estivesse propício, chegariam a Barcelona e de lá partiriam para Marselha, o destino final, já em solo francês. O médico havia feito um planejamento minucioso, porém imprevistos poderiam ocorrer. Eram quatro mulheres a zelar, cuidando para que chegassem em total segurança.

Assim que chegaram a Málaga, decidiu que ficariam alguns dias numa estalagem para se recuperarem do exaustivo trajeto. As jovens pareciam cansadas, no entanto estavam determinadas a prosseguir o mais rápido possível.

– Nosso barco zarpa em dois dias. Devo alertá-las de que as acomodações não são as melhores, porém foi o que pude obter num prazo tão curto – explicou Santiago.

– Não se preocupe conosco. Fomos criadas no campo e você

nem sequer imagina o que já fizemos, não é papai? – Gabriela estava radiante como havia muito não se via.

– Na realidade, Letícia e eu tivemos quatro garotos! Foram tantas travessuras que me esquecia que apenas Miguel era menino! – as lembranças afloraram e todos sorriram. Tempos de infância! Inesquecíveis! Assim como a da figura sempre amorosa e doce que a morte levou tão cedo! Adolfo olhou a nova família à sua frente e agradeceu a Deus ter lhe concedido uma nova oportunidade. Consuelo captou seu pensamento e lhe enviou um sorriso de cumplicidade! Enfim, seu sonho de amor se realizara e seria vivido integralmente ao lado do homem que tanto amava. Soubera esperar o tempo necessário para que o reencontro acontecesse sem amarras, sem culpas, sem medos! Estariam juntos para o que a vida lhes proporcionasse dali para a frente!

Os dois dias passaram rapidamente, e a viagem recomeçou, dessa vez por mar. As acomodações eram precárias, mas nenhuma das jovens reclamou em nenhum momento. A esperança em um futuro luminoso era o que mais importava para todos. Era a chance de viverem em paz.

Adolfo olhava a terra se distanciando, e uma breve tristeza resplandeceu em seu olhar. Estava deixando sua pátria, talvez para nunca mais retornar. Decisão necessária mediante todos os problemas que poderia enfrentar se lá permanecesse. Olhou as filhas felizes e sorridentes e entendeu que havia feito a melhor escolha. Bem, teria de treinar o desapego, como bem lembrara Consuelo. E assim seria! Faria tudo para proteger as filhas amadas que o Pai lhe entregara para cuidar com todo o empenho e amor! E assim faria! Despediu-se da Málaga levando consigo o tesouro que Deus lhe confiou!

Já Consuelo pensava por outro ângulo: olhava para a frente e não para trás! Estava ansiosa para viver a vida em sua plenitude! Lembrou-se da mãe e do irmão e enviou-lhes sua melhor vibração! Sentiria saudades!

Diego e Lívia estavam juntos observando o barco se afastar da costa lentamente, ansiosos pela nova vida a ser vivida! Só tinham uma certeza: estariam juntos, compartilhando bons e maus momentos, com o coração repleto de sonhos!

Santiago e Nina conversavam sobre o futuro e o que os aguardava no novo país. Um idioma a ser aprendido, costumes a serem vivenciados, planos a executar! O jovem decidiu que iria trabalhar na profissão escolhida desde a infância, deixando para Adolfo a incumbência de cuidar de seus bens, incluindo as novas terras.

Gabriela olhava a imensidão do mar que se despontava à frente, imaginando que, assim como ele carrega tantos mistérios, ela também tinha um infinito a desvendar! Um mundo novo à frente a esperava. Só ainda não sabia como realizar tudo o que seu coração ansiava! Queria estar certa do que e como fazer, mas isso não estava prescrito; ela teria de tecer os fios do destino por suas próprias mãos! Sentia que seu mundo não era aquele que acabara de deixar para trás. O novo, o inimaginável, o que estava por vir era seu verdadeiro e real destino! Suspirou profundamente, encerrando um ciclo em sua existência para poder dar início ao que planejara antes de aqui chegar. Um passo por vez, assim lembrava da orientação de sua mãe. Só assim podemos seguir sem receio de cometer equívocos, às vezes irremediáveis! Aprendera muito com ela e somente agora tudo parecia tão claro!

A viagem foi repleta de enjoos, tempestades, mar agitado, outras vezes, uma calmaria insuportável, e assim o tempo foi passando...

Os cuidados do médico Santiago foram requisitados por muitos dos tripulantes e passageiros. A travessia parecia não ter fim, até que numa manhã ensolarada, um pássaro denunciou a proximidade de terra firme. Aportaram em Barcelona e de lá seguiriam em outro barco com destino a Marselha. Permaneceram na cidade apenas por alguns dias, em seguida partiram novamente por mar, enfrentando novamente os mesmos obstáculos. Desta vez, porém, Consuelo e Nina foram as mais solicitadas com seus chás poderosos.

Alguns dias depois chegaram a terra firme, no porto de Marselha, local apinhado de pessoas de várias nacionalidades, o que surpreendeu os recém-chegados. Era uma cidade grande para os padrões da época, e de lá partiam barcos para vários lugares.

Enquanto o grupo ficou hospedado em uma estalagem, Santiago procurou o senhor Conde D'Agassi, responsável pelos bens do avô em solo francês. As irmãs aproveitaram para conhecer a cidade e sua história. Gabriela estava encantada com tudo o que viu, confidenciando a Nina sobre suas ideias futuras.

Os dias se passaram, e Santiago propôs ao grupo que iniciassem a viagem à nova moradia, que ficava na região da Provença, não muito distante de Marselha. O conde que cuidava da propriedade afirmou que ela estava em condições habitáveis.

O clima já se alterara, trazendo consigo uma brisa mais fresca e amena, indícios de que a região era bem diversa daquela em que viveram por toda a vida. O inverno ainda estava distante e teriam tempo para se habituar à temperatura local.

Bons ventos! Novos tempos! Esperanças de um futuro promissor! Era tudo o que queriam e pelo qual tanto se empenharam para conquistar.

Quando chegaram, depararam com um castelo lúgubre, de aspecto sombrio, imponente e soberano. De causar arrepios! Todos se entreolharam e acabaram por cair na gargalhada. Tanto empenho para isso? Era a pergunta que traziam em seu íntimo. Nina, sempre a mais entusiasmada, foi a primeira a falar:

– Ora, queridos, vejamos com olhos mais otimistas! Até outro dia balançávamos de um lado a outro, sem um teto firme a nos apoiar. Hoje aqui estamos, de frente a esse mausoléu, que com alguns cuidados pode se transformar numa moradia aconchegante e discreta. Papai, não me olhe com esses olhos que já dizem tudo: essa menina tem sempre que abrir a boca! Eu sou assim! Escolhi olhar a vida com olhos coloridos, com paixão, com alegria! Não espere nada diferente disso! Sou feliz sendo assim! Vamos, mãos à obra. Temos muito trabalho pela frente! Miguel está fazendo uma imensa falta.

Antes de entrarem no lugar, um homem de meia-idade surgiu e cumprimentou o grupo. Ele já havia sido informado da chegada dos novos proprietários e, como fiel serviçal, lá estava para dar suporte ao grupo.

– Sejam bem-vindos! Sou Jaques, seu criado. Minha esposa Madeleine é quem cuida do lugar. Parece um tanto sombrio externamente, porém perceberão que dentro oferece todo conforto. Vamos conhecer as dependências do castelo – e os acompanhou.

Como Jaques afirmara, o castelo possuía certo charme e conforto. Era amplo e tinha muitos cômodos, o necessário para se tornar um novo lar!

Santiago avisou ao servo que gostaria de conhecer no dia seguinte o potencial daquelas terras, as quais lhe pareciam adequadas à plantação de uvas, como observara no caminho. Já decidira que Adolfo cuidaria de tudo e ele se dedicaria à sua profissão. E contou seus planos a Jaques, que abriu um largo sorriso:

– Jamais imaginaria que um médico era o herdeiro de tudo isso. E, já que pretende atuar na sua profissão, devo lhe dizer que sua presença será muito solicitada. Não temos médicos neste condado e os poucos que nos visitam estão a passeio e não querem compromisso. Nossos pedidos foram atendidos e lhe sou grato por estar aqui, meu senhor. Antes de sair, eu gostaria de alertá-los sobre determinadas plantas. Algumas pessoas que as utilizaram contraíram graves enfermidades.

– Pode me mostrar quais são? – Nina ouviu a conversa e se interessou.

– A senhorita conhece plantas? – questionou Jaques.

– Eu e minha mãe – e apontou para Consuelo que se aproximou timidamente.

– Fico muito feliz, pois poderão nos auxiliar a entendê-las. A natureza é sempre sábia e nos oferece recursos à nossa saúde. Porém, por desconhecer suas potencialidades, infelizmente desprezamos seu poder de cura.

Nina sorriu perante o comentário, já simpatizando com ele:

– Tem razão, Jaques. Eu e minha mãe ficaremos muito felizes em poder ensinar o pouco que já aprendemos em nossa antiga casa. Minha intenção é construir uma pequena estufa, onde poderia ter tudo bem classificado.

– Ora, minha jovem, se é isso que gostaria de ter, venha comigo que eu lhe mostrarei um lugar interessante.

Ela e Consuelo seguiram o homem, que caminhou pelos jardins que rodeavam o castelo. E então depararam com uma pequena construção, muito semelhante à que Nina possuía na fazenda. Era maior e mais arejada, com um belo teto de vidro, que deixava a luz entrar no local suavemente. Algumas bancadas foram talhadas com primor e delicadeza por mãos hábeis. Algumas plantas ainda resistiam à falta de cuidados, e Nina percebeu quanto trabalho teria pela frente. Um lindo sorriso emoldurou seu rosto. Olhando com carinho para o servo, disse:

– Isso é tudo o que eu mais sonhava! Só falta preencher essas bancadas com o que conhecemos. Se quiser colaborar, será bem-vindo!

O homem sorriu timidamente:

– Amo a natureza e a respeito mais do que tudo. Sei que um médico é sempre presença necessária, mas convenhamos, podemos encontrar todos os remédios aqui mesmo – e apontava para as bancadas ainda vazias. – Porém, não conte ao doutor o que eu disse, não quero causar constrangimento logo no primeiro dia.

– Fique tranquilo, esse será nosso segredo – Nina fez cara de conspiradora, tranquilizando o homem.

Consuelo, até então calada, disse:

– O senhor poderia nos mostrar a região? Eu gostaria de começar a plantar o mais rápido possível.

– Quando o doutor me liberar, estarei à sua disposição. Agora preciso voltar e deixar tudo em ordem para que se sintam confortáveis – e, num gesto solene, saiu.

– Quer dizer que sou sua mãe? – Consuelo olhava Nina com carinho.

– Já lhe disse que minha mãe está muito feliz com nossas escolhas, inclusive de você estar cuidando de todos nós com amor. Ela quer a nossa felicidade e essa também é a sua, minha querida! Faça meu pai feliz e serei eternamente grata. Já estou amando este lugar! – e saiu de braços dados com a amiga.

Nina voltou contando as novidades, deixando as irmãs curiosas.

– Espero que desta vez nos permita participar de tudo – Lívia a olhava com ares sérios de irmã mais velha.

– Vou pensar, minha irmã! – e saiu para olhar tudo como uma criança encantada com uma novidade.

– Quando essa menina irá crescer?

– Deixe-a, papai! Ela será sempre assim! Agradeça a Deus por estar entre nós, espargindo tanta luz! – os olhos de Gabriela se fixaram no pai.

– Tem razão, minha filha. Ela é uma bênção em nossa vida! Assim como você e seus irmãos. Não sei o que seria de mim se não tivesse vocês! – os olhos do pai estavam marejados de emoção e puxou Consuelo para perto dele – e você também!

Santiago e Diego visitaram o lugar e constataram a grande potencialidade que poderia ser explorada. Teriam muito trabalho pela frente.

– Diego, fique com Adolfo e o ajude em tudo o que for necessário. O início será difícil, mas com o tempo tudo se ajeitará. O importante é que estamos seguros aqui! Gabriela e Nina estarão protegidas. Prometi a minha avó que cuidaria de tudo! E cumprirei!

Nina se aproximou do amado e o convidou para um pequeno passeio.

– Ficaremos bem, não se preocupe. Quanto à Gabriela, precisamos conversar.

– O que a preocupa? Acha que aqui ela não estará segura?

– Ela sempre estará segura, pois é maior que todos os problemas. Ela tem uma sensibilidade além do que pode supor, meu querido. Até pouco tempo, isso a confundia e a perturbava. Agora está se descobrindo, se conhecendo e percebendo tudo o que pode realizar. Existe algo que possa contê-la agora? Não creio. O mundo lhe pertence e ela vai querer conhecer tudo. O que pensa de uma mulher estudar?

– Nunca pensei sobre isso, o que não significa que esteja desmerecendo o potencial feminino. Aliás, nunca encontrei mulheres reunidas numa só família com tantos predicados intelectuais. No entanto, é um caminho difícil para uma mulher seguir em meio a tanto preconceito e discriminação. O que ela realmente intenciona fazer?

– Sinto que ela precisa conhecer o mundo pela sua própria ótica. Sei que traz em seu íntimo conhecimento e habilidades que poderão ser aproveitadas no lugar certo. Acha isso impossível de se concretizar? – Nina precisava de uma resposta.

Santiago permaneceu pensativo, avaliando o que Nina lhe falara. Obviamente, ela estaria na cova dos leões e teria de usar de toda argúcia e serenidade para viver no meio deles. Não poderia deixar à mostra sua sensibilidade, pois isso poderia ser fatal. Estaria preparada para viver, mesmo que por um período curto, essa experiência?

– E por que não? Depois de tudo o que presenciei nesses últimos meses, não duvido de mais nada! – respondeu Nina como se lesse os pensamentos do amado. – Marselha é uma cidade cosmopolita, acho que será o local adequado para ela viver uma nova fase de sua vida, não acha?

– E ela ficará sozinha lá? Acho pouco provável que se sinta bem sem ninguém ao seu lado – o médico relutava em aceitar ideias pouco tradicionais.

– Não se aflija antes da hora, meu amor. Se esse tempo estiver fadado a acontecer, assim será! Até lá, deixemos que a vida siga seu curso. Quando ela se sentir preparada, saberá o que fazer e como fazer. Vamos, ainda preciso conhecer mais sobre minha nova casa. Aliás, não pense que vai ficar morando sob o mesmo teto que eu sem que tenhamos recebido a bênção de Deus. Quando nos casamos?

– Assim que Lupe e Ramiro chegarem. Será que consegue esperar mais um pouco?

– Acho que conseguirei! Será difícil não sucumbir aos seus encantos, mas tentarei!

– Eu é que terei de ser forte e resistente! Não sei se conseguirei, no entanto... – ele puxou Nina para perto e deu-lhe um beijo apaixonado, e ela não ofereceu nenhuma resistência. Estavam felizes, era o que importava.

A vida seguia seu curso ininterrupto, colocando cada coisa em seu lugar de origem, modificando o que já não se encaixava, transformando vidas e criando oportunidades para que novas experiências pudessem ser vividas.

Ao sabor do tempo. No calor do empenho e do trabalho, permitindo que programações pudessem ser cumpridas no tempo certo...

Os dias se passaram, e a vida parecia se normalizar. O castelo deixara seu aspecto sombrio de lado, florescendo ao sabor dos risos e da alegria contagiante dos novos habitantes. Os homens já tinham se inteirado da rotina do lugar. As novas regras foram recebidas com otimismo e confiança pelos colonos, que se tranquilizaram em saber que os proprietários eram pessoas generosas e justas. Novas perspectivas se delinearam e todos estavam radiantes. O avô de Santiago lhe deixara uma herança não apenas material, mas também moral: ensinara ao neto valores nobres e dignificantes na forma humanitária de tratar os trabalhadores. Era o momento de colocar à prova seu legado. Tempos auspiciosos eram esperados!

Ao fim de um mês, o local em nada se assemelhava àquele com o qual haviam se deparado. Tudo parecia renovado! Tudo se modificara com as mãos operosas e valorosas dos novos moradores. A estufa estava repleta de mudas, para contentamento de Nina e Consuelo. Gabriela passava horas caminhando pela redondeza, num trabalho de intensa observação. Sua sensibilidade se expandia a cada dia, e isso era compartilhado com Nina, sua fiel confidente.

Adolfo se inteirava de suas novas funções, compreendendo que sempre é tempo de aprender. A vida confirmava isso! E estava muito feliz na nova vida! Sentia falta de Miguel, mas seu coração lhe dizia que um dia todos estariam juntos novamente.

Santiago percorreu a região avisando a todos que era médico, além de proprietário daquelas terras, e colocou-se à disposição. E assim, timidamente, alguns colonos começaram a procurá-lo, solicitando cuidados. Estava definitivamente vivendo conforme sempre sonhara. Em breve se casaria com o grande amor que a vida colocou em seu caminho. Como não estar feliz?

Dois meses depois, Lupe e Ramiro chegaram, trazendo notícias de Córdoba. A mulher abraçava Santiago, chorando convulsivamente.

– Nunca mais fique tanto tempo distante! Eu estava morrendo de saudade!

– Ninguém morre de saudade, Lupe! Mas também estou muito feliz que esteja ao meu lado novamente – Santiago estava com os olhos marejados de emoção pelo reencontro.

Ramiro o abraçou afetuosamente e contou as últimas novidades de além-mar.

– A situação em Córdoba está crítica com a chegada do novo inquisidor. Ele foi enviado para conter os desmandos do antigo, porém sua fama já corre solta. Tem efetuado muitas prisões, perturbado muitos. Ainda bem que não estão mais lá, pois a situação é extremamente delicada. Vejo que já se acomodaram, e a região é deslumbrante. Seu avô realmente tinha tino para os negócios. Escobar foi sepultado com honras de herói, comovendo a muitos que não conheciam essa sua faceta. O novo capitão parece um homem sério e consciencioso, porém não tem a mesma energia de Escobar e temo que logo sucumba ao novo inquisidor. Fuentes e Lola continuam presos no mesmo local, só não se sabe por quanto tempo.

– Como assim? – questionou Adolfo. – Eles irão pagar pelos seus crimes, devem continuar presos.

– Ambos parecem ter enlouquecido, cada um em sua cela. Dizem que não conseguem ter um minuto de paz, pois são perseguidos por fantasmas. Os gritos de horror chegam a incomodar até os mais equilibrados. Dizem que podem ser transferidos a um local distante da cidade, mas não creio que isso possa acontecer; o estado deles é lastimável. Estão pagando por seus atos infames. É a justiça de Deus! Cada um colhe o que planta! Lola está irreconhecível se a encontrassem hoje. Nem sinal da arrogância que tinha. O mesmo pode-se dizer de Fuentes, que se diz sufocado por seus inimigos invisíveis. Bem, nada podemos fazer, afinal foram eles que provocaram tudo isso – contou Ramiro.

– Tudo tem sempre um retorno. Nossos atos devem ser avaliados com rigor para não termos que, no futuro, arcar com o ônus de nossas ações indevidas. No entanto, sinto piedade por eles e desejo que possam se arrepender e pedir perdão para que possam ficar em paz, levando a seus perseguidores a paz que também almejam – os olhos de Gabriela estavam serenos. – Oremos por todos eles, é o que podemos fazer.

– Tem razão, minha filha. Não devemos manter sentimentos de mágoa, que só nos causa tristeza e desamor – Adolfo ostentava ares de seriedade e compaixão.

– A vida tenta nos ensinar a todo instante, aprende aquele que assim se propõe. Afinal, não estamos aqui apenas a passeio... – e a caçula saiu a caminhar com a convicção de que era um ser privilegiado, sendo amada e sabendo amar. Já tomara sua decisão, mas aguardaria o tempo certo para revelar seus planos...

A vida seguiu a passos seguros, conduzindo cada um a seus reais objetivos, mediante a programação estabelecida pelos personagens desta história.

Realizaram o que foi possível, aproveitaram as oportunidades que a vida lhes concedeu, conquistando cada um seu próprio tesouro, que os acompanharia eternidade afora.

Entre encontros, reencontros e desencontros, nossos amigos adquiriram experiências essenciais à sua evolução.

Entre lágrimas, sorrisos e angústias, permeadas de muita coragem e determinação, compreenderam os reais motivos para estar aqui, compartilhando emoções, sentimentos e distribuindo o que Deus lhes confiou em sua majestosa sabedoria: o amor!

Foram felizes, aprenderam lições preciosas, incentivaram muitos sobre a necessidade de conduzir a vida com simplicidade, alegria, generosidade, dignidade, justiça e, essencialmente, amor!

A região prosperou nas mãos desses valorosos companheiros.

Lívia e Diego construíram sua moradia nas proximidades do castelo, onde abrigaram os filhos muito amados.

Adolfo e Consuelo viveram o amor que lhes foi impossível em outra encarnação, selando definitivamente o pacto outrora feito.

Miguel e Anita reencontraram a família, porém apenas de visita. Seu destino era outro: tinham batalhas a vencer contra a ignorância que ainda imperava. Viveram conforme escolheram, deixando um legado de lutas e conquistas que a história confirmou. Eles seriam lembrados por todos os que compartilhavam os preceitos de justiça e igualdade entre os povos.

Santiago e Nina, em novo reencontro de almas, realizaram sua programação com louvor, conquistando mais créditos pelas boas obras. O amor foi a tônica de sua existência. Quem crê no amor, em sua essência, preserva os valores cristãos. A generosidade, o desprendimento e a bondade foram amplamente distribuídos a todos os que cruzaram seus caminhos. Foram abençoados com filhos, os quais receberam uma educação pautada nos mesmos moldes em que viveram.

E Gabriela? Seguiu seu caminho previamente estabelecido? Soubera compreender seus reais dons e sua utilidade a serviço do bem comum? Não foi um caminho fácil de ser trilhado. Ela conseguiu ouvir a voz da sua consciência, que a impulsionou a seguir em frente, superando obstáculos e adquirindo notoriedade num mundo ainda essencialmente masculino. Estudou a cultura dos homens e uniu o que aprendeu aos conhecimentos adquiridos em existências passadas. Permitiu que sua sensibilidade fosse colocada em ação da maneira certa e auxiliou muitos que a procuraram. Teve uma vida longa e abençoada com as oportunidades que tanto almejou. Teve como companheiro os livros e deles jamais se apartou com o intuito de eliminar a ignorância dos homens. Foi muito feliz! Sempre acreditou em sua irmã quando dizia que nascemos para sermos felizes! E assim viveu...

Epílogo

Nossa história não termina aqui

É importante lembrar que todos os fatos aqui vividos tiveram seu início tempos atrás, quando os primeiros encontros aconteceram, os laços se estabeleceram e as vidas foram tocadas definitivamente.

Sabemos que não existe o acaso. Entendemos que tudo esteja traçado pelas hábeis mãos divinas, que espera de nós apenas atenção aos sinais que Ele oferece.

Importa saber que somos chamados a exercitar nossas potencialidades aqui na matéria densa, encarnados neste planeta com a finalidade de adquirir os conhecimentos necessários à nossa evolução. Não podemos nos dedicar apenas à conquista de bens materiais, mas ao que nos acompanhará em nossa jornada evolutiva. Virtudes são essenciais, tesouro que a traça jamais irá corroer, como nos orienta Jesus.

Nesse ir e vir, vamos conhecendo e reconhecendo nossos reais companheiros, aqueles que nos auxiliarão na longa caminhada. Adquirimos muitos créditos, porém também muitos débitos na condição de seres ainda imperfeitos que somos.

O importante é jamais nos esquecer de que nunca estaremos sós, por mais que assim possa parecer. Temos amigos espirituais que velam por nós, acompanhando nossos passos e zelando para que não nos desviemos da senda da luz. Porém, eles não fazem milagres, e depende unicamente de nós as realizações positivas ou negativas. Temos a opção de efetuar escolhas e sermos responsáveis por elas.

Pudemos comprovar a presença ativa e constante em cada passo da vida de nossos personagens. Uns tiveram uma percepção mais ostensiva, outros apenas se sentiam amparados, o que denota que essas duas realidades estão sempre agindo conjuntamente.

Temos de deixar registrado que, apesar de todos os problemas que enfrentaram, estiveram sob a proteção do Alto, que não desampara a nenhum dos seus tutelados.

Mas então por que sofreram e passaram por tantas provações? Certamente porque uma lição precisava ser aprendida. A dor apenas visita aquele que caminha sem seu olhar voltado ao Pai! A encarnação tem por finalidade efetuar esse aprendizado sublime para que possamos reconhecer aquilo que ainda nos causa sofrimento, com o intuito de que modifiquemos tais comportamentos. Vale lembrar que aprende aquele que se propõe a isso.

Nossos companheiros puderam, nessa oportunidade, refazer equívocos, reatar laços deixados para trás e retomar programações anteriormente iniciadas e truncadas pelas escolhas realizadas naquela ocasião, mediante o que sabiam fazer, naquele momento, conforme o seu entendimento. No livro anterior, *Pelos caminhos da vida, só a amor une almas,* iniciamos uma jornada que ainda não se finalizou. Essas vidas se reunirão novamente nos respectivos papéis que as novas programações estabelecerem num tempo já determinado, que deixaremos em suspenso.

Alguns personagens são facilmente reconhecidos nesta história. Apesar dos nomes modificados, eles têm a mesma essência. Para facilitar a identificação, confira os personagens da história anterior com os que reaparecem nesta. Espero que facilite a compreensão.

Espanha (*Reescrevendo histórias*)
Gabriela
Nina
Consuelo
Santiago
Adolfo
Lívia
Escobar
Miguel
Diego
Inês

França (*Pelos caminhos da vida*)
Adele
Aimée
Elise
Adrien
Jules
Justine
Auguste
Frei Jaques
Renê
Francine

Outros personagens surgiram nesta história e tiveram participação importante. Esses encontros marcam uma nova etapa da vida dos que por ele foram tocados, positiva ou negativamente.

Entendemos, assim, que os reencontros ocorrerão quando todos estiverem dispostos ao entendimento e à resolução dos problemas deixados no passado; daí podemos compreender as simpatias e as antipatias que muitos companheiros despertam no momento em que se encontram.

O caminho de todos é a evolução, que somente será obtida se dispuserem a se libertar das amarras que os prendem a patamares inferiores. E isso significa eliminar tudo o que ainda compromete a caminhada segura. Os defeitos, os comprometimentos e os equívocos precisam ser reexaminados e resolvidos para que se possa seguir em frente.

Essa é a proposta dos personagens desta história. Passado, presente e futuro são etapas que todos terão de vencer, eliminando os sentimentos indignos de suas condutas para que possam viver em harmonia com Deus, consigo mesmos e com os que compartilham de sua jornada.

Essa deve ser a proposta de todos.

Assim finalizo esta etapa...

Daniel
Maio/2016

Você já descobriu a sua luz interior?

Vidas que se entrelaçam; oportunidades e chances que são oferecidas a todos.

Quando as pessoas são surpreendidas pelo desencarne de uma pessoa querida é comum que entrem em desespero. Não foi diferente com Raul, um dos personagens centrais desse romance, que conhece o fundo do poço quando sua jovem esposa parte dessa existência terrena vítima de uma doença fatal. Encontros, esperança, novas oportunidades... Todos nós temos uma luz interior capaz de nos reerguer.

Sucesso da Petit Editora!

E se você reencontrasse seu amor de juventude?

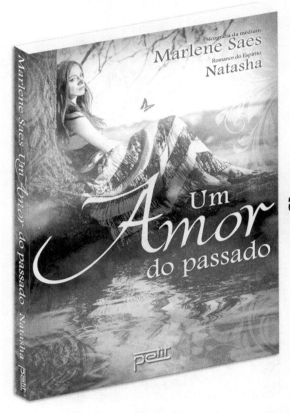

Nossos atos desencadeiam ações que sequer imaginamos...

Na adolescência, Mariana engravida de seu primeiro amor, Renato, que some após receber a notícia. Joana, a mãe de Mariana, procura uma "fazedora de anjos" para interromper a gravidez da jovem. Anos depois, Renato reaparece e traz à tona o passado que tanto perturba Mariana.

Sucesso da Petit Editora!

Um triângulo se desenrola quando uma mulher conhece outro homem. Seu marido, já desencarnado, não se conforma com a situação

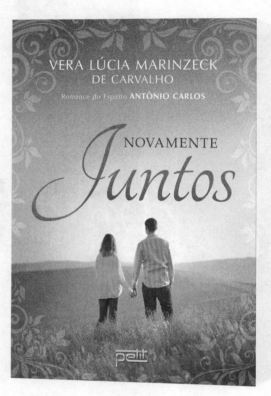

Quando uma pessoa conhece outra e tem a nítida sensação de que já a conhece de longo tempo...

Ana trabalhava em um restaurante quando conheceu Gustavo. Os dois se apaixonaram e tinham a sensação de que já se conheciam de outras existências. Será que isso é possível? O marido de Ana, já falecido, passa a perseguir a mulher, e, os três juntos, vão ter que aprender lições genuínas de amor e liberdade para seguirem em frente.

Mais um sucesso da Petit Editora!

Tudo sempre se entrelaça, pois a nossa vida é uma sequência, ora no plano material, ora no plano espiritual

Relatos vibrantes de quem já se mudou para o plano espiritual

Esta obra apresenta diversos relatos de pessoas comuns, com virtudes, defeitos e muitos sonhos. Nem sempre essas pessoas perceberam que já não faziam mais parte da vida terrestre, como foi o caso de Tonico. Como será que elas são recebidas do outro lado? E quando são muito crianças? Acompanhe histórias verdadeiras e o que esses homens, mulheres e crianças encontraram na passagem de um plano para o outro.

Mais um sucesso da Petit Editora!

Livros da Patrícia

Best-seller

Violetas na janela
O livro espírita de maior sucesso dos últimos tempos – mais de 2 milhões de exemplares vendidos! Você também vai se emocionar com este livro incrível. Patrícia – que desencarnou aos 19 anos – escreve do outro lado da vida, desvendando os mistérios do mundo espiritual.

Vivendo no mundo dos espíritos
Depois de nos deslumbrar com *Violetas na janela*, Patrícia nos leva a conhecer um pouco mais do mundo dos espíritos, as colônias, os postos de socorro, o umbral e muito mais informações que descobrimos acompanhando-a nessa incrível viagem.

A Casa do Escritor
Patrícia, neste livro, leva-nos a conhecer uma colônia muito especial: A Casa do Escritor. Nesta colônia estudam espíritos que são preparados para, no futuro, serem médiuns ou escritores. Mostra-nos ainda a grande influência dos espíritos sobre os escritores.

O voo da gaivota
Nesta história, Patrícia nos mostra o triste destino daqueles que se envolvem no trágico mundo das drogas, do suicídio e dos vícios em geral. Retrata também o poder do amor em benefício dos que sofrem.

Leia e divulgue!
À venda nas boas livrarias espíritas e não espíritas

Psicografados por Vera Lúcia Marinzeck de Carvalho